新能源汽车技术专业规划教材

电动汽车充电站的运行与管理

（第2版）

DIANDONG QICHE CHONGDIANZHAN DE YUNXING YU GUANLI

◉ 主　编/严朝勇

◉ 副主编/张胜宾　张永栋

重庆大学出版社

内容提要

本书全面系统地论述了电动汽车充电站的运行与维护技术,共分 10 个学习项目。项目 1 阐述了电动汽车运行技术的总体认知;项目 2 介绍了电动汽车充电机技术基础;项目 3 论述了电动汽车的动力电池及其电池管理系统;项目 4 介绍了电动汽车充换电站的构成与功能;项目 5 论述了电动汽车充电站的交流配电系统;项目 6 介绍了电动汽车充电站的直流系统;项目 7 介绍了电动汽车充电机的功能及应用;项目 8 介绍了电动汽车充电站的监控系统;项目 9 介绍了电动汽车的充电产业;项目 10 论述了电动汽车充电站的安全运行管理。

本书可作为高等职业教育新能源汽车技术专业的专业教材,也可作为汽车相关专业的选修教材。

图书在版编目(CIP)数据

电动汽车充电站的运行与管理 / 严朝勇主编. --2
版.-- 重庆:重庆大学出版社,2020.1(2022.6 重印)
ISBN 978-7-5689-0728-6

Ⅰ. ①电… Ⅱ. ①严… Ⅲ. ①电动汽车—充电—电站
—管理—高等职业教育—教材 Ⅳ. ①U469.72

中国版本图书馆 CIP 数据核字(2020)第 021890 号

电动汽车充电站的运行与管理
(第 2 版)

主 编 严朝勇
副主编 张胜宾 张永栋

策划编辑:周 立

责任编辑:文 鹏 版式设计:周 立
责任校对:谢 芳 责任印制:张 策

*

重庆大学出版社出版发行
出版人:饶帮华
社址:重庆市沙坪坝区大学城西路 21 号
邮编:401331
电话:(023) 88617190 88617185(中小学)
传真:(023) 88617186 88617166
网址:http://www.cqup.com.cn
邮箱:fxk@ cqup.com.cn(营销中心)
全国新华书店经销
重庆俊蒲印务有限公司印刷

*

开本:787mm×1092mm 1/16 印张:10.5 字数:262 千
2017 年 11 月第 1 版 2020 年 4 月第 2 版 2022 年 6 月第 3 次印刷
ISBN 978-7-5689-0728-6 定价:30.00 元

前　言

现代社会能源危机和生态环境的日益恶化,使人们认识到必须利用可再生的绿色能源代替传统的一次性能源。目前,国内新能源汽车的配套设施较为滞后,总量结构仍不能满足城市的需要,充电站、换电站是保证新能源汽车的运营基础,但目前安装落实新能源车辆充电、换电设施仍有困难,且各地段难度分布不均衡,这样就难以满足运营需要,给公交线路、运营组织安排带来了较大的障碍。

我国非常重视发展包括电动汽车在内的新能源汽车,已经在多个城市开展了电动汽车产业化示范运营工作,建立健全了较完善的充电服务市场和可持续发展的"互联网+充电基础设施"产业生态体系,培育了一批具有国际竞争力的充电服务企业。

本书详细地讨论了电动汽车充电站运行与维护技术,对电动汽车充电机技术基础、电动汽车的动力电池及其电池管理系统、电动汽车充换电站的构成与功能、电动汽车充电站的交流配电系统、电动汽车充电站的直流系统、电动汽车充电机的功能及应用、电动汽车充电站的监控系统、电动汽车的充电产业、电动汽车充电站的安全运行管理等方面作了深入分析,并着重介绍了电动汽车充电站运行与维护技术的特点和性能优势。

本书全面系统地论述了电动汽车充电站的运行与维护技术,共分 10 个学习项目。项目 1 阐述了电动汽车运行技术的总体认知;项目 2 介绍了电动汽车充电机技术基础;项目 3 论述了电动汽车的动力电池及其电池管理系统;项目 4 介绍了电动汽车充换电站的构成与功能;项目 5 论述了电动汽车充电站的交流配电系统;项目 6 介绍了电动汽车充电站的直流系统;项目 7 介绍了电动汽车充电机的功能及应用;项目 8 介绍了电动汽车充电站的监控系统;项目 9 介绍了电动汽车的充电产业;项目 10 论述了电动汽车充电站的安全运行管理。

　　本书可作为高等职业教育新能源汽车专业的专业教材,也可作为汽车相关专业的选修教材。

　　本书的特点是理论联系实际,在注重理论阐述的前提下,力图深入浅出、图文并茂。本书实用性较强,富有启发性,便于自学,比较全面地反映了电动汽车充电站运行与维护技术的相关内容。

　　本书由严朝勇任主编,张胜宾、张永栋任副主编。项目1、项目 10 由严朝勇编写;项目 2 由温福军编写;项目 3 由黄剑编写;项目 4 由张永栋编写;项目 5 由黄景鹏编写;项目 6 由郭海龙编写;项目 7 由黄俊刚编写;项目 8、项目 9 由张胜宾编写。本书由严朝勇统稿。

　　由于书中引用了参考文献中的部分内容,特向其作者表示深切的谢意。由于电动汽车充电站运行与维护技术发展的历史较短,一些关键技术还处于研究中,再加上编者水平有限,难免会有许多疏漏、错误与不足之处,敬请广大专家和读者批评指正,以便再版时修正。

　　书中有视频二维码,为新形态教材。

编　者

2020 年 1 月

目 录

项目 1　电动汽车运行技术的总体认知 ……………… 1

项目要求 ……………………………………… 1

相关知识 ……………………………………… 1

一、电动汽车的发展历史 …………………………… 1

二、电动汽车的分类、组成和工作原理 ……………… 8

三、动力电池的性能和特点 ………………………… 13

四、电动汽车示范运营的政策与商业模式创新 ……… 14

项目实施 ……………………………………… 16

电动汽车充电站的系统功能认知 …………………… 16

小结 …………………………………………… 16

思考题 ………………………………………… 17

项目 2　电动汽车充电机技术基础 ………………… 18

项目要求 ……………………………………… 18

相关知识 ……………………………………… 18

一、直流开关稳压电源的分类、原理和构成 ………… 19

二、直流开关稳压电源主控元件的原理和应用 ……… 20

三、高频 PWM-DC/DC 变换器 …………………… 30

项目实施 ……………………………………… 38

用指针式万用表检测 IGBT 的方法 ………………… 38

小结 …………………………………………… 39

思考题 ………………………………………… 39

项目 3　电动汽车的动力电池及其电池管理系统 ……… 40

项目要求 ……………………………………… 40

相关知识 ……………………………………… 40

一、电动汽车动力电池的作用、分类 ……………… 40

二、电动汽车动力电池的应用现状 ·················· 43

三、铅酸蓄电池 ·································· 44

四、锂蓄电池 ·································· 49

五、燃料电池 ·································· 59

六、高速飞轮储能电池 ·························· 62

七、超级电容 ·································· 64

八、电动汽车的电池管理系统 ·················· 69

项目实施 ···································· 74

镍氢电池充放电性能测试 ···················· 75

小结 ·· 77

思考题 ······································ 77

项目4　电动汽车充换电站的构成与功能 ········ 78

项目要求 ···································· 78

相关知识 ···································· 78

一、充换电站建设的总体技术方案 ·············· 79

二、充换电站的组成部分 ······················ 79

三、高速公路充换电站的运营模式 ·············· 81

四、电动公共汽车充电站的运营模式 ············ 81

五、小区电动汽车充换电设施的运营模式 ········ 84

项目实施 ···································· 86

平面充电站的充电系统整体认识 ·············· 86

小结 ·· 87

思考题 ······································ 88

项目5　电动汽车充电站的交流配电系统 ········ 89

项目要求 ···································· 89

相关知识 ···································· 89

一、硬件系统组成 ···························· 90

二、硬件电路设计 ···························· 91

三、系统程序流程 ···························· 92

四、系统测试 ································ 93

项目实施 ···································· 95

CEV1100交流充电桩的识别 ·················· 95

小结 ·· 96

思考题 ······································ 96

项目6 电动汽车充电站的直流系统 ·························· 97

  项目要求 ··· 97

  相关知识 ··· 97

  一、直流充电桩的概述 ····································· 98

  二、直流充电桩工作原理 ································· 98

  三、硬件设计 ··· 98

  四、软件设计 ··· 99

  五、非车载充电机 ·· 100

  项目实施 ·· 101

  CEV1200直流充电机操作流程 ···················· 102

  小结 ·· 103

  思考题 ··· 103

项目7 电动汽车充电机的功能及应用 ················· 104

  项目要求 ·· 104

  相关知识 ·· 104

  一、充电机的构成及作用 ································· 106

  二、电动汽车充电机分类 ································· 113

  三、充电机的功能模块 ···································· 114

  四、家用充电设施 ·· 114

  五、公共充电设施 ·· 115

  六、电动汽车的充电接口 ································· 117

  七、电动汽车充电机的工作原理和技术特点 ····· 119

  项目实施 ·· 124

  电动汽车充电机性能的认识 ···························· 124

  小结 ·· 125

  思考题 ··· 125

项目8 电动汽车充电站的监控系统 ····················· 126

  项目要求 ·· 126

  相关知识 ·· 126

  一、电动汽车充电站的充电监控系统配置原则 ······· 126

  二、电动汽车充电站的监控网络 ······················· 127

  三、电动汽车电能供给方式 ····························· 128

  四、电动汽车充电站建设模式 ·························· 129

  五、电动汽车充电站监控系统功能 ··················· 129

  六、电动汽车充电站监控系统的实现与应用 ········· 131

  七、电动汽车充电站监控系统的运行与操作 ········· 133

项目实施 ………………………………………………… 137

电动汽车电池充电监控系统的认识 ………………… 137

小结 ………………………………………………………… 139

思考题 ………………………………………………………… 139

项目9 电动汽车的充电产业 ……………………… 140

项目要求 ………………………………………………… 140

相关知识 ………………………………………………… 140

一、电动汽车充电产业剖析 ………………………… 141

二、充电产业商业模式构成要素分析 ……………… 141

三、充电产业商业模式构成的主体 ………………… 142

四、基于"互联网+"的电动汽车智能充电服务系统 …… 143

项目实施 ………………………………………………… 145

电动汽车充电站计量系统一体化模式的认识 ………… 145

小结 ………………………………………………………… 146

思考题 ………………………………………………………… 146

项目10 电动汽车充电站的安全运行管理 ……… 147

项目要求 ………………………………………………… 147

相关知识 ………………………………………………… 147

一、电动汽车充换电服务网络运行管理系统概述 …… 148

二、系统架构与设计 ………………………………… 148

三、系统技术架构 ……………………………………… 148

四、系统网络架构 ……………………………………… 149

五、关键技术分析 ……………………………………… 150

六、系统运行情况 ……………………………………… 152

七、维护管理模块 ……………………………………… 152

八、电动汽车充换电服务网络安全管理模块 ………… 153

项目实施 ………………………………………………… 153

公共交通电动汽车充换电服务网络管理系统的认识 … 153

小结 ………………………………………………………… 153

思考题 ………………………………………………………… 154

参考文献 …………………………………………………… 155

电动汽车运行技术的总体认知

◆ 项目要求

该项目通过对电动汽车运行技术的学习,提高读者对电动汽车运行技术的学习兴趣。通过对电动汽车运行技术的总体认知,使读者初步了解电动汽车运行技术的学习内容,同时,加深对电动汽车运行技术基础知识的理解。

知识要求

1.了解电动汽车的发展历史、分类、组成和工作原理。
2.了解动力电池的性能和特点、电动汽车示范运营的政策与商业模式创新。

能力要求

1.理解电动汽车的工作原理和特点。
2.理解动力电池的性能和特点、电动汽车示范运营的政策与商业模式创新。

◆ 相关知识

一、电动汽车的发展历史

电动汽车的历史并不比内燃机汽车短,它也是最古老的汽车之一,甚至比奥托循环发动机(柴油机)和奔驰发动机(汽油机)还要早。苏格兰商人罗伯特·安德森在 1832—1839 年(准确时间不明)研发出电动车。1835 年,荷兰教授 Sibrandus Stratingh 设计了一款小型电动车,他的助手克里斯托弗·贝克则负责制造。但更具实用价值、更成功的电动车由美国人托马斯·

达文波特和苏格兰人罗伯特·戴维森在 1842 年研制,他们首次使用了不可充电电池。Gaston Plante 于 1865 年在法国研发出性能更好的蓄电池,其同乡卡米尔·福尔又在 1881 年对电池进行了改进,提高了电池容量,为电动车的发展铺平了道路。奥地利发明家 Franz Kravogl 在 1867 年的巴黎世界博览会上推出了一款双轮驱动电动车。法国和英国成为第一批支持发展电动汽车发展的国家。1881 年 11 月,法国发明家 Gustave Trouve 在巴黎举行的国际电力博览会上演示了三轮电动车,托马斯·帕克表示电动车可在 1884 年实现量产。在内燃机汽车兴盛之前,电动车就创造了许多速度和行驶距离的纪录。例如,Camille Jenatzy 在 1899 年 4 月 29 日用自行研发的电动车突破了 100 km/h,创造了 105.88 km/h 的极速。1891 年,A. L. Ryker 研发出电动三轮车,William Morrison 制造了六座电动厢式客车,电动车开始得到美国人的重视。19 世纪 90 年代到 20 世纪初期,电动车技术得到了高速发展,相对于内燃机汽车的优势逐渐形成。1897 年,美国费城电车公司研制的纽约电动出租车实现了电动车的商用化。20 世纪初,安东尼电气、贝克、底特律电气(安德森电动车公司)、爱迪生、Studebaker 和其他公司相继推出电动汽车,电动车的销量全面超越汽油动力汽车。电动车也逐渐成为上流社会喜好的城市用车,电动车清洁、安静,并且易于操控的特点,非常适合女性驾驶。由于当时没有晶体管技术,因此电动车的性能也受到限制,这些早期的电动车极速大约只有 32 km/h。在 19 世纪末 20 世纪初迎来经济繁荣的美国,人们的收入快速增长,汽车开始流行起来。1899 年和 1900 年,电动车销量远远超过其他动力的汽车。电动汽车相比同时代的其他动力汽车具有非常明显的优势,它们没有震动,没有难闻的废气,也没有汽油机巨大的噪声。汽油机汽车需要换挡,令其操控起来比较繁杂,而电动车不需要切换挡位。虽然蒸汽机汽车也不需要换挡,但却需要长达 45 min 漫长的预热时间。并且蒸汽机汽车加一次水的续航里程,相比电动车单次充电的续航里程更短。由于当时只有城市中才拥有良好路面,大部分时候汽车都只能在本地使用,因此电动车续航里程短的问题并没有成为阻碍其发展的原因。

相对于汽油发动机汽车,电动车不需要人力启动和频繁地换挡,成为大部分人的选择。当时的基本型电动车售价在 1 000 美元以下,但也发展出豪华电动车,它们的外形被设计得非常华贵,拥有宽敞的座舱,座舱内则用上价格不菲的高级材料。在 1910 年时,这类豪华电动车的均价达到了 3 000 美元。

电动车最初因为缺乏充电配套设施而阻碍了发展,但是随着电网的高速发展,到了 1912 年,很多美国家庭都已经通电,从而能够在家中完成充电。在世纪之交,有 40% 的美国汽车采用蒸汽机,38% 的汽车采用电力驱动,22% 的汽车使用汽油动力。美国的电动车保有量达到 33 842 辆,电动车在 19 世纪 20 年代大获成功,销量在 1912 年达到了顶峰。

20 世纪 20 年代到 20 世纪 80 年代,汽柴油机成为主流。电动车在 20 世纪初迎来成功之后,很快又失去了成长的优势。从 20 世纪 20 年代开始,电动汽车逐渐被内燃机汽车替代,究其原因主要有 4 点:第一,美国在城市间建立起良好的公路网络,需要汽车拥有更长的续航里程;第二,德克萨斯、俄克拉荷马和加利福尼亚等大油田的发现,降低了汽油价格,令普通消费者也能负担燃油费用;第三,Charles Kettering 在 1912 年发明的电力启动系统使得汽油机不再需要人力启动;第四,Hiram Percy Maxim 在 1897 发明的消声器,大幅降低了内燃机的噪声。而当时的电动车速度低,续航里程短,而内燃机汽车的速度更快,续航里程更长,并且价格便宜许多。

伟大的亨利·福特开始在美国大批量生产内燃机汽车,并且售价平易近人,例如,1915 年福特汽车的售价低至 440 美元(相当于今天的 9 200 美元)。与此相反,效率较低的电动车却价格昂贵,一款 1912 年的电动双座敞篷车售价 1 750 美元(相当于今天的 3.9 万美元)。19 世纪 20 年代,电动车销量迅速下滑,电动汽车在 10 年后彻底消失。

20 世纪 70 年代全球三次石油危机爆发后,各跨国汽车公司先后开始研发各种类型的电动汽车。我国经过"八五""九五""十五""十一五""十二五"5 个五年计划,在研发电动汽车的专项上投入了大量的人力、物力和财力,并取得了一系列科研成果,但是,迄今为止,这些科研成果真正能转化为产品,并实现产业化生产的项目并不多。国外大汽车公司比我国投入更多的资金和人力,已投入批量生产的电动汽车产品也寥寥无几。随着全球能源危机的不断加深,石油资源的日趋枯竭以及大气污染、全球气温上升的危害加剧,各国政府及汽车企业普遍认识到节能和减排是未来汽车技术发展的主攻方向,发展电动汽车将是解决这两个技术难点的最佳途径,现介绍电动汽车的现状与发展趋势。

1.电动汽车的现状

现代电动汽车一般可分为 3 类:纯电动汽车(BEV)、混合动力汽车(HEV)、燃料电池电动汽车(FCEV)。但是近几年在传统混合动力汽车的基础上,又派生出一种插电式(Plug-In)混合动力汽车,简称 PHEV。

1)纯电动汽车(BEV)

纯电动汽车是指完全由动力蓄电池提供电力驱动的电动汽车,虽然它已有 134 年悠久的历史,但一直仅限于某些特定范围内应用,市场较小。主要原因是由于各种类别的蓄电池,普遍存在价格高、寿命短、外形尺寸和质量大、充电时间长等严重缺点。目前采用的铅酸电池、镍氢电池和锂离子电池。根据实际装车时的循环寿命和市场价格,可估算出电动汽车从各种动力电池上每获取 1 kW·h 电能所必须付出的费用。计算时,假设电池最高可充电荷电状态(SOC)为 0.9,放电 SOC 为 0.2,即实际可用的电池容量仅占总容量的 70%;由电网供电价为 0.5 元/(kW·h),电池的平均充放电效率为 0.75。

由粗略计算可知,虽然从电网取电仅需 0.5 元/(kW·h),但充入电池,再从电池取出,铅酸电池每提供 1 kW·h 电能,价格为 3.05 元左右,其中 2.38 元为电池折旧费,0.67 元为电网供电费,而从镍氢电池中每提供 1 kW·h 电能,费用为 9.6 元,锂离子电池为 10.2 元,即后两种先进电池供电成本是铅酸电池的 3 倍多。

目前国内市场上用柴油机发电,价格大致为 3 元/(kW·h),若用汽油机发电,供电价格估计为 4 元/(kW·h),即从铅酸电池提供电能的价格大致和柴油机发电价格相等,仅仅从取得能量的成本来考虑,采用铅酸电池比汽油机驱动有一定价格优势,但是由于它太过笨重,充电时间又长,因此只被广泛用于车速小于 50 km/h 的各种场地车、高尔夫球车、垃圾车、叉车以及电动自行车上。实践证实铅酸电池在这一低端产品市场上有较强的竞争力和实用性。

镍氢电池的主要优点是相对寿命较长,但是由于镍金属占其成本的 60%,导致镍氢电池价格居高不下。锂离子电池技术发展很快,近 10 年来,其比能量由 100 (W·h)/kg 增加到 180 (W·h)/kg,比功率可达 2 000 W/kg,循环寿命达 1 000 次以上,工作温度范围达 -40~55 ℃。

近年由于磷酸铁锂离子电池的研发有重大突破,又大大提高了电池的安全性。目前已有许多发达国家将锂离子电池作为电动汽车用动力电池的主攻方向。我国拥有锂资源优势,锂电池产量 2004 年已占全球市场的 37.1%,2015 年,锂离子电池的性/价比达到和铅酸电池竞争

3

的水平,成为未来电动汽车的主要动力电池。

以电动自行车为代表的低性能车辆,由于其成本低廉,仅我国在 2006 年已达到年产 2 000 万辆,美国通用汽车公司生产的冲击 1 号电动跑车,虽然已达到了很高的动力性,但是由于售价高昂,仅生产了 50 辆,由于没有市场而不得不停产。性能较低的场地车,在我国年产达 7 000~8 000 辆。天津清源电动车公司生产的微型电动车,最高车速仅 50 km/h,年产也可以达千辆以上,这可能是目前市场所能接受的纯电动车辆性能的上限。上述所有电动车辆均采用铅酸电池为动力。随着高性能锂离子电池的性/价比不断提升,市场上可能会出现最高车速不小于 500 km/h,续驶里程不小于 1 500 km 的高性能纯电动汽车。

2)混合动力电动汽车(HEV)

由于完全由动力蓄电池驱动的纯电动汽车,其性能/价格比长期以来都远远低于传统的内燃机汽车,难以与传统汽车相竞争,20 世纪 90 年代以来各大汽车公司都着手开发混合动力汽车。日本丰田公司在 1997 年率先向市场推出"先驱者(Prius)"混合动力汽车,并在日本、美国和欧洲各国市场上均获得较大成功,累计产销量已超过 60 万辆。随后日本本田、美国福特、通用和欧洲一些大公司,也纷纷向市场推出各种类型的混合动力汽车。

(1)研制全混合电动汽车的必要性

混合动力电动汽车是指具备两个以上动力源,而其中有一个可以释放电能的汽车。混合动力汽车按混合方式不同,可分为串联式、并联式和混联式 3 种;按混合度(电机功率与为燃机功率之比)的不同,又可分为微混合、轻度混合和全混合 3 种。其中外挂式皮带驱动启动/发电(BSG)式是微混合动力汽车的典型结构,其电机功率一般仅 2~3 kW,依赖发动机的停车断油功能,可节燃油 5%~7%;在发动机曲轴后端加装一个电动/发电型盘式电机(ISG)是轻度混合动力汽车的典型结构;具有纯电力驱动功能的可作为全混合或混联式混合动力汽车的典型。丰田公司的 Prius 轿车即属于这类全混合汽车。目前我国若干汽车企业研制的混合动力汽车,大多采用 ISG 轻度混合或 BSG 微混合方案,主要是考虑这两种方案的技术难度较小,生产成本也较低。但是根据研究表明,混合动力汽车的节油率几乎与汽车功率的混合度和汽车的生产成正比上升。

(2)研发及市场情况

下面分别介绍混合动力乘用车和混合动力公交车的研发及市场情况。

以节油率最佳的丰田 Prius 汽车为例,在我国实测它与丰田花冠(Corrolla)油耗在各种工况下的平均节油率为 39.6%,平均每百公里可节油 3.07 L。

以 97 号汽油价格为 5 元/L 计算,每百公里可节省油费 15.35 元,行驶 20 万 km 也仅省油费 3.07 万元,显然还不足以抵消购置混合动力汽车所增加的费用。据中国汽车工业协会统计,2006 年一汽丰田普锐斯(Prius)销量仅为 2 152 辆,占全国乘用车总销量的 0.04%。考虑到我国用户对汽车售价的敏感性,这一销售业绩并不令人惊奇,可以认为在近期,如果没有政府的大力支持,混合动力乘用车在我国不会有很大的市场。

(3)城市公交车的使用特点

在我国,城市公交车与私人乘用车的情况有很大的不同,具体归纳为以下 3 个方面:

①据统计我国城镇居民日常出门有 70% 是首选乘坐公交车,我国大部分城市政府都奉行公交车优先的交通政策,我国公交车的年产量和保有量都居世界第一。

②我国城市公交车大多由市政府补助公交企业采购,公交车是否符合节油减排要求,将是

政府需要考虑的一个重要采购原则。

③从技术角度来分析,在城市工况下,公交车频繁起步、加速、制动和停车,要额外消耗许多燃油。汽车制动消耗能量(油耗)所占比例,其算数平均值达47.1%。即有近一半的燃油是被汽车频繁制动所消耗的,这就为混合动力公交车的节油减排留下了相当大的空间。

正是考虑到以上几个特点,我国至少有7~8家汽车企业将研发、生产混合动力公交车作为研发工作的重点。经过近几年的开发,虽然已取得了一系列重大成果,但公交车的节油率并未达到预计的要求,一辆总重15.5 t,长11 m的混合动力公交车,实际油耗为33~35 L,平均34 L/100 km,若传统11 m长公交车的平均油耗为40 L/100 km,则节油率仅15%。

(4)节油率难以进一步提高的原因

分析节油率难以进一步提高的原因主要有两个:

①汽车的制动过程十分短暂,一般不超过10 s,在短短的几秒内,电机要求发出很大的电流,才能有效回收制动能量,但是电池的充电倍率只有放电倍率的一半,因此电池不能接受大电流充电。理论上汽车有50%~60%的制动能量可回收,实际回收的制动能量小于20%,最简单的改进办法是加大动力电池容量,例如至少加大容量一倍,回收的制动能量可由20%增加到40%。但这将大大增加整车成本和汽车自重,经济上可能得不偿失。

②混合动力公交车若采用停车断油,甚至滑行时即断油,可节油10%左右(4 L/100 km),实际上国产柴油机没有专门为混合动力汽车设计,一般不允许频繁地停车断油,否则供油系和废气增压器都可能损坏,严重影响柴油机寿命。其次,停车断油就必须装有电动转向油泵、电动空压机和电动空调系统,这又会大大增加整车成本和重量,两相权衡,不一定合算,因此近期大多未实现停车断油功能。因此,目前HEV的开发重点集中在节油降耗的工作上,针对以上问题,科研工作者提出了不同的解决方案,如利用超级电容器的功率密度达铅酸电池的10倍,具有快速吸收大电流充电的优异特性,在混合动力汽车制动时可以快速吸收能量,大大提高制动能量的回收率,此外,它还具有循环寿命长、充放电效率高、耐低温以及免维护等优点。这种方案由于受到超级电容价格昂贵的影响,限制了它在混合动力汽车上的广泛应用。在进一步降低成本、提高能量密度后,超级电容器最有可能首先在混合动力公交车上得到应用。

3)插电式混合动力汽车

插电式混合动力汽车是最新的一代混合动力汽车类型,近年来受到各国政府、汽车企业和研究机构的普遍关注,国内外专家认为,PHEV有望在几年后得到广泛的推广使用。

据统计,法国城镇居民80%以上日均驾车里程少于50 km,在美国,汽车驾驶者也有60%以上日均行驶里程少于50 km,80%以上日均行驶里程少于90 km。PHEV特别适合于一周有5天仅驾车用于上下班,行驶里程在50~90 km的工薪族使用。PHEV是在混合动力汽车上增加了纯电动行驶工况,并且加大了动力电池容量,使PHEV采用纯电动工况可行驶50~90 km,超过这一里程,即必须启动内燃机,采用混合驱动模式。因此,PHEV的电池容量一般达5~10 kW·h,是纯电动汽车电池容量的30%~50%,是一般混合动力汽车电池容量的3~5倍,可以说它是介于混合动力汽车与纯电动汽车之间的一种过渡性产品。与传统的内燃机汽车和一般混合动力汽车(HEV)对比,PHEV由于更多地依赖动力电池驱动汽车,因此它的燃油经济性进一步提高,二氧化碳和氮氧化物排放更少。由于动力电池容量的加大,每辆车的售价至少比一般HEV高2 000美元。

随着蓄电池容量的加大,汽车价格将上升,但是燃油消耗和尾气排放则下降。因此可以认为,电动汽车是以使用和损耗蓄电池为代价来换取节油、减排的效果,动力电池性/价比的大幅提升将是电动汽车能否迅速推广使用的关键所在。

一般 HEV 动力电池 SOC 仅在较小范围内波动(例如±(2%~3%)),因此循环寿命次数很长,而 PHEV 的动力电池 SOC 必须在很大的范围内波动(例如±40%),属于深充深放,因此循环工作寿命短得多,和纯电动汽车(PEV)相似。目前在 PHEV 上都采用先进的锂离子电池,锂离子电池每放出 1 kW·h 电能,能耗费为 10.2 元,相当于内燃机每千瓦时能耗费用的 3 倍。随着全球石油价格不断上升,燃油内燃机的能耗费用也将不断上升,而锂离子电池随着技术进步和产量的增加,其能耗费用将不断下降,两者可能在 2015—2020 年内达到平衡点。因此 PHEV 有望在 10 年内得到大范围推广使用。

4)燃料电池电动汽车

早在 1839 年,英国人格罗孚就提出了氢和氧反应发电的原理。20 世纪 60 年代,研发出了液氢和液氧发电的燃料电池,由美国 UTC 公司首先用于航天和军事用途。近 20 年来,由于石油危机和大气污染日趋严重,以质子交换模式为代表的燃料电池技术,受到世界各国普遍重视。各大跨国汽车公司纷纷投入巨资,研发出了各种类型的燃料电池电动汽车(FCEV)。

(1)质子交换膜燃料电池(PEMFC)的主要优点

①其排放生成物是水及水蒸气,为零污染。

②能量转换效率可高达 60%~70%。

③无机械震动、低噪声、低热辐射。

④宇宙质量中有 75%是氢,地球上氢也几乎是无处不在。氢还是化学元素中质量最轻、导热性和燃烧性最好的元素。

⑤氢的热值很高,1 kg 氢和 3.8 L 汽油的热值相当。

(2)燃料电池电动汽车存在的技术、经济问题

在我国,国家科技部把研发燃料电池客车和燃料电池轿车列入"十五"和"十一五"计划"863"重大科技项目,并已取得了一系列重大科技成果,但是在多年科研实践中,也暴露出一些技术、经济问题:

①燃料电池发动机的耐久性寿命短,一般仅 1 000~1 200 h(国外达 2 200 h),燃料电池汽车行驶 4 万~5 万 km,功率即下降 40%,和传统内燃机可普遍行驶 50 万 km 以上相比,差距很大。

②燃料电池发动机的制造成本居高不下,一般估计 3 万元/kW(国外成本约 3 000 美元/kW),与传统内燃机仅 200~350 元/kW 相比,差距巨大。由于其中如质子交换膜、炭纸、铂金属催化剂、高纯度石墨粉、氢回收泵、增压空气泵等关键部件均依靠进口,因此与国外相比,并没有成本优势。

③燃料电池发动机对工作环境的适应性很差。国产机可在 0~40 ℃气温下工作,低于 0 ℃有结冰问题,高于 40 ℃过热不能正常工作。此外对空气中的粉尘、一氧化碳、硫化物等都十分敏感,铂催化剂极易污染中毒失效。

④燃料电池汽车的使用成本过于高昂。例如,高纯度(99.999%)高压氢(大于 200 MPa)售价 80~100 元/kg。按 1 kg 氢可发 10 kW·h 电能计算,仅燃料费即约为 10 元/(kW·h),按燃料电池发动机工作寿命 1 000 h 计算,折旧费为 30 元/(kW·h)。因此总的动力成本达 40 元/(kW·h)。至少在目前,由燃料电池发动机提供 1 kW·h 电能的成本远高于其他各种动

力电池,这从一个侧面反映了作为汽车动力源,燃料电池汽车还有相当长的距离。

（3）目前燃料电池电动汽车的研究课题

尽管存在如此多的问题,但是燃料电池仍然是人类迄今为止发明的最清洁、安静又可无限再生的能源,值得我们为实现燃料电池电动汽车的产业化付出更大的努力。

为此建议从以下几个方面进行工作:

①以更为创新的思维,对燃料电池的基本理论和基础材料进行深入研究。例如,努力探寻非铂金属催化剂;努力研制抗电腐蚀金属双极板和耐高温（>110 ℃）高机械强度质子交换膜等。

②努力实现如炭纸、增压空气泵等关键零部件的国产化,以降低整机成本。

③进一步提高整机的优化集成技术,着力提高整机的耐候性（高、低气温变化）、抗大气污染能力和耐电负荷急剧变化能力等。

2.电机及电动车轮的分类

电动汽车驱动电机是所有电动汽车必不可少的关键部件。目前使用较多的有直流有刷电机、永磁无刷电机、交流感应电机和开关磁阻电机4种。

美国和德国开发的电动汽车大多采用交流感应电机,主要优点是价格较低、效率高、重量轻,但启动转矩小。日本研制的电动汽车几乎全部使用永磁无刷电机,其主要优点是效率可以比交流感应电机高6个百分点,但价格较贵,永磁材料一般仅耐热120 ℃以下。开关磁阻电机结构较新,优点是结构简单、可靠、成本较低、启动性能好,没有大的冲击电流,它兼有交流感应电机变频调速和直流电机调速的优点,缺点是噪声较大,但仍有一定改进余地。对于电动汽车而言,由于电能是由各类电池提供,价格昂贵而弥足珍贵,因此使用相对效率最高的永磁无刷电机是较为合理的,它已被广泛用于功率小于100 kW 的现代电动汽车上。

此外,在国外已有越来越多的电动汽车采用性能先进的电动轮（又称轮毂电机）,它用电机（多为永磁无刷式）直接驱动车轮,因此无传统汽车的变速箱、传动轴、驱动桥等复杂的机械传动部件,汽车结构大大简化。但是它要求电机在低转速下有很大的扭矩,特别是对于军用越野车,要求电机基点转速：最高转速=1:10。近几年,美、英、法、德等国纷纷将电动轮技术应用于军用越野车和轻型坦克上,并取得了重大成果。例如美海军陆战队在"悍马"基础上研制出串联式"影子"新型混合动力越野车,采用了电动轮技术。与传统"悍马"车对比试验,在同样侦察试验条件下,"悍马"耗油472 kg,而"影子"仅耗油200 kg;同一越野路段,"悍马"耗时32 min 跑完,而"影子"仅耗时13 min 50 s,此外它还具有在纯电动模式下,汽车静音、无"热痕迹"等优点。如此优异的性能,据闻美军已决定停产传统"悍马"车,全部改产新型混合动力电动轮驱动的"影子"型军车。这一重要发展趋势,应引起高度关注。

3.电动汽车的发展趋势

综上所述,可以从技术/经济分析出发,对电动汽车技术的现状和未来作以下结论:

①在目前国内市场价格的基础上,可粗略计算出各种提供电能技术的价格比。即电网供电:柴油机供电:铅酸电池供电:镍氢电池供电:锂离子电池供电:燃料电池供电 = 1:6:6:19.2:20.4:80。这从一个侧面反映了各种供电方式距离电动汽车市场的远近。当然,随着石油价格的上升、电池技术的进步,这些比例关系将发生很大的变化。

②由于铅酸电池的供电成本大体和柴油机供电相等,因此它仍然是低端电动车市场的主要动力电池。磷酸锂离子电池技术进步较快,它最有可能成为铅酸电池的竞争对手,率先成为

高端电动车市场的主要动力电池。

③由于混合动力汽车仅需装用纯电动汽车1/10的动力电池容量,整车有较为接近市场的性/价比,因此它仍将是近期实现产业化的主要电动汽车种类。考虑到我国国情,目前仍应大力推广使用混合动力大客车,进一步降低制造成本,减少油耗和排放。

④在锂离子电池性/价比进一步提升后,外接充电式混合动力汽车(PHEV)有望成为理想的上班族乘用车,它可大幅度减少油耗和降低排放,但是由于较高的价格,它可能首先在发达国家得到推广应用。

⑤燃料电池虽然是理想的清洁能源,但是目前它的性/价比太低,要达到可以进入市场的性/价比,可说是任重而道远,必须从基础材料和基本理论上有重大突破,才可能进入汽车市场。

⑥电动轮已成为国外电力驱动技术的重要发展趋势,并已在军用越野车上得到实际应用,证实它在技术/经济上的重要优势,我国虽也有不少单位研发,但始终未进入"863"计划,技术进步缓慢,因此有必要奋起直追,尽快掌握这一先进的电驱动技术。

2015年我国新能源汽车生产340 471辆,销售331 092辆,同比分别增长3.3倍和3.4倍,远高于同期非新能源汽车的产销增量。其中纯电动汽车产销分别完成254 633辆和247 482辆,同比分别增长4.2倍和4.5倍。对此,中汽协秘书长助理许海东说:"新能源汽车在去年应该是爆发性的增长,30多万辆将近40万辆,已经成为汽车消费的一个不可忽略的力量,在北京明显看到有很多的人因为摇不到号,最后选择新能源汽车。"

对于2017年新能源汽车的行情,中汽协也作了预期,预测全年销量70万辆左右,比去年多一倍。

二、电动汽车的分类、组成和工作原理

电动汽车是以车载电源为动力,用电机驱动车辆行驶的汽车,根据国标GB/T 19596—2004电动汽车术语,电动汽车可划分为纯电动汽车(BEV)、燃料电池汽车(FCEV)、混合动力汽车(HEV)等。

1.电动汽车分类及特点

1)纯电动汽车

电动汽车是由车载可充电蓄电池或其他能量储存装置提供动力源,由电动机驱动的汽车。由于电动机具有良好的牵引特性,因此纯电动汽车的传动系统不需要离合器和变速器,车速控制由控制器通过调速系统改变电动机的转速即可实现。

纯电动汽车有以下几方面优点:

①降低对石油资源的依赖。电力可以从多种一次能源获得,而且技术相对简单成熟,只要有电力供应的地方都能够为电动汽车充电,可以全面降低经济社会发展对石油资源的依赖。

②减少环境污染。电动汽车不直接排放污染大气的有害气体,即使换算为发电厂的排放,由于发电厂远离人类聚集区,且排放物及处理的技术标准比较明确,有利于集中清除排放物。

③实现与智能电网的互动。电动汽车可以在用电低谷时充电,全面提高发电及电网利用效率,甚至在规模化应用后,可以在电网高峰负荷时为电网提供电力,大大提高综合经济效益。

2)混合动力汽车

混合动力汽车是指至少从可消耗的燃料(常规燃料)和可再充电能/能量储存装置等车载

储存能量中获得动力的汽车。混合动力汽车的优点是：

①行驶里程长。混合动力汽车可以长时间处于油耗低、污染少的最优工况下工作,行程和普通汽车相当。

②电池寿命延长。可让动力电池保持在良好的工作状态,不发生过充、过放,延长其使用寿命,降低成本。

③排放较低、使用方便。因为配备有动力电池,可方便地回收制动时、下坡时、怠速时的能量,从而减少能源的浪费。在个别工况下可由电池单独驱动,实现"零"排放。并可以方便地解决空调、取暖、除霜等耗能大的工况下,纯电动汽车遇到的瓶颈。

插电式混合动力汽车(Plug-in Hybrid Electric Vehicle)是一种新兴的混合动力电动汽车。通过外接充电电源为电池充电,仅凭动力电池实现电动汽车行驶。在电池电量用完后,通过发动机带动发电机,由此产生的电力为蓄电池充电,并提供行驶动力,有效解决了纯电动汽车续航里程短的瓶颈。

3)燃料电池电动汽车

燃料电池电动汽车是指以燃料(氢气、甲醇)通过化学反应产生电流,驱动电动汽车行驶。燃料电池电动汽车的优点是低碳环保。化学反应过程不产生有害产物,是内燃机技术的替代产品。

2.电动汽车的组成和工作原理

1)EV 的基本组成部分

电动汽车主要由电力驱动系统、电源系统和辅助系统 3 部分组成。典型电动汽车组成框图如图 1-1 所示。

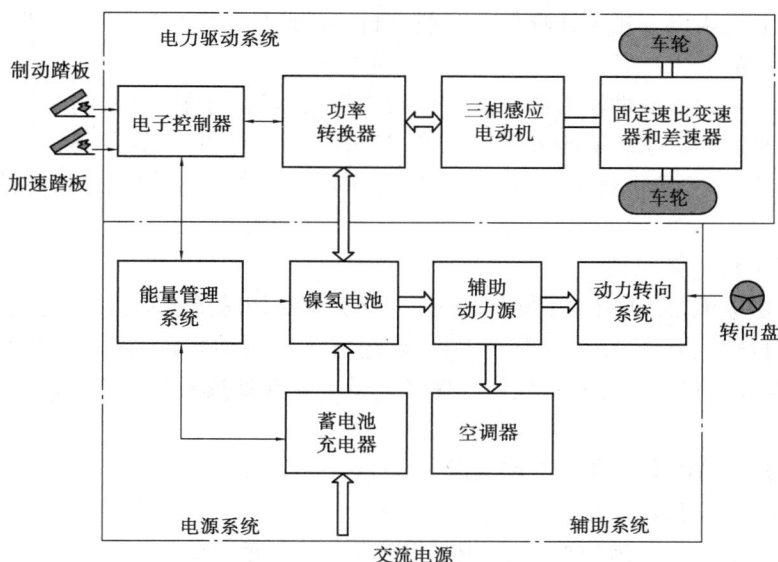

图 1-1　典型电动汽车组成框图

当汽车行驶时,由蓄电池输出电能(电流)通过控制器驱动电动机运转,电动机输出的转矩经传动系统带动车轮前进或后退。电动汽车续驶里程与蓄电池容量有关,蓄电池容量受诸多因素限制。要提高一次充电续驶里程,必须尽可能地节省蓄电池的能量。

（1）电力驱动系统

电力驱动系统主要包括电子控制器、功率转换器、电动机、机械传动装置和车轮等。它的功用是将存储在蓄电池中的电能高效地转化为车轮的动能，并能够在汽车减速制动时，将车轮的动能转化为电能充入蓄电池。

电动汽车应用较多的电动机有直流电动机和交流电动机两大类。电动汽车的驱动系统采用直流电动机时，虽然在结构上有许多独到之处，如不需要离合器、变速器，并具有起步加速牵引力大，控制系统较简单等优点，但它的整个动力传动系统效率低，因此逐渐被其他驱动类型电动机替代。电动汽车使用的交流电动机驱动系统，突出的优点是体积小、质量轻、效率高、调速范围宽和基本免维护等优点，但其制造成本较高。随着电力电子技术的进一步发展，成本将随之降低，采用这类驱动系统的电动汽车将具有强大的生命力。

电动汽车控制系统的性能直接影响着汽车的性能指标。该控制系统控制汽车在各种工况下的行驶速度、加速度和能源转换情况。它类似于燃油汽车的加速踏板和变速器，包括电动机驱动器、控制器及各种传感器，其中最关键的是电动机逆变器。

电动机不同，控制器也有所不同。控制器将蓄电池直流电逆变成交流电后驱动交流电动机，电动机输出的转矩经传动系统驱动车轮，使电动汽车行驶。

（2）电源系统

电源系统主要包括电源、能量管理系统和充电机等。它的功用是向电动机提供驱动旦能、监测电源使用情况以及控制充电机向蓄电池充电。

纯电动汽车的常用电源有铅酸电池、镍镉电池、镍氢电池、锂离子电池等。

纯电动汽车和混合动力电动汽车的能量管理不同，纯电动汽车主要是指电池管理系统，它的主要功用是对电动汽车用电池单体及整组进行实时监控、充放电、巡检、温度监测等。

（3）辅助系统

辅助系统主要包括辅助动力源、空调器、动力转向系统、导航系统、刮水器、收音机以及照明和除霜装置等。辅助系统除辅助动力源外，其余的依据车型不同而不同。辅助动力源主要由辅助电源和 DC/DC 功率转换器组成。它的功用是向动力转向系统、空调器及其他辅助设备提供动力。

2）电动汽车的工作原理

蓄电池提供电流，输送至功率转换器，产生交流高压传送至电动机，输送至动力传动系统，然后驱动汽车行驶。此外，在电动汽车上，一般还有电磁制动装置，它可以利用驱动电动机的控制电路实现电动机的发电运行，使减速制动时的能量转换成对蓄电池充电的电流，从而得到再生利用。

3.混合动力电动汽车组成和工作原理

1）混合动力电动汽车的组成

混合动力电动汽车是指一种将发动机和电动机组合起来作为汽车动力系统的汽车，英文名为 Hybrid Electric Vehicle，简称 HEV。

HEV 采用了两种模式的驱动系统，发动机驱动系统和电动机驱动系统。主要由发动机和电动机共同组成了混合动力系统来驱动车辆行驶。

HEV 一般由发动机、发电机、储能装置、电动机、功率转换装置和控制装置等组成。

①发动机。可采用四冲程内燃机（汽油/柴油）、二冲程（汽油/柴油）内燃机，转子发动机

和斯特林发动机等。转子式发动机燃烧效率比较高,排放比较洁净。一般车用时,采用四冲程内燃机比较普遍。采用不同的发动机可组成不同的 HEV。

②电动机。可采用直流电动机、交流感应电动机、永磁电动机和开关磁阻电动机等。随着 HEV 的发展,直流电动机已经很少采用,多数采用感应电动机和永磁电动机,开关磁阻电动机也得到重视,作为 HEV 的驱动电机。采用不同的电动机可组成不同的 HEV。

③电池。储能装置是 HEV 的辅助能源,只有在 HEV 用电动机启动发动机或电动机辅助驱动时使用,HEV 可选用不同的蓄电池、燃料电池储能器等。

2)混合动力电动汽车的工作原理

混合动力电动汽车的动力系统主要由控制系统、驱动系统、辅助动力系统和电池组等部分构成。以串联混合动力电动汽车为例,介绍一下混合动力电动汽车的工作原理。

在车辆行驶之初,蓄电池处于电量饱满状态,其能量输出可以满足车辆要求,辅助动力系统不需要工作。电池电量低于 60% 时,辅助动力系统启动;当车辆能量需求较大时,辅助动力系统与蓄电池组同时为驱动系统提供能量;当车辆能量需求较小时,辅助动力系统为驱动系统提供能量的同时,还给蓄电池组进行充电。由于蓄电池组的存在,使发动机工作在一个相对稳定的工况,使其排放得到改善。

混合动力汽车采用能够满足汽车巡航需要的较小发动机,依靠电动机或其他辅助装置提供加速与爬坡所需的附加动力。其结果是提高了总体效率,同时并未牺牲性能。混合动力车设计成可回收制动能量。在传统汽车中,当驾驶员踩制动时,这种本可用来给汽车加速的能量作为热量被白白扔掉了。而混合动力车却能大部分回收这些能量,并将其暂时储存起来供加速时再用。当驾驶员想要有最大的加速度时,汽油发动机和电动机并联工作,提供可与强大的汽油发动机相当的起步性能。在对加速性要求不太高的场合,混合动力车可以单靠电机驱动行驶,或者单靠汽油发动机驱动行驶,或者两者结合以取得最大的效率。比如在公路上巡航时使用汽油发动机。而在低速行驶时,可以单靠电机拖动,不用汽油发动机辅助。即使在发动机关闭时电动转向助力系统仍可保持操纵功能,提供比传统液压系统更大的效率。

4.燃料电池电动汽车(FCEV)的基本结构和工作原理

1)燃料电池系统的基本结构

单独的燃料电池堆是不能发电并应用于汽车的,它必须和燃料供给与循环系统、氧化剂供给系统、水/热管理系统和一个能使上述各系统协调工作的控制系统组成燃料电池发电系统,简称为燃料电池系统(fuel cell system),才能对外输出功率。

如图 1-2 所示,燃料电池燃料供给系统与循环系统在提供燃料的同时循环回收阳极排气中未反应的燃料。目前,最成熟的技术还是以纯氢为燃料,而且系统结构相对简单,仅由氢源、稳压阀和循环回路组成。

燃料电池的功率密度随反应物——氢和氧压力的升高而增大。因此,目前有些燃料电池采用提高空气供给压力(一般是 2~3 atm)的方法来提高燃料电池系统的功率密度,但是空气在被加湿的情况下,由于水蒸气的存在,将减小氧气的分压,而且空气中大量的非反应物——氮气同时被加压,如果没有从燃料电池排出的空气当中回收能量的良好措施,则会大大降低 PEMFC 的净输出功率和系统效率,因此其作用受到了限制。这种空气加压系统的另一个问题是不可能提供较大的过量空气供给,因为过量空气供给系统效率较低,而大量的过量空气有助于改善燃料电池的性能。如果采用环境压力(常压)空气作为氧化剂,通过对膜加湿(取消对

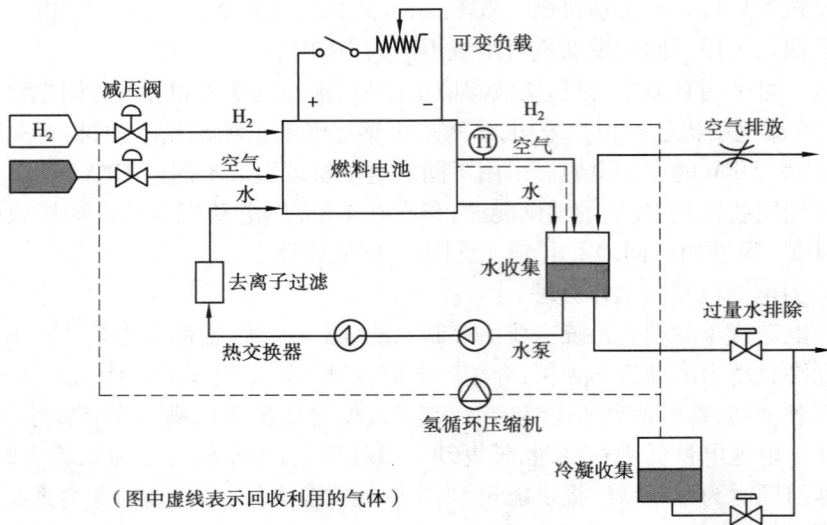

（图中虚线表示回收利用的气体）

图 1-2　典型的质子交换膜燃料电池系统示意图

空气加湿、加压)、加大过量空气供给以及采用先进的冷却方法等一系列措施,则简化了结构,提高了效率,可以克服加压燃料的一些不足。还有一类燃料电池采用变压系统,即根据燃料电池的负荷来调节系统中空气和氢气的压力,虽然也表现出不错的性能,但结构比较复杂。

　　电池内部的水/热管理是燃料电池的难点和重点,也是电池性能好坏的关键。如图 1-2 所示,产物水首先通过燃料电池堆的反应区冷却电池堆本身,在冷却过程中水蒸气被加热至燃料电池的工作温度,被加热的水再与反应气体接触,起到增湿的效果。除了在增湿过程中部分热量被反应气体带走外,还需一个水/空气热交换器,将多余的热量带走,防止系统热量积累,造成电池温度过高。控制系统则根据负载对燃料电池功率的要求,或随燃料电池工作条件(压力、温度、电压等)的变化,对反应气体的流量、压力、水/热循环系统的水流速等进行综合控制,保证电池正常有效的运行。

　　该控制系统由功能不同的传感器、阀件、泵、调节控制装置、管路、控制单元等组成。随着电堆技术的日趋成熟,控制系统成为决定燃料电池系统性能和制造成本的瓶颈,因此必须对这些零部件进行系统的耐久性和安全性研究,并且制订适合车辆应用的统一标准。燃料电池系统的主要研究热点包括:使用轻质材料,优化设计,提高燃料电池系统的比功率;提高 PEMFC 系统快速冷启动能力和动态响应性能;研究具有负荷跟随能力的燃料处理器;对电池或超级电容、氢气存储进行系统优化设计,提高系统的效率和调峰能力,回收制动能量等。

　　2)燃料电池电动汽车工作原理

　　由于燃料电池的种类结构不同和选配的辅助电池组种类不同,也构成了动力路线的多样性,一般由储料装置、重整装置、燃料电池发电站、控制器、功率转换器、电动机/发电机、馈电线路、信号线路等组成。

　　燃料电池汽车的工作原理是,作为燃料的氢在汽车搭载的燃料电池中,与大气中的氧气发生氧化还原化学反应,产生出电能来带动电动机工作,由电动机带动汽车中的机械传动结构,进而带动汽车的前桥(或后桥)等行走机械结构工作,从而驱动电动汽车前进。

　　燃料电池的反应结果会产生极少的二氧化碳和氮氧化物,副产品主要产生水,因此被称为绿色新型环保汽车。燃料电池汽车是电动汽车的一种,其核心部件是燃料电池。通过氢气和氧气的化学作用,而不是经过燃烧,直接变成电能动力。

燃料电池汽车的氢燃料能通过几种途径得到。有些车辆直接携带着纯氢燃料,另外一些车辆有可能装有燃料重整器,能将烃类燃料转化为富氢气体。单个的燃料电池必须结合成燃料电池组,以便获得必需的动力,满足车辆使用的要求。

三、动力电池的性能和特点

动力电池是为电动汽车提供动力来源的电源,电动汽车对动力电池的基本要求有 7 个方面:高能量密度、高功率密度、较长的循环寿命、较好的充放电性能、电池一致性好、价格较低、使用维护方便。

1.动力电池基本特性

按正极材料的差异,动力锂电池可分为钴酸锂电池、镍钴锰三元材料电池、锰酸锂电池、磷酸铁锂电池等。目前在北京电动汽车上广泛应用的是锰酸锂($LiMn_2O_4$)动力电池和磷酸铁锂($LiFePO_4$)动力电池。这两种电池各有特点:锰酸锂电池电压平台高、能量密度大,功率特性好、低温特性好;磷酸铁锂电池循环寿命长、安全性高、高温特性好。锰酸锂电池和磷酸铁锂电池性能参数及优劣比较,详见表 1-1、表 1-2。

表 1-1 锰酸锂电池和磷酸铁锂电池性能参数一览表

性能参数	锰酸锂电池	磷酸铁锂电池
理论容量/(Wh·kg^{-1})	148	170
实际容量/(Wh·kg^{-1})	100~120	80~100
导电率/(s·cm^{-1})	10	6
振实密度/(g·cm^{-3})	2.2~2.4	1.0~1.4
比表面积/(m^2·g^{-1})	0.4~0.8	12~20
工作电压平台/V	3.7	3.3
工作电压范围/V	2.5~4.2	2.8~3.6

表 1-2 锰酸锂电池和磷酸铁锂电池优劣势一览表

锰酸锂电池		磷酸铁锂电池	
优势	劣势	优势	劣势
常温和低温下循环性能佳	高温下循环性能差	常温和高温下循环性能极佳	低温下循环性能极差
原材料丰富,制备技术成熟	高性能材料的制备技术缺乏	原材料丰富	制备技术不够成熟且有专利保护
材料环保,制备电池性能较好	未改性的材料容量较低	材料环保,制备电池安全性极佳	导电率和振实密度低

2.动力电池成本及回收再利用

电动汽车所用动力电池组的成本是由电芯(cell)、PACK箱、电池管理系统、配件及生产费用等几部分构成,目前北京地区电池政府指导价为 4 500 元/(kW·h)。动力电池价格高是阻碍电动汽车推广应用的主要因素,将从电动车辆退役下来的动力电池应用于光伏储能、应急电源等其他领域是降低电动汽车用户运行成本的有效方法。传统方法是对电池进行解体,对电池内重金属等物质以及壳体等部分进行循环再利用,但这种方法将造成一定污染。

3.动力电池存在的问题及瓶颈

一是电池安全性。动力电池在长时间、各种工况下使用的安全性尚需时间检验。二是电池容量。电动汽车续航里程一般为 100~300 千米,有些甚至只有 50~100 千米。三是电池寿命。充放电次数为 1 000~2 000 次,寿命一般在 3~5 年。四是电池造价。北京市电池造价尚未降至 4 500 元/(kW·h),造成电动汽车购置及运营费用较高。五是电池标准尚未完全统一。充电、换电设施的发展受到制约。六是电池的污染问题。回收和处理不当,会对环境造成污染。

现阶段,混合动力汽车长距离高速行驶基本不能实现省油的目的,并未从根本上缓解对石油资源的依赖,而且对于为车辆提供能源的电能与传统能源的比重难以确定,在实际推广应用过程中,易形成"打政策擦边球"的现象。而燃料电池的许多关键技术还处于研发试验阶段,而且氢在制备、供应、储运等方面还有着大量的技术与经济问题有待解决。燃料电池汽车目前和今后一段时间尚不具备商业化的条件。目前,国内在重点推广纯电动汽车的基础上,适当应用混合动力及燃料电池汽车。特别是北京市政府已经明确新能源汽车应用的重点就是纯电动汽车。因此,在研究构建电动汽车充换电营销服务体系工作中,应重点针对纯电动汽车的技术特性及应用需求,而动力电池是现在大家公认的制约电动汽车发展的瓶颈,需要进一步加快研发动力电池技术。

四、电动汽车示范运营的政策与商业模式创新

随着中国经济快速发展,中国能源需求维持高速增长,中国海关发布数据显示,2013 年全年中国累计进口原油 2.82 亿吨,同比攀升 4.03%。对外依存度达到 57.39%,较 2012 年的 56.42% 有近 1 个百分点的提升。同时,中国汽车工业协会公布的数据显示,2013 年中国汽车产销为 2 211.68 万辆和 2 198.41 万辆,同比增长 14.76% 和 13.87% 再创全球产销最高纪录。2013 年全年中国车用燃油消耗量超过总量的 50%。同时,汽车排放的尾气占了大气污染的 30%~60%。随着机动车的增加,尾气污染有越演越烈之势。2014 年,北京市 PM2.5 来源解析研究成果表明北京市 PM2.5 来源中 64%~72% 来自本地污染排放,而在本地污染排放中,机动车排放占 31.1%。由局部性转变成连续性和累积性。2013 年,部分城市通过限行机动车来缓解城市空气 PM2.5 年均浓度不达标的情况。

1.电动汽车运营创新

在电动汽车运营创新方面,荷兰阿姆斯特丹和德国柏林的电动汽车物流创新项目颇具特色。由于电动车辆噪声水平低,货物的运输时间可以扩展到非高峰时段以及夜晚,从而避开交通运输的高峰时段,同时降低二氧化碳及其他污染物的排放。因此,阿姆斯特丹在城市周边建立了物流中转站,规定要进入阿姆斯特丹的货物,必须在经过传统运输工具进入中转站之后,再用电动车送至市中心;柏林也致力于利用电动车的优势,创立电动城市物流,发挥电动商用车辆在城市中进行运输的潜力。

2.电动汽车充电设施创新

14 个城市在电动汽车充电设施创新上的举措最有特点,这些创新活动包括:美国纽约的太阳能充电站项目、洛杉矶的智能电网示范项目、波特兰西岸绿色公路项目、日本神奈川的公路充电车计划、荷兰阿姆斯特丹通过公开的 API 获取实时充电数据的项目、巴黎的集成式停车计时系统、巴塞罗那的充电定位软件 Chargelocator 项目以及依靠风力供电的电动汽车充电站 Sanya Skypump 项目、德国柏林的 MINIE 的电动车风力充电系统和路灯充电桩项目,以及德国汉堡的无线充电项目。以上这些创新活动不仅从充电的模式和方式上进行创新,同时将先进的 IT 技术引入充电设施的创新中,从而使得制约电动汽车充电的问题得以弱化或者一定程度的解决。

3.电动汽车项目整合创新

几乎 14 个城市和地区都在电动汽车项目整合创新上取得了成绩,包括洛杉矶的 SoCal 电动车的合作和全球最佳实验经验分享项目、波特兰的电气大道项目、神奈川的箱根电动车之乡项目、阿姆斯特丹的异地还车的 CAR2GO 项目、赫尔辛基的 TESTBED 项目以及多个城市的汽车共享项目。

从产业发展战略和投资、相关补贴和税收政策、法规和标准,以及专门机构 4 个方面对 14 个城市和地区促进电动汽车产业发展的政策进行剖析,并进一步按照电动汽车运营创新、电动汽车充电设施创新、电动汽车项目整合创新以及公众意识培育创新 4 个方面对 14 个城市和地区示范项目中特色鲜明的创新活动进行研究。

①政府政策对于电动汽车发展至关重要。发展电动汽车需要充分发挥政府的主导作用,为电动汽车的发展提供清晰的定位和资金支持以及长期的发展规划。

②商业模式创新加快电动汽车发展。发展电动汽车需要结合城市的自身特点,进行推广措施的探索和创新,有效的推广创新活动对电动汽车发展影响非常明显。14 个城市和地区均在实际推广中采取了各种适宜的创新活动。为了进一步提升电动汽车在城市中的示范运行效果,14 个城市和地区在现有政策支持下,结合各自城市特点、产业基础以及交通运输体系特色分别采取了多种创新举措。

③外部合作伙伴提升电动汽车发展平台。合作伙伴对于电动汽车,推进电动汽车的发展有着重要的意义。2009 年以来,洛杉矶市与参与 C40-克林顿气候计划的各城市紧密合作,了解并分享了插电式电动车最佳实践经验。2011 年 1 月,洛杉矶与上海成为合作伙伴城市,分享了各自电动车示范项目的数据。合作能够通过经验的借鉴,提高电动汽车推广工作的效率。

④公众低碳意识提升,加速电动汽车发展。推广电动汽车需要贯彻低碳意识,提升用户对电动汽车的认可程度。以上提到的 14 个城市和地区都从开展电动汽车展览、开设电动汽车体验中心等措施提升了潜在用户对电动汽车的了解程度,同时提升了公众的低碳意识。

通过体验中心、试驾等活动试图增进消费者对电动汽车的了解,但是其效果并不像国际上 14 个城市和地区那样显著。从目前电动汽车的发展状况来看,电池续航里程、充电时间等技术因素固然是纯电动汽车发展的重要阻碍因素。但是电动汽车的潜在用户对电动汽车的了解和认可程度是另一个制约电动汽车发展的重要因素。因此要实现电动汽车的大规模推广,需要通过培育公众的低碳意识,提高对电动汽车的认可程度,使得电动汽车交通的概念深入人心。

◆ 项目实施

【实施条件】

实施地点和要求:电动汽车实训室的电动汽车整车性能良好,工作正常。

实施时间:按照教学计划的安排,了解电动汽车运行技术的结构和特点。

教学要求:根据电动汽车的数量将学生分成若干小组,每小组 5 人使用一套电动汽车运行系统或充电机,指导教师先讲解并现场演示,学生再动手操作。

【实施步骤】

电动汽车充电站的系统功能认知

1.电动汽车充电站的主要功能

①电动汽车充电站的主要功能包括充电、监控、计量;扩展功能包括电池更换、电池检测、电池维护。

②电动汽车充电站应该具有电动汽车动力电池充电的功能。

③电动汽车充电站应该完成对整个充电站的监控,包括供电系统运行监控、充电机系统运行监控、充电站安全监控等。

④电动汽车充电站应该具有对充电站输入电能、充电机输出电能进行计量的功能。

⑤电动汽车充电站包括行车道、停车位、充电机、监控室和充电站供电设施。

⑥对于采用电池更换模式的充电站,应该具备电池更换、电池储存的设备和场所。

2.电动汽车充电站供电系统的功能

①功能:供电系统为电动汽车充电站的动力设备、监控系统、办公场所等提供交流电源。供电系统不仅提供充电所需的电能,也是整个充电站正常运行的基础。

②配置要求:供电系统主要包括配电变压器、高低压配电装置、计量装置和谐波治理装置。供电系统的电力级别确定为 2 级,即采用双路供电,不配置后备电源。该系统符合常规配电装置,其输出为 0.4 kV,50 Hz。

3.电动汽车充电站充电系统的功能

①功能:充电系统是整个充电站的核心部分,为电动汽车的动力电池补充充电提供符合技术要求的电源。

②配置要求:能够满足多种形式的充电需求,提供安全、快捷的能量补给服务(交流充电桩、充电机、计费装置、电池更换设备)。电动汽车充电站充电系统根据电能补给方式的不同,可分为地面充电和整车充电两种充电系统。

小　结

该项目通过了解电动汽车运行技术的原理和应用、高频 PWM-DC/DC 变换器,通过对电动汽车运行技术的学习,使读者初步了解电动汽车运行技术的学习内容。同时,加深了对电动汽车运行技术知识的理解,提高了读者对电动汽车运行技术的学习兴趣,使读者初步了解电动汽车运行技术的构成与功能。

　　本项目通过了解电动汽车运行技术的结构和工作原理,了解电动汽车的发展历史,电动汽车的分类、组成和工作原理,动力电池的性能和特点,电动汽车示范运营的政策与商业模式创新,提高读者对电动汽车运行技术的学习兴趣,使读者初步了解电动汽车运行技术的结构和特点。熟悉电动汽车运行技术的结构、工作原理,通过现场实训了解电动汽车运行系统的工作情况,通过对不同电动汽车运行技术的介绍,使学生知道本学习情景的重要性,激发学习兴趣,使读者初步了解电动汽车运行系统的工作情况。

思考题

1.简述电动汽车的发展历史。
2.论述电动汽车的分类、组成和工作原理。
3.论述动力电池的性能和特点。
4.简述电动汽车示范运营的政策与商业模式创新。

项目 **2**
电动汽车充电机技术基础

◆ 项目要求

该项目通过了解直流开关稳压电源的分类、直流开关稳压电源主控元件的原理和应用、高频 PWM-DC/DC 变换器，通过对电动汽车充电机技术基础的学习，提高读者对电动汽车充电机技术基础的学习兴趣。通过对电动汽车充电机技术基础的总体认知，使读者初步了解电动汽车充电机技术基础的学习内容，同时，加深对电动汽车充电机技术基础的知识理解。

知识要求

1.了解电动汽车充电机技术基础的构成、工作原理。
2.了解电动汽车充电机技术基础的类型和工作特点。

能力要求

1.在现场对电动汽车充电机技术基础进行认识和操作。
2.在现场观察电动汽车充电机技术基础的工作情况和特点。

◆ 相关知识

电动汽车充电机是一种专为电动汽车的车用电池充电的设备，是从供电电源提取能量对电池充电时用到的有特定功能的电力转换装置。目前，在电动汽车充电机使用上，主要采用相控型充电机及高频开关模块型充电机，而又以高频开关模块型充电机较多。这里将对高频开关模块型充电机的工作原理、使用和维护作重点讲述。

一、直流开关稳压电源的分类、原理和构成

1. 直流开关稳压电源的分类

直流开关稳压电源按照不同的分类方式,可以分成多种类型。若按照输出是否与调整元件(开关元件)等构成的其他部分隔离,可以分为非隔离型和隔离型两类;按照开关元件的励磁方式,可以分为自励和他励两种类型;按照输出电压的方式,可以分为脉宽调制(PWM)式、频率调制式和脉宽频率混合调制式3种类型;按照电源的输入方式,可分为AC/DC和DC/DC两种类型;按照开关元件的连接形式,可分为串联型和并联型两种类型。直流开关稳压电源还可按其他方式分成不同类型,如图2-1所示。

2. 直流开关稳压电源的工作原理

直流开关稳压电源是调整元件工作在开关状态的一类电源,由于具有体积小、质量轻和效率高等优点,因而发展非常迅速,应用范围日益扩大。

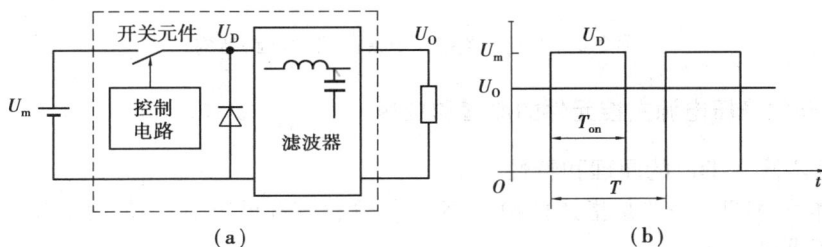

图 2-1 直流开关稳压电源

如图2-1(a)所示的电路中,直流开关稳压电源由开关元件、控制电路和滤波电路3部分组成,开关元件串联接在电源的输入和负载之间,构成串联型的电源电路。实际的开关元件常常是功率晶体管或MOS场效应管,在控制电路的控制之下,或者饱和导通,或者截止。开关元件导通时,$U_D = U_m$,输入电压U_m通过滤波器加在负载电阻上。开关元件截止时,U_D等于零。开关元件交替通断,则在滤波器的输入端产生矩形脉冲波。此矩形脉冲波再经滤波电路滤波,即可在负载两端产生平滑的直流电压U_O。很明显,直流电压U_O的大小与一个周期中开关元件接通的时间T_{on}成正比,T_{on}越长,U_O越大。因为开关元件截止时,从扼流圈流过的电流不能立即降到零,故增设了一只续流二极管,为此电流提供一条返回通路。直流开关稳压电源输出的电压波形如图2-1(b)所示。

3. 直流开关稳压电源的基本构成

直流开关稳压电源的典型电路结构如图2-2所示。

一个完整的直流开关稳压电源的基本电路通常由整流滤波、DC/DC变换器、开关占空比控制器及电路等模块构成。主电路由交流整流滤波、DC/DC变换(高频变换)器等元器件组成,其作用是将交流电转换为符合要求的直流电。开关占空比控制电路目前一般采用PWM脉宽调制电路,它包括输出采样、信号放大、控制调节、基准比较等单元,其作用是对输出电压进行检测和取样,并与基准定值进行比较,从而控制高频开关功率管的开关时间比例,达到调节输出电压的目的。在图2-2中,R_1、R_2是直流开关稳压电源的取样比较电路的取样分压电阻。直流电压输出通过分压电阻获取的取样值与基准比较值U_{REF}进行比较后,反馈至开关占空比控制电路,开关占空比控制电路根据反馈量来自动地调节开关管导通和截止的比例,即可控制直流电压的输出值,来达到稳压限流的目的。

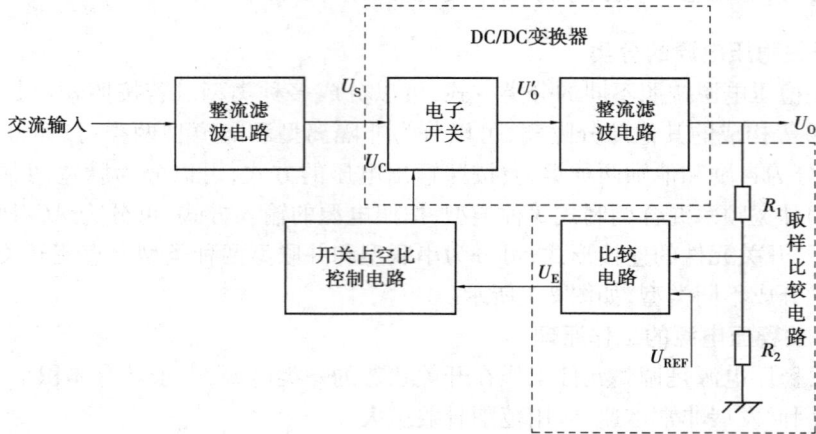

图 2-2 直流开关稳压电源的典型电路结构

二、直流开关稳压电源主控元件的原理和应用

1.功率晶体管(GTR)的原理和特性

功率晶体管(GTR)一般是指达林顿 NPN 晶体管,是 20 世纪 70 年代发展起来的全控型自关断电力电子器件。

(1)功率晶体管的结构

达林顿 NPN 功率晶体管就是将几只单个晶体管在元件内部做成射极跟随器。晶体管模块是指将几级达林顿晶体管集成在一起,对外构成一定电路形式的一个组合单元。目前功率晶体管模块的电流/电压已达 1 000 A/1 200 V。功率晶体管内部结构和图形符号如图 2-3 所示,功率晶体管模块结构原理如图 2-4 所示。

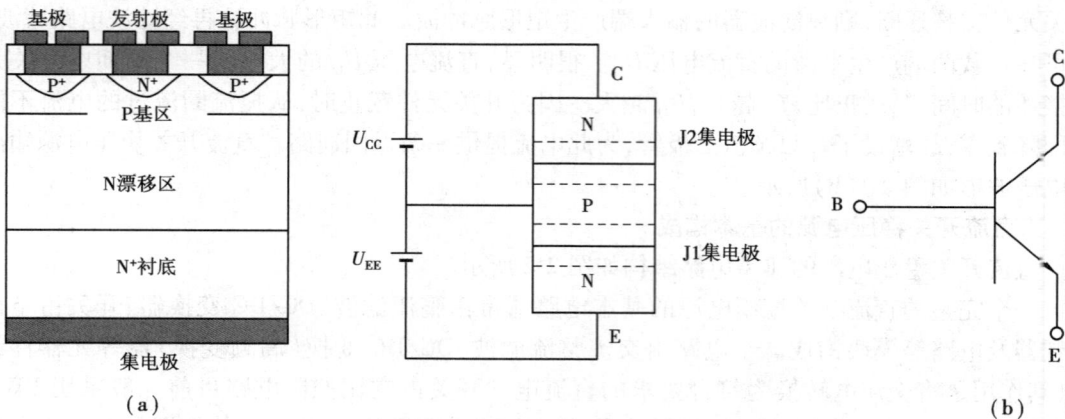

图 2-3 功率晶体管内部结构和图形符号

(a)功率晶体管内部结构;(b)图形符号

(2)功率晶体管的工作原理

功率晶体管与小信号晶体管一样都有电压和电流放大的重要功能,基本原理类似,都是电

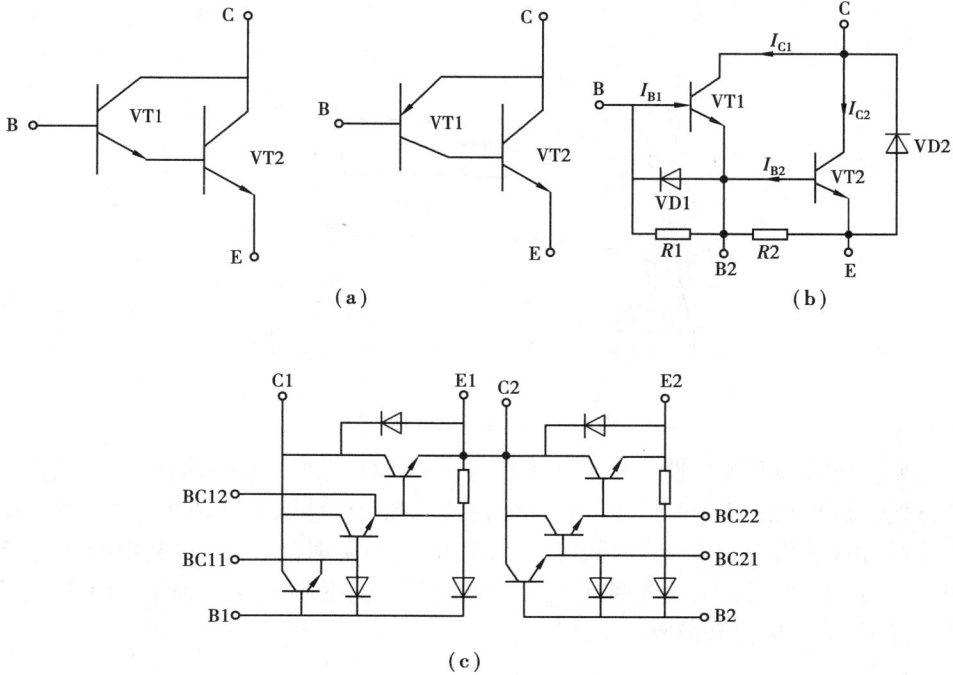

图 2-4　功率晶体管模块结构原理

(a)达林顿管接线图;(b)1单元功率晶体管模块接线图;(c)3单元功率晶体管模块接线图

流控制双极型器件。对于共射极电路,基极注入一定的基极电流 I_B,器件进入"开通"的饱和状态,产生集电极电流 I_C,集电极和发射极之间的压降 U_{CES} 就很低;基极电流 I_B 消失或注入一定的反向电流,器件立刻进入"关断"的截止状态,集电极电流 I_C 为零,集电极和发射极之间能承受较高的电压 U_{CEO}。功率晶体管的电流放大倍数 β 是在一定条件下测定的,使用条件不同,电流放大倍数 β 就不同。一般来说,集电极电流 I_C 小,电流放大系数 β 就大;集电极电流 I_e 大,电流放大倍数 β 就小。对于单只功率晶体管而言,晶体管集电极 I_C 达到元件额定电流一半以上时,电流放大倍数 β 明显下降,一般下降到 $\beta=8\sim10$。因此,功率晶体管在一定要求的基极脉冲电流 I_B 的作用下,就能够在开通过程、导通状态、关断过程、截止状态 4 种不同阶段中转换,完成功率晶体管开关的动作。

(3)功率晶体管的特性与参数

①功率晶体管输出特性 $I_C\text{-}U_{CE}$。功率晶体管共射极电路输出特性 $I_C\text{-}U_{CE}$,如图 2-5 所示,由截止区、线性区、准饱和区、深饱和区组成,分别对应不同的基极驱动电流 I_B。

饱和压降 U_{CES} 是在一定的基极驱动电流 I_B、功率晶体管处于饱和状态下,集电极和发射极之间的电压。饱和度越深,饱和压降 U_{CES} 越小,导通损耗越小,但会导致关断过程中退出饱和的时间延长。

一般来说,应用于开关状态的功率晶体管在导通状态集电极电流 I_C 大,饱和压降 U_{CES} 低,导通损耗 $P_{ON}=I_{CUCES}$ 小;截止状态下集电极电流就是漏电流,I_{CEO} 小,集电极和发射极之间的电压 U_{CE} 高,截止损耗 $P_{OFF}=I_{CEO}U_{CE}$ 小;加上开通过程和关断过程的开关损耗小,因此,开关状态的功率晶体管总损耗比应用在线性区功率晶体管的损耗 $P=I_C U_{CE}$ 小。

21

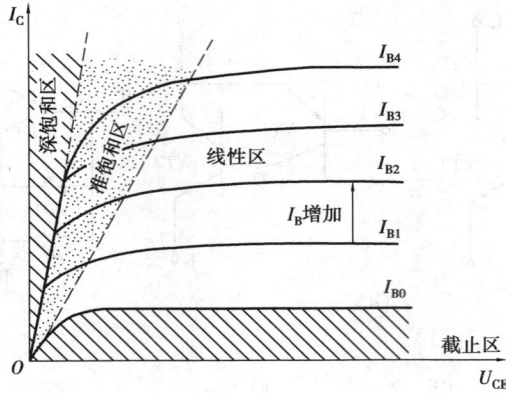

图 2-5 功率晶体管输出特性

②功率晶体管的开关特性。功率晶体管的开关特性反映功率晶体管在开通过程、导通状态、关断过程、截止状态 4 个阶段中动作的快慢特点和时间参数。如图 2-6 所示为功率晶体管的开关特性,由延迟时间 t_d、上升时间 t_r、存储时间 t_s、下降时间 t_f 组成,其中导通时间 t_{on} 由延迟时间 t_d、上升时间 t_r 组成,关断时间 t_{off} 由存储时间 t_s、下降时间 t_f 组成。为了加快功率晶体管的开关过程,必须优化基极驱动电流脉冲。

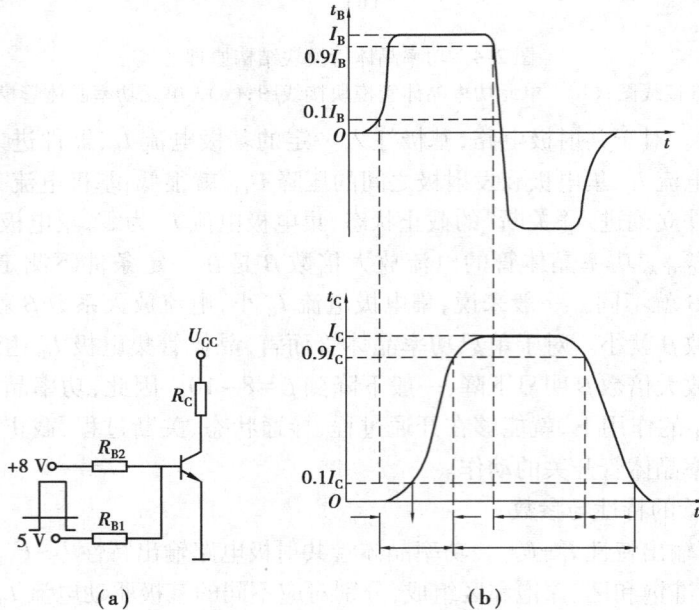

图 2-6 功率晶体管的开关特性
(a)驱动电路;(b)开关特性

③功率晶体管最大额定值。功率晶体管最大额定值表示功率晶体管极限参数,主要有集电极允许流过的最大电流 I_{CM},集电极最大允许耗散功率 P_{CM},最大允许结温 T_{JM},晶体管击穿电压 U_{CEO},U_{CBO},U_{EBO}。U_{CEO} 是基极开路时集电极-发射极间的击穿电压;U_{CBO} 是发射极开路时集电极-基极间的击穿电压;U_{EBO} 是集电极开路时发射极-基极间的击穿电压。一般来讲,晶体管在应用中任何时候都不允许超过极限参数。

（4）功率晶体管的安全工作区

一般来说，功率晶体管制造商提供给用户的正向偏置安全工作区 FBSOA 是电路设计时的参考资料，为了使晶体管工作在最佳状态，功率晶体管不仅应工作在安全区内，而且还需根据使用条件和本身抗二次击穿能力留有必要的裕量。

①功率晶体管的安全工作区。功率晶体管的正向偏置安全工作区 FBSOA 是直流参数 I_{CM}，P_{CM}，U_{CEO} 以及二次击穿耐量有关的 P_{SB} 所组成的区域，如图 2-7 所示。当功率晶体管工作时，脉冲宽度越窄，安全区越大，集电极电流可为连续工作时最大电流 I_{CM} 的 1.5～3 倍。反向偏置安全工作区如图 2-8 所示。

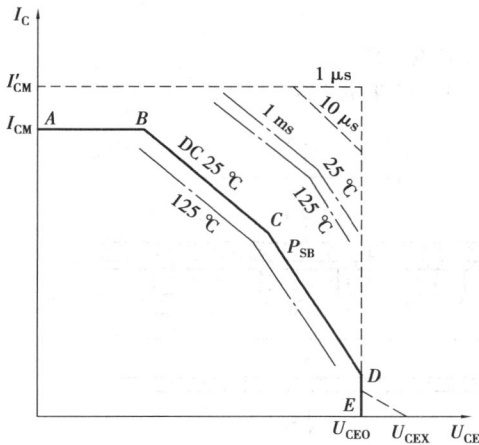

图 2-7　正向偏置安全工作区　　　　　　　图 2-8　反向偏置安全工作区

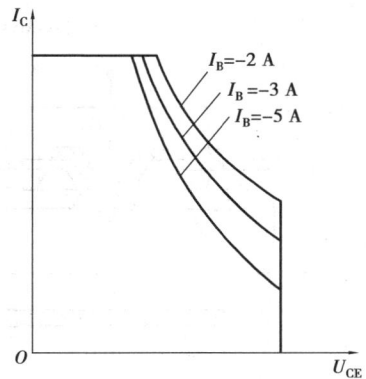

②功率晶体管的二次击穿现象。功率晶体管的二次击穿现象是晶体管应用的特殊现象，有别于晶体管的一次击穿。晶体管的最高集电极-发射极电压额定值 U_{CEOM} 称为一次击穿电压。当发生一次击穿时，反向电流急剧增加，如果不限制电流的快速增长，就会导致破坏性的二次击穿现象，在某电压电流点产生向低阻抗区高速移动的负阻现象，一般在纳秒至微秒的数量级之内，导致器件内电流集中和局部过热点，轻者晶体管耐压降低、特性变差，重者集电极-发射极熔通，晶体管永久性损坏。

2.功率场效应晶体管（MOSFET）的原理和特性

功率场效应晶体管简称功率 MOSFET，是一种单极型的电压控制型器件，具有开关速度快、高频特性好、输入阻抗高、驱动功率小、热稳定性优良、无二次击穿现象、安全区域和跨导线性度高等显著特点，得到了迅速的发展和应用，目前功率 MOSFET 已达到 50 A/1 000 V 耐量。

1）功率场效应晶体管基本结构和工作原理

功率场效应晶体管在电压控制下沟道区域半导体反型而形成可控的导电通道，控制电压越高，沟道越宽，导电电流越大。根据沟道类型分为 P 沟道型和 N 沟道型两类，电路符号如图 2-9 所示，是由源极 S、漏极 D、栅极 G 组成的三端双口器件。

功率场效应晶体管根据形式的不同分为 VVMOSFET，VDMOSRET，TMOS，HEXFET，SIP-MOS，π-MOS 等，为了提高电流容量均采用音域结构，成千上万个单元 MOSRET 并联（多元集成）为垂直导电结构，如图 2-10 所示为功率场效应晶体管的基本结构，其中图 2-10（a）所示是 VVMOSFET 结构，图 2-10（b）所示为 VDMOSFET 结构。在图 2-10 中，VMOSFET 结构与 VD-

MOSFET 结构的结构形式不同,因而其 MOSFET 器件的导通沟道区域也不同。

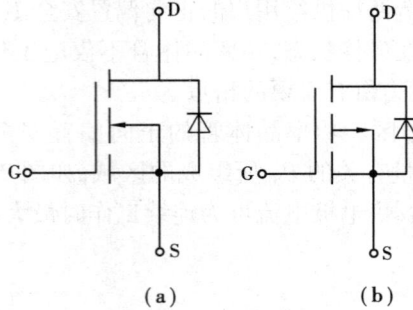

图 2-9　功率场效应晶体管电路符号

(a)N-MOSFET 电路符号;(b)P-MOSFET 电路符号

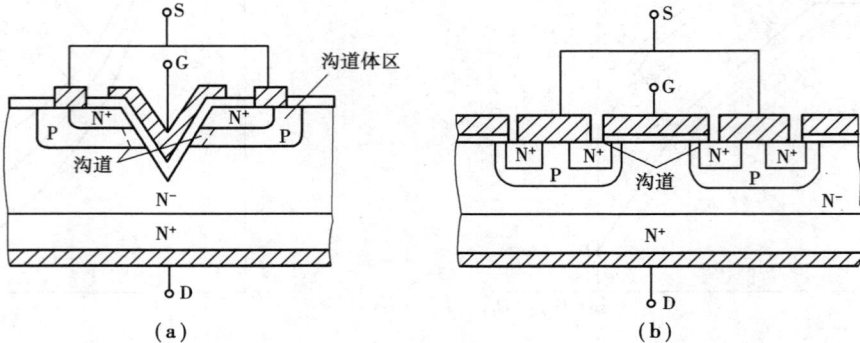

图 2-10　功率场效应晶体管的基本结构

(a)VVMOSFET 结构;(b)VDMOSFET 结构

2)功率场效应晶体管特性和参数

功率场效应晶体管属电压型场控器件,具有静态和动态特性与参数。

(1)基本特性

①输出特性 I_D-U_{DS}。功率场效应晶体管输出特性如图 2-11 所示,反映漏极电流 I_D 与漏源电压 U_{GS} 的关系,参变量为 U_{GS}。

②转移特性 I_D-U_{GS}。功率场效应晶体管转移特性如图 2-12 所示,反映漏极电流 I_D 与栅源电压 U_{GS} 的关系,参变量为 U_{GS}。

③动态特性。功率场效应晶体管动态特性即开关特性,如图 2-13 所示,描述反映 MOSFET 开关过程和开关时间参数,包括导通过程、导通状态、关断过程、截止状态 4 种状态。

(2)主要参数

①最大漏极电流 I_{DM}。漏极电流 I_{DM} 表征功率 MOSFET 的电流容量,其测量条件为 U_{GS} = 10 V,U_{GS} 为某个适当值时的漏极电流。

②漏源击穿电压 U_{DSM}。漏源击穿电压 U_{DSM} 表征功率 MOSFET 的耐压极限。定量分析规定为 U_{GS} 等于零时,漏源之间的反向泄漏电流达到某一规定值时的漏源电压。

③栅源击穿电源电压 U_{GSM}。栅源击穿电压 U_{GSM} 表征功率 MOSFET 栅源间能承受的最高电压,其值一般为±20 V。

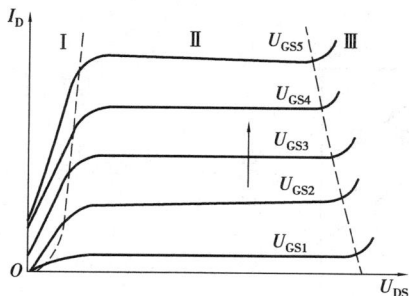

图 2-11　功率场效应晶体管输出特性

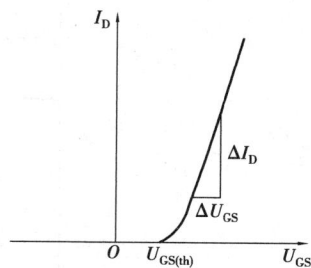

图 2-12　功率场效应晶体管转移特性

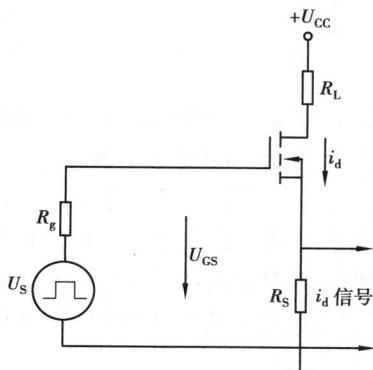

（a）

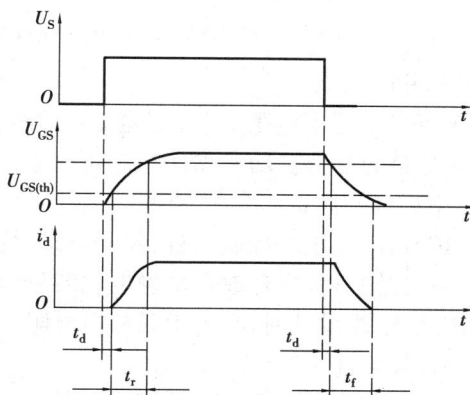

（b）

图 2-13　功率场效应晶体管开关特性
（a）动态特性测试电路；（b）开关特性

④阈值电压 $U_{GS(th)}$。阈值电压 $U_{GS(th)}$ 指功率 MOSFET 流过一定量的漏极电流时的最小栅源电压。当栅源电压等于阈值电压 $U_{GS(th)}$ 时,功率 MOSFET 开始导通。

⑤通态电阻 R_{on}。通态电阻 R_{on} 是指在确定的栅源电压 U_{GS} 下,功率 MOSFET 处于恒流区时的直流电阻,决定功率 MOSFET 的导通损耗。

⑥跨导 g_m。$g_m = \Delta I_D / \Delta U_{GS}$,它反映转移特性的斜率,表征功率 MOSFET 的放大性能。

⑦开关时间。它包括导通时间 t_{on} 和关断时间 t_{off}。导通时间 t_{on} 又包含导通延迟时间 t_d 和上升时间 t_r。关断时间 t_{off} 又包含关断延迟时间 t_d 和下降时间 t_f。

⑧极间电容。功率 MOSFET 的极间电容是影响开关速度的主要因素,它们分别是栅极源极间电容 C_{GS}、栅极漏极间电容 C_{GD} 和漏极源极间电容 C_{DS}。

3)功率场效应晶体管的应用特点

(1)安全工作区

功率 MOSFET 没有二次击穿现象,具有非常宽的安全工作区,如图 2-14 所示的由 MTM065（550 V,4 A）的最大漏源电压、最大漏极电流、漏源通态电阻线和最大功耗限制线 4 条边界所包围的区域,分别对应于直流 DC、脉宽 10 ms、脉宽 1 ms、脉宽 100 μs,脉冲越窄,安全工作区越宽。

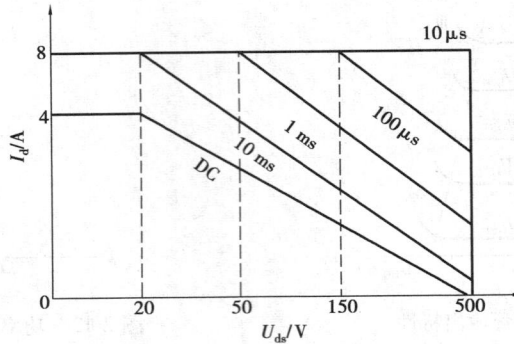

图 2-14　功率 MOSFET(MTM565)安全工作区

（2）自动并联均流

功率 MOSFET 通态电阻 R_{on} 有正温度系数特征,即漏源电流 I_D 有负温度系数特性,具有自动均匀温度分布的能力。功率 MOSFET 可简单地直接并联,以增加其电流容量。

（3）静电破坏与防护

功率 MOSFET 是电场控制器件,易于驱动,栅源击穿电压 U_{GSM} 低,极易使栅极 MOS 绝缘层击穿损坏。在运输过程中存放在抗静电包装袋里,焊接时电烙铁必须断电,工作人员及工作台必须良好接地;电路设计时,必须串联栅极电阻、降低栅源电阻和过电压钳位保护,以防止栅极绝缘层击穿损坏器件。

3.绝缘栅双极晶体管(IGBT)原理和特性

绝缘栅双极型晶体管(IGBT)是一种新型的复合型器件,综合了功率 MOSFET 和 GTR 的优点,具有功率 MOSFET 的栅极驱动特性和 GTR 的工作电压高、电流大、饱和压降低特性,是当代颇受欢迎的电力电子器件。绝缘栅双极晶体管已广泛应用于电动机变频调 VVVF 控制、程控交换机电源、计算机系统不停电电源(UPS)、电力系统高频开关模块充电装置等。

1)绝缘栅双极型晶体管(IGBT)基本结构和原理

绝缘栅双极型晶体管(IGBT)是由功率 MOSFET 与双极型晶体管复合发展而来,其基本结构如图 2-15 所示,是由栅极 G、发射极 E、集电极 C 组成的三端双口电压控制器件。N 沟道 IGBT 简化等效电路及电路符号如图 2-16 所示。

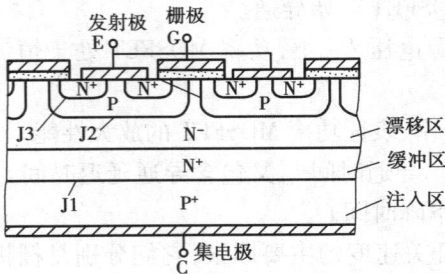

图 2-15　绝缘栅双极型
晶体管(IGBT)基本结构

简单来说,IGBT 可以等效成一个由 MCSFET 驱动的厚基区 PNP 晶体管。图 2-16 所示 N 沟道 IGBT 简化等效电路中 R_N 为 PNP 管基区内的调制电阻,由 N 沟道 MOSFET 和 PNP 晶体管复合而成,开通和关断由栅极和发射极之间驱动电压 U_{GE} 决定。当栅极和发射极之间驱动电压 U_{GE} 为正且大于栅极开启电压 $U_{GE(th)}$ 时,MOSFET 内形成沟道并为 PNP 晶体管提供基极电流,进而使 IGBT 导通。此时,从 P^+ 区注入 N^- 的空穴对(少数载流子)对 N^- 区进行电导调制,减少 N^- 区的电阻 R_N,使高耐压的 IGBT 也具有很小的通态压降。当栅射极间不加信号或加反向电压时,MOSFET 内的沟道消失,PNP 晶体管的基极电流被切断,IGBT 即关断。

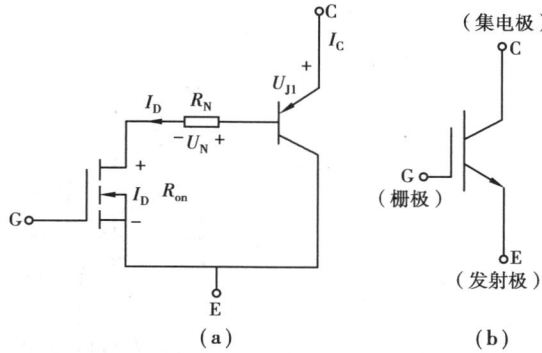

图 2-16 N 沟道 IGBT 简化等效电路及图形符号

（a）ICBT 简化等效电路；（b）IGBT 的图形符号

2）绝缘栅双极型晶体管（IGBT）特性和参数

IGBT 基本特性包括静态特性和动态特性,其中静态特性由输出特性和转移特性组成,动态特性描述 IGBT 器件的开关过程。

（1）基本特性

①输出特性 I_C-U_{CE}。IGBT 的输出特性 I_C-U_{CE} 如图 2-17 所示,反映集电极电流 I_C 与集电极发射极之间电压 U_{CE} 的关系,参变量为栅极和发射极之间驱动电压 U_{CE},由饱和区、放大区、截止区组成。

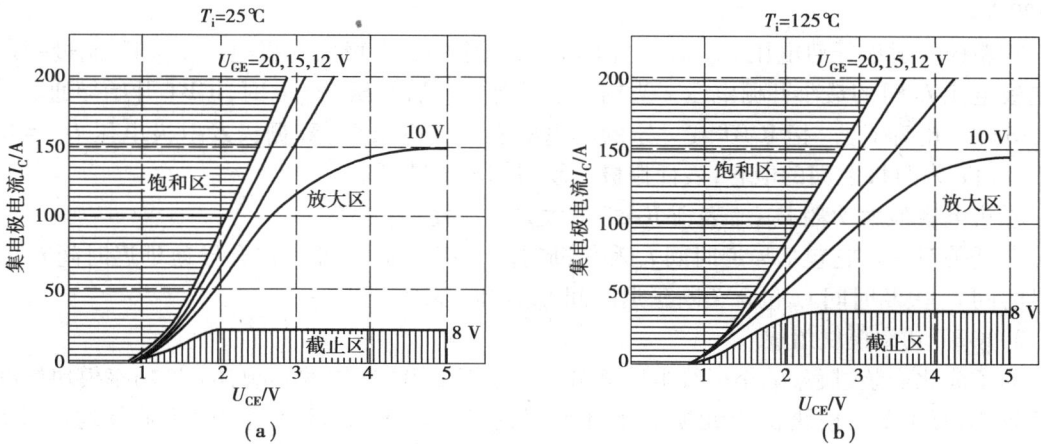

图 2-17 IGBT 输出特性 I_C-U_{CE}

（a）$T_i = 25$ ℃时 IGBT 输出特性；（b）$T_i = 125$ ℃时输出特性

②转移特性 I_C-U_{GE}。IGBT 的转移特性 I_C-U_{GE} 如图 2-18 所示,反映集电极电流 I_C 与栅极-发射极之间驱动电压 U_{GE} 的关系。

③动态特性。动态特性即开关特性,如图 2-19 所示,反映 IGBT 器件开关过程及开关时间参数,包括开通过程、导通状态、关断过程、截止状态 4 种状态,其中 U_{GE} 是栅射极驱动电压,U_{CE} 是集射极电压,I_C 是集电极电压,t_{on} 是导通时间,t_{off} 是关断时间。导通时间 t_{on} 包含导通延迟时间 $t_{d(on)}$ 和上升时间 t_r,关断时间包含关断延迟时间 $t_{d(off)}$ 和下降时间 t_f。

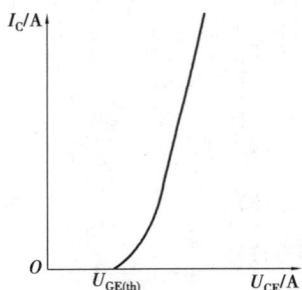

图 2-18　IGBT 转移特性 I_C-U_{GE}

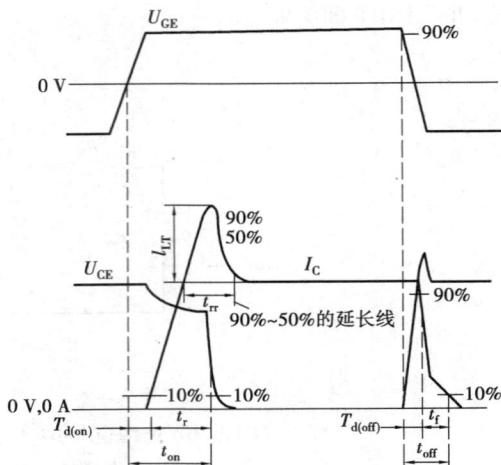

图 2-19　IGBT 开关特性

（2）主要参数

①最大集电极电流 I_{CM}。表征 IGBT 的电流容量,分为直流条件下的 I_C 和 1ms 脉冲条件下的 I_{CP}。

②集电极发射极最高电压 U_{CES}。表征 IGBT 集电极发射极的耐压能力。目前 IGBT 耐压等级有 600,1 000,1 200,1 400,1 700,3 300 V。

③栅极发射极击穿电压 U_{GEM}。表征 IGBT 栅极发射极之间能承受的最高电压,其值一般为±20 V。

④栅极发射极开启电压 $U_{GE(th)}$。指 IGBT 在一定的集电极发射极电压 U_{CE} 下,流过一定的集电极电流 I_C 时的最小开栅电压。当栅源电压等于开启电压 $U_{GE(th)}$ 时,IGBT 开始导通。

⑤输入电容 C_{ies}。指 IGBT 在一定的集电极发射极电压 U_{CE} 和栅极发射极电压 $U_{GE}=0$ 条件下,栅极-发射极之间的电容,表征栅极驱动瞬态电流特征。

⑥集电极最大功耗 P_{CM}。表征 IGBT 最大允许功耗。

⑦开关时间。它包括导通时间 t_{on} 和关断时间 t_{off}。导通时间 t_{on} 包含导通延迟时间 $t_{d(on)}$ 和上升时间 t_r,关断时间 t_{off} 包含关断延迟时间 $t_{d(off)}$ 和下降时间 t_f。

3）IGBT 功率模块组成

为了简化安装过程,减小引线电感等分布参数对 IGBT 应用的影响,IGBT 功率模块标准的封装方式,有 1 单元模块、2 单元模块、6 单元模块、7 单元模块等,每个 IGBT 器件均反并联 1 个快速恢复二极管,为电感性负载提供续流通路,如图 2-20 所示。

4）IGBT 擎住效应和安全工作区

（1）擎住效应

IGBT 内部寄生晶闸管在一定条件下发生饱和导通现象,IGBT 栅极控制电压失去控制作用,这就是 IGBT 的擎住效应,也称为自锁效应。IGBT 一旦发生擎住效应后,器件失控,集电极电流增大,造成过高的功耗,将导致器件损坏。IGBT 集电极通态电流的连续值超过临界值 I_{CM} 时产生静态擎住效应;IGBT 在高速关断时,电流下降太快,U_{CE} 突然上升,du_{CE}/dt 很大,产生较大的位移电流,导致 IGBT 内部寄生晶闸管发生饱和导通,产生动态擎住效应。

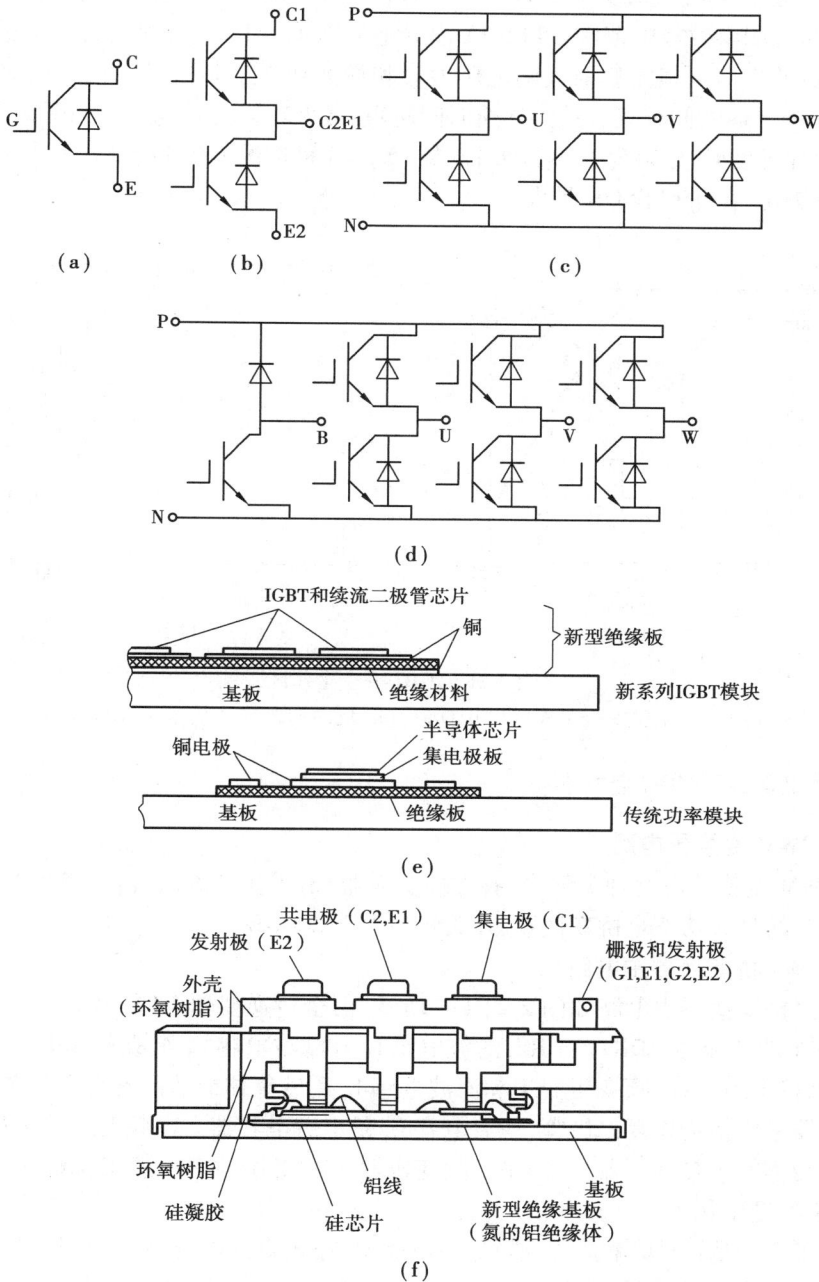

图 2-20　IGBT 功率模块

(a)1 单元 IGBT 模块;(b)2 单元 IGBT 模块;(c)6 单元 IGBT 模块;(d)7 单元 IGBT 模块;

(e)IGBT 结构剖面图;(f)2 单元 IGBT 模块封装图

(2)安全工作区(SOA)

IGBT 具有较宽的安全工作区,经常用于开关工作状态。因此,它的安全工作区分为正向偏置安全工作区(FBSOA)和反向偏置安全工作区(RBSOA)。如图 2-21 所示为 IGBT 的正向偏置安全工作区(FBSOA)和反向偏置安全工作区(RBSOA)。正向偏置安全工作区是 IGBT 在开通工作状态的参数极限范围。FBSOA 由导通脉宽 $t_W = 1$ ms 时的最大集电极电流 I_C(一般为额定直流的 2 倍)、最大集射极间电压 U_{CES} 和最大功耗三条边界线包围而成。FBSOA 的大小与 IGBT 的导通时间长短有关。导通时间越短,最大功耗耐量越高。如图 2-21(a)所示直流(DC)和脉冲宽度 t_W 分别为 1 ms,100 μs 及 15 μs 4 种情况下的 FBSOA,其中直流的 FBSOA 最小,而脉宽为 15 μs 的 FBSOA 最大。

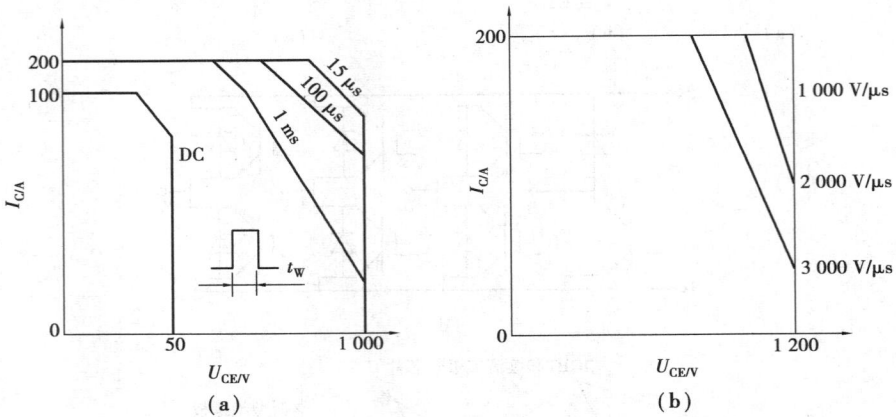

图 2-21 IGBT 安全工作区
(a)正向偏置安全工作区(FBSOA);(b)反向偏置安全工作区(RBSOA)

三、高频 PWM-DC/DC 变换器

1.高频 PWM 变换器电路

高频 PWM 变换器电路种类繁多,有推挽变换器、半桥变换器、全桥变换器等,其中常应用在机电系统中的是大功率全桥变换器,开关频率大于 20 kHz。

1)大功率全桥变换器主电路

大功率全桥变换器主电路如图 2-22(a)所示,由全桥逆变器 VT1—VT4,VD1—VD4,高频变压器 T,双半波整流器 VDR1,VDR2,滤波电感 L_f 和滤波电容 C_f 组成。其中全桥逆变器可由 IGBT 或 MOSFET 组成;高频变压器 T 和滤波电感 L_f 用铁氧体或非晶态合金软磁性材料制造;双半波整流器采用快速恢复二极管,滤波电容 C_f 是电解电容。高频变压器 T 的体积和质量远远小于同功率的工频变压器,原因是高频变压器 T 的工作频率一般来说都是工频的 400 倍以上,易于小型轻量化。

在图 2-22(a)所示大功率全桥变换器主电路中,输入直流电压为 U_i,全桥逆变器开关器件工作占空比为 δ,若高频变压器 T 一次绕组匝数为 N_1,二次侧绕组匝数为 N_2 时,其电压比为 $K = N_1/N_2$,则大功率全桥变换器的输出直流电压为 $U_0 = U_i\delta/K$。可见如果输入电压 U_i 波动,只要调节开关器件工作占空比 δ,就可保持输出电压 U_0 不变。

2)全桥逆变器控制方法

(1)双极性控制方法

全桥逆变器双极性控制方法如图 2-23 所示。VT1 与 VT4 同时导通和截止,占空比为 δ,形成正半周输出;VT2 与 VT3 同时导通和截止,占空比为 δ,形成负半周。占空比 $\delta = t_{on}f/T$,T 是开关的脉冲周期，f 是开关的脉冲频率，t_{on} 是开关的导通时间。

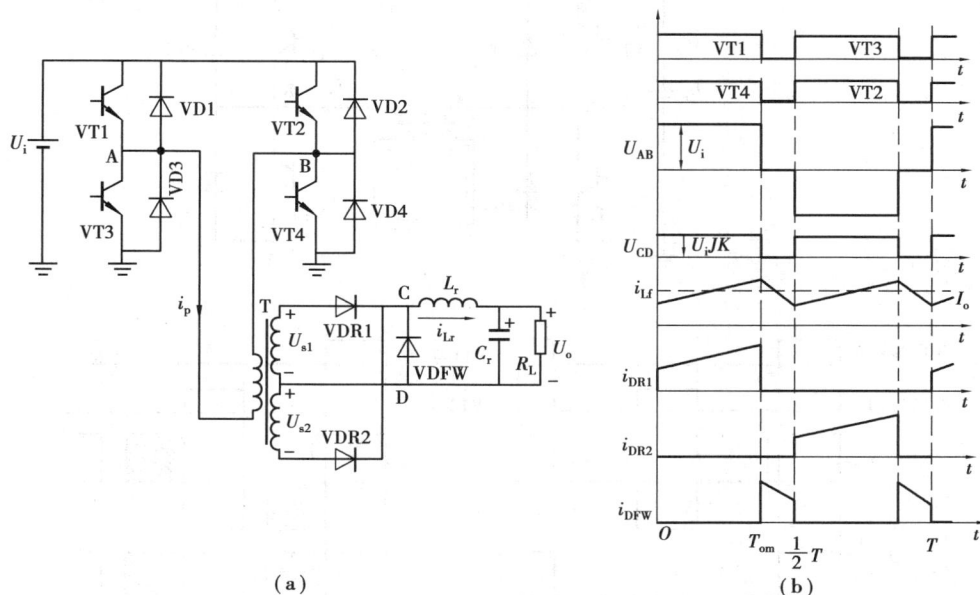

图 2-22　大功率全桥变换器主电路
（a）变换器主电路图；（b）变换器波形图

（2）有限双极性控制方法

全桥逆变器有限双极性控制方法如图 2-24 所示。VT1 与 VT4 为一组，VT1 导通占空比为 δ，VT4 导通时间是开关的脉冲周期 $T/2$，VT4 截止时间是开关的脉冲周期 $T/2$，形成正半周输出；VT2 与 VT3 为另一组，VT3 导通占空比为 δ，VT2 导通时间是开关的脉冲周期 $T/2$，VT2 截止时间是开关的脉冲周期 $T/2$，形成负半周输出。占空比为 $\delta = t_{on}f/T$，T 是开关的脉冲周期，f 是开关的脉冲频率，t_{on} 是开关 VT1 与 VT3 的导通时间。

（3）移相控制方法

全桥逆变器移相控制方法如图 2-25 所示。VT1 与 VT3 轮流导通和截止，各导通 180° 电角度；VT2 与 VT4 轮流导通和截止，各导通 180° 电角度；但 VT1 与 VT4 不是同时导通，VT1 先导通，VT4 后导通，两者导通差 α 电角度，α 称为移相角。其中 VT1 和 VT3 分别先于 VT4 和 VT2 导通，故称 VT1 和 VT3 组成的桥臂为超前桥臂，VT2 和 VT4 组成的桥臂为滞后桥臂。方波电压 U_{AB} 的宽度与移相角 α 有关，$\alpha = 0$ 时，则 U_{AB} 为宽 180° 电角度的方波，α 越大，则 U_{AB} 越窄。

2. 高频 PWM-DC/DC 变换器控制集成电路

PWM 变换控制集成电路是实现 PWM-DC/DC 变换控制的部件，根据反馈控制性质分为电压控制 PWM 集成电路、电流控制 PWM 集成电路、移相控制 PWM 集成电路。常用的 PWM 控制集成电路有 SCJ3524，UC3843，UC3846，UC3875，TL494 等，一般都由锯齿波振荡器、运算放大器、精密参考电压、脉冲宽度形成比较器、软启动控制、死区控制、功率驱动单元等电路组成。如图 2-26 所示。

（a）

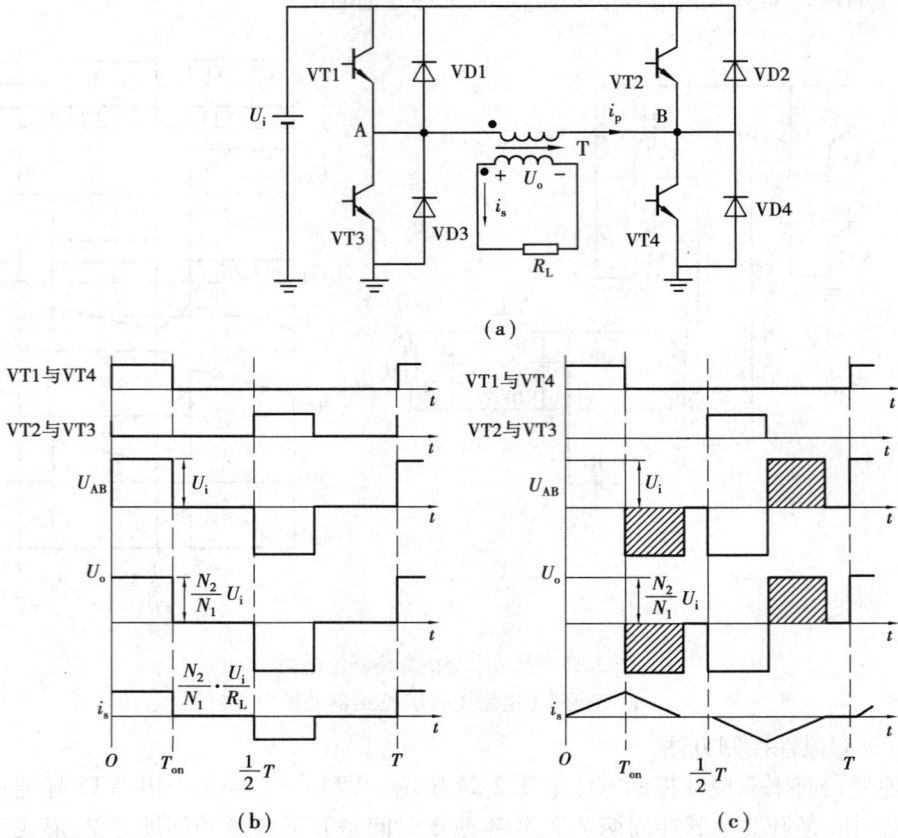

（b）   （c）

图 2-23 全桥逆变器双极性控制方法

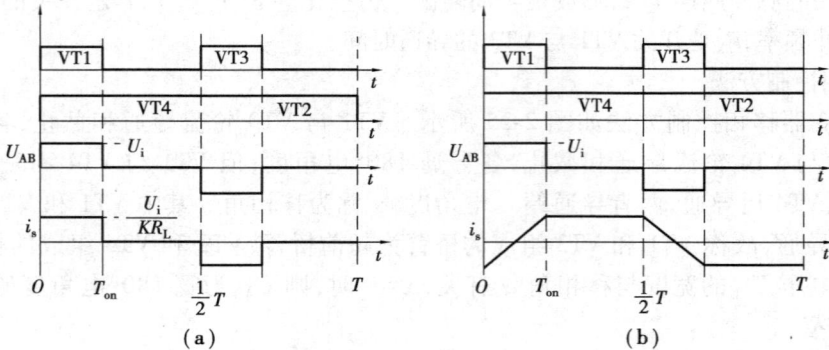

（a）   （b）

图 2-24 全桥逆变器有限双极性控制方法
（a）电阻性负载；（b）电感性负载

1）PWM 变换器控制电路原理

简单的 PWM 控制电路原理如图 2-26 所示。图中的主控制部分由基准电压源 U_{REF}、电压误差放大器（U-E/A）、锯齿波发生器和 PWM 调节器组成。

基准电压源 U_{REF} 为电压误差放大器的同相输入端提供的一个较稳定的参考电压，一般 U_{REF} 值为 2.5 V 左右。电压误差放大器拼成反相输入放大方式，其反相输入端电压来自高

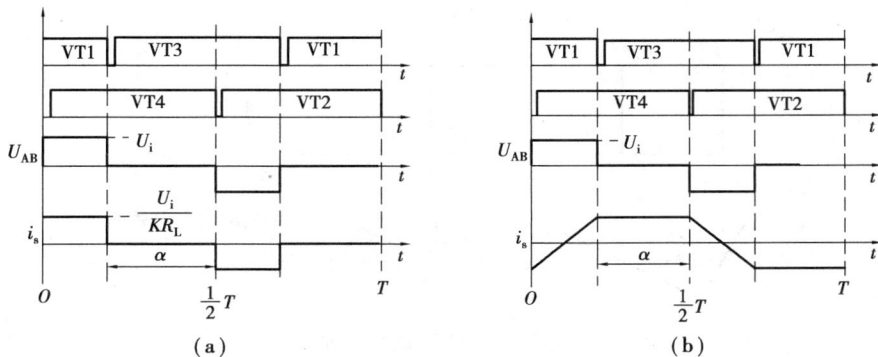

图 2-25　全桥逆变移相控制方法
(a)电阻性负载;(b)电感性负载

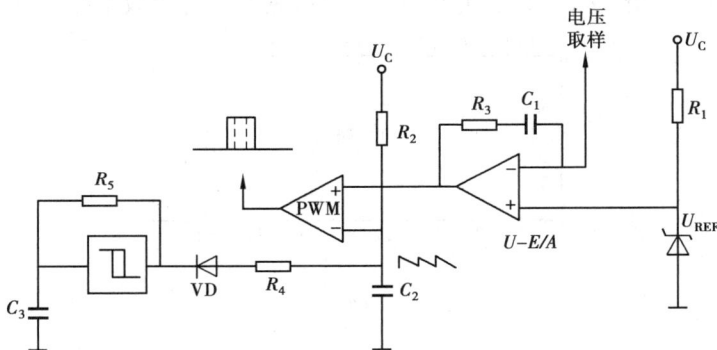

图 2-26　PWM 控制电路原理

频开关电源输出端的分压取样网络。其输出端与反相输入端之间的 R_3，C_1 反馈网络是为了降低放大器的增益，有效地防止系统自激振荡而引入的负反馈。锯齿波发生电路由施密特触发振荡器、积分电容 C_2 及充放电电阻 R_2，R_4 组成。施密特触发振荡器的输出为方波，当输出端为方波的高电位时，二极管 VD 反向截止，电源 U_C 经电阻 R_2 给电容 C_2 充电，充电时间常数取决于 R_2C_2。当 C_2 充电接近 U_C 电压时，施密特触发振荡器的输出由方波的高电位下降为低电位，此时，二极管 VD 正向导通，电容 C_2 通过 R_4 及二极管 VD 放电，放电时间取决于时间常数 R_4C_2，放电终止时电容 C_2 的电压值取决于放电电阻 R_4 和充电电阻 R_2 的比值。

为了保证较大的动态调节范围，在电阻值的选择上，一般使电阻 $R_3 \ll R_2$。施密特触发振荡器的输出频率即是锯齿波频率，而锯齿波的上升斜率取决于充电电阻 R_2 和放电电阻 R_4 的电阻值。为了得到线性度较好的锯齿波，一般使电容 C_2 的取值较小。

PWM 变换器反向输入端的锯齿波电压与电压误差放大器输出的直流误差电压进行叠加比较，随着电压误差变压器输出的直流误差电压的上下移动，PWM 变换器便输出不同宽度的驱动脉冲来实现调节电源的输出电压，如图 2-27 所示。使输出电压稳定在与基准电压源 U_{REF} 对应的电压值上。

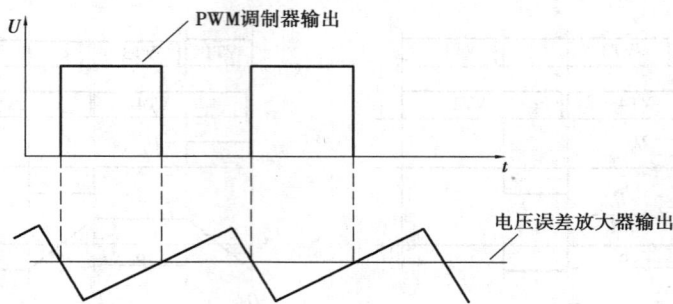

图 2-27   PWM 调制原理

2）典型 PWM 控制集成电路 TL494

（1）控制集成电路 TL494 的内部电路原理

TL494 为标准 DIP16 塑封，其模块外形与引脚排列及内部等效电路如图 2-28 所示。

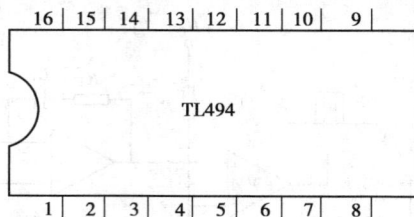

（a）

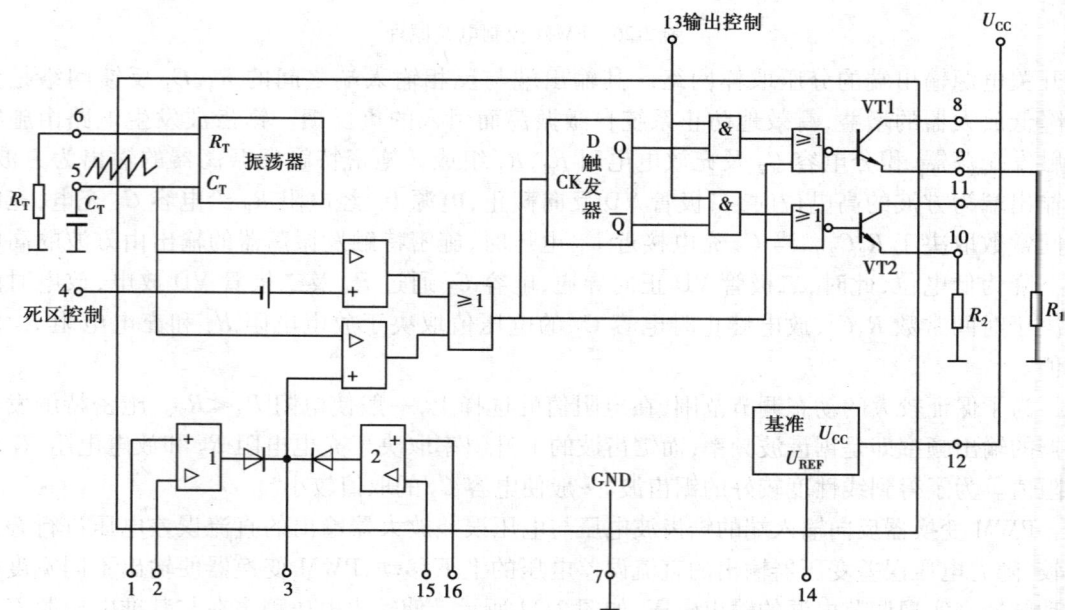

（b）

图 2-28   PWM 控制集成电路 TL494

（a）模块外形与引脚排列；（b）内部等效电路

PWM 控制集成电路 TL494 由锯齿波发生器、运算放大器 1 和 2、D 触发器、精密参考电压 $U_{REF}=5$ V、软启动控制、死区控制、功率驱动三极管等部分电路组成。1,2 脚和 15,16 脚分别为两个运算放大器输入端；3 脚为 PWM 占空比 δ 相位控制端；4 脚为死区控制端；5,6 脚为振荡器的 R、C 输入端；8,9 脚和 11,10 脚分别为两个内部驱动三极管的集电极和发射极，通过它们发出的脉冲可以控制变换器开关管的交替导通与截止；13 脚为输出状态控制端。当 13 脚为高电平时，两个内部驱动三极管交替互补导通或截止，用于控制 DC/DC 逆变器同一桥臂两个开关管；13 脚为低电平时，两个内部驱动三极管同时导通或截止，此时只能控制 DC/DC 变换器的一个开关管。14 脚是控制器的内部输出的 +5 V 基准参考电压；12 脚为控制器的电源输入端。

（2）PWM 控制集成电路 TL494 工作原理

PWM 控制集成电路 TL194 在工作时，其工作频率仅取决于外接在锯齿波发生器（振荡器）上的定时元件 R_T 和 C_T 等数值，一旦定时元件固定后，TL494 输出信号的工作频率也就固定不变了。一般通过 5,6 脚分别接定时元件 R_T 和 C_T。锯齿波发生器起振后，可在 5 脚所接定时电容 C_T 上产生锯齿波电压，其频率 $f=1.1/(R_T C_T)$，该锯齿波在片内分别被送到比较器 1 和 2 的同相输入端。一般 DC/DC 变换器输出的稳压控制、过电流保护控制、过电压保护控制、软启动控制电路等采样电压是加在运算放大器的同相输入端（1 或 16 脚）或死区控制输入端（4 脚）。若在基准参考电压（14 脚）与死区控制输入端（4 脚）之间接一只电容，4 脚经一只电阻接地，则可实现软启动控制。因此，在片内运算放大器的输出电平与锯齿波在比较器 2 中进行比较，而死区控制电平与锯齿波在比较器 1 中进行比较，两者的输出分别得到一串具有一定宽度的矩形脉冲。将它们同时送入门电路，经 D 触发器分频后，再经相应的门电路去控制 TL494 内部的两个驱动三极管交替导通和截止，通过 8 脚和 11 脚向外输出相位相差 180° 互补的脉宽调制控制脉冲，PWM 产生的波形如图 2-29 所示，实现定频调宽，调节占空比为 δ。

由上分析可知，若 TL494 片内的两个运算放大器的反相输入端（2 脚或 15 脚）的参考电位一定，当它们的同相输入电平升高时，则可使片内的两个驱动三极管输出的脉宽调制脉冲的宽度变窄；反之，可使脉冲宽度变宽。另外，当死区控制端的电位高于 C_T 上的电压时，片内的两个驱动三极管截止；当死区控制端的电位不断下降时，则可使两个驱动三极管输出的脉宽调制脉冲宽度增加。在实际使用中，多利用 TL494 的内部基准电源向外提供 +5 V 基准参考电压，再通过设置不同的电阻分压器来为两个误差放大器的反相输入端提供参考电位。

另外，TL494 工作电压可在 7~40 V 范围内，驱动晶体管最大输出电流可达 250 mA。若将 13 脚与 14 脚相连，就可实现推挽、半桥、全桥变换器控制的双端输出，若将 13 脚与 7 脚相连，就形成单端输出。

3）电流型 PWM 变换器集成控制电路 UC3846

（1）电流型 PWM 变换器控制集成电路 UC3846 特点及各引出端功能

如图 2-30 所示为 PWM 控制集成电路 UC3846 的原理框图及引出端功能，标准塑封 DIP16。

电流型 PWM 变换器集成控制电路 UC3846 是电流控制型双端输出脉冲宽度调制器。其控制方法是将高频变压器一次绕组的采样信号与电压信号误差放大器的输出信号送到脉宽调制比较器的同相与反相输入端进行比较，控制输出驱动脉冲的宽度，使高频变压器一次侧的峰值电流跟随电压误差放大器的输出同方向变化，这种电流、电压双重控制方式可使开关整流器的可靠性得到进一步提高。

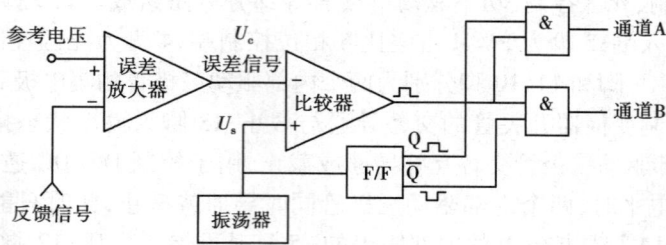

（a）

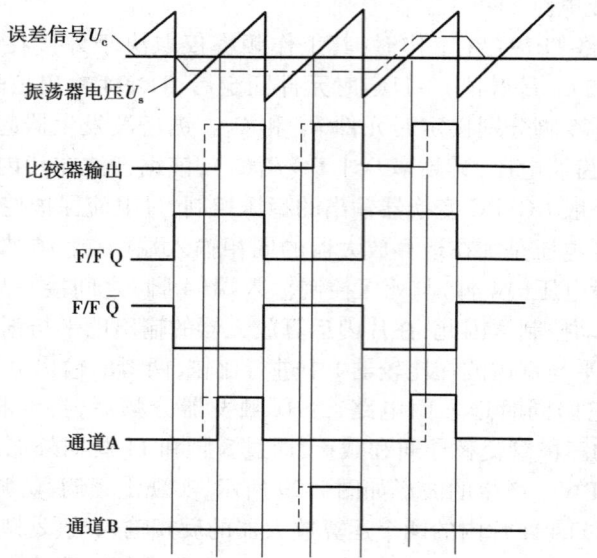

（b）

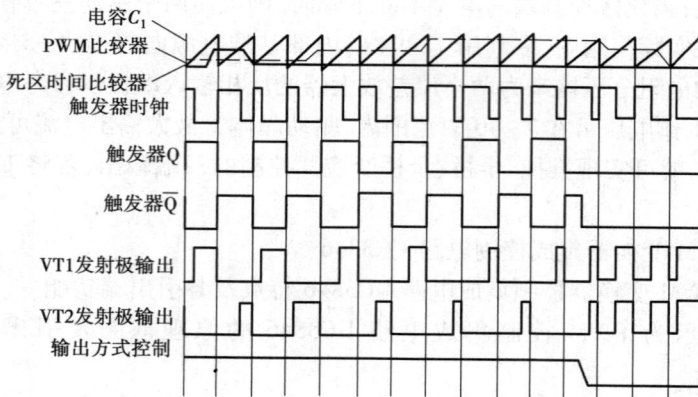

（c）

图 2-29　控制集成电路 TL494 脉冲宽调制 PWM 波形产生

（a）原理电路框图；（b）PWM 波形产生原理；（c）TL494 的 PWM 波形

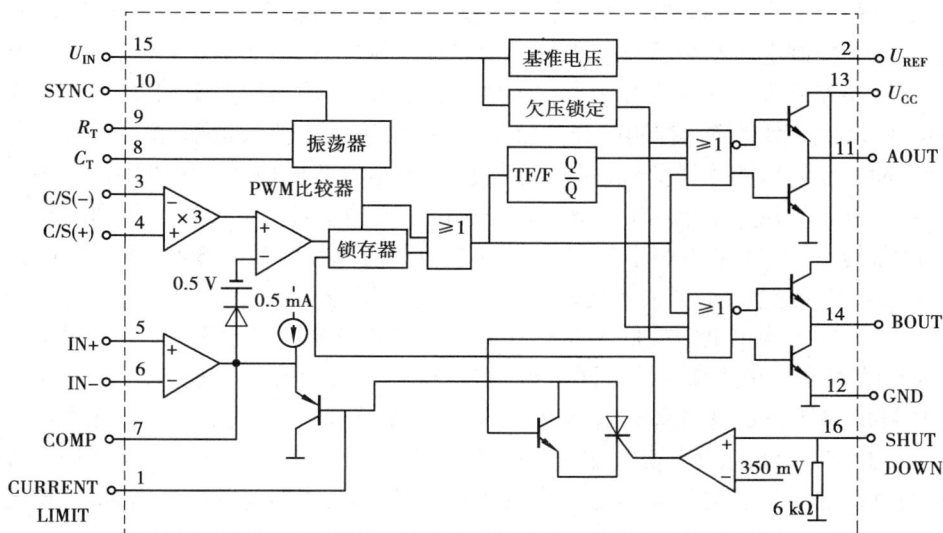

图 2-30 UC3846 集成控制电路的原理框图及引出端功能

UC3846 各引出端功能为:1 脚为限流电压设置端;2 脚为基准电压输出端;3 脚为电流采样放大器反相输入端;4 脚为电流采样放大器同相输入端;5 脚为电压误差放大器同相输入端;6 脚为电压误差放大器反相输入端;7 脚为电压误差放大器反馈补偿端;8 脚为振荡器外接电容端;9 脚为振荡器外接电阻端;10 脚为同步端;11 脚为输出 A 端;12 脚为工作地;13 脚为输出集电极电源端;14 脚为输出 B 端;l5 脚为电源输入;16 脚为关闭端。

（2）电流型 PWM 变换器集成控制电路 UC3846 工作原理

由电源高频变压器一次侧主回路中串联的电流采样电阻或电流互感器变换而得到的电流采样信号 C/S(−)，C/S(+)经 3,4 脚引入至集成控制电路的 3 倍电感电流放大器上。电压误差信号 IN+,IN−经 5,6 脚引入至集成控制电路的电压误差放大器上。电感电流放大器与电压误差放大器组成了双重反馈控制环。电流放大器把电感电流的取样电压放大 3 倍后,加到 PWM 比较器的同相输入端,与反相输入端的来自电压误差放大器的输出电压相比较,比较器输出去控制锁存器。电源输出电压 U_0 经分压后加到电压误差放大器的反相输入端,与同相输入端的基准电压相比较进行放大。如图 2-30 所示,放大后的误差信号只有大于 1.2 V 时,其差值才能加到 PWM 比较器的反相输入端。由于高频变压器一次绕组中的电流在功率开关管导通时是呈斜线上升的,当电流取样电压上升到与电压误差放大器的输出信号电压相等时,则 PWM 比较器输出为高电平,锁存器输出也为高电平。此高电平同时经过两个或非门后则使两个输出端 A（11 脚）和 B（14 脚）都变为低电平,即无驱动脉冲输出,两只功率开关管均截止。因此只有电压误差放大器的输出大于 1.2 V 时,才能控制高频变压器一次侧每个脉冲的峰值电流。LTC3846 中电流放大器的输出电压最大值限制在 3.6 V 以下,其输入的最大差模电压为 $U_i = 3.6\ \text{V}/3 = 1.2\ \text{V}$。

UC3846 的 1 脚为限流电压设置端,1 脚所设置的控制电压 U_1 可控制变压器一次主回路的电感电流峰值,电感电流峰值与控制电压 U_1 成正比关系。允许电压误差放大器的输出电压也增加,极限值不能大于 $U_1+0.7\ \text{V}$。同样,PWM 比较器同相输入端的电压也可同步上升,也就是在电流取样电阻阻值不变的情况下,由电源的输出功率和功率开关管的导通时间决定的电感电流峰值可相应增大,控制器1脚的控制电压可限制电感电流的峰值。当电压误差放大器的输出电压大于控制电压与恒流源三极管的发射极电压之和,即$U_1+0.5$ V时,恒流源三极管将导通使电压误差放大器的输出被钳位在零电位,此时两路输出均关闭,电源无法工作。

在 UC3846 电流型变换器控制的开关整流器中,由于电流放大器的输入为高频变压器一次侧逐个脉冲电流峰值的采样信号,因此能快速、灵敏地检验出功率开关管中的瞬态电流。只要设定了安全可靠的控制端电压U_1,就可以使流过开关功率管的电流峰值得到准确可靠的限制。该控制器的16脚为输出关闭端,其内部设置的阀值比较电压为 350 mV。当该关闭端的外加电压高于 350 mV 时,由于关闭比较器的开环电压增益很高,因此内部晶体管立即导通,将电压误差放大器的输出电压拉低至 0.3~0.5 V,锁存器 Q 端为高电平,关闭了两路的驱动输出。UC3846 的 15 脚为电源输入端,同时也是欠压信号取样端,当该输入端的直流电压低于 7.6 V 时,内部的欠压锁定电路将输出高电平,通过两个或非门使两路驱动输出关闭。当输入电压上升到约 8.4 V 时,欠压锁定电路的输出将变为低电压,使两路驱动输出恢复正常工作。该控制器的驱动输出死区时间控制是与其振荡频率有关的,当振荡频率较高时,其死区时间也相应缩短。

其振荡频率由下式决定:

$$f=2.2/(K_T C_T)$$

◆项目实施

【实施条件】

实施地点和要求:电动汽车实训室的电动汽车充电机性能良好,工作正常。

实施时间:按照教学计划的安排,了解电动汽车充电机的结构和特点。

教学要求:根据电动汽车充电机的数量将学生分成若干小组,每小组5人使用电动汽车充电机,指导教师先讲解并现场演示,学生再动手操作。

【实施步骤】

用指针式万用表检测 IGBT 的方法

1.首先将万用表拨在 $R×1$ kΩ 挡

若测量到某一极与其他两极阻值为无穷大,调换表笔后测得该极与其他两极的阻值仍为无穷大,则判断此极为栅极(G)。再测量其余两极,若测得阻值为无穷大,而调换表笔测得阻值较小,此时红表笔的为集电极(C),黑表笔的为发射极(E)。

2.将万用表拨在 $R×1$ kΩ 挡

用黑表笔接 IGBT 的集电极,红表笔接 IGBT 的发射极,此时万用表的指针在零位,用手指同时触及一下栅极和集电极,IGBT 被触发导通,万用表的指针摆向阻值较小的方向,并指示在某一位置。然后再用手指同时触及一下栅极和发射极,此时 IGBT 被阻断,万用表的指针回零,即可判断 IGBT 是好的。

3.指针式万用表皆可用于检测 IGBT

在判断 IGBT 好坏时,一定要将万用表拨在 $R×10$ kΩ 挡,因为在 $R×10$ kΩ 以下挡时,万用表内部电池电压太低,不能使 IGBT 触发导通,无法判断 IGBT 的好坏。此方法也可用于检测功率场效应晶体管(P-MOSFET)的好坏。

小　结

该项目通过了解直流开关稳压电源的分类、直流开关稳压电源主控元件的原理和应用、高频 PWM-DC/DC 变换器,通过对电动汽车充电机技术基础的学习,使读者初步了解电动汽车充电机技术基础的学习内容,同时,加深对电动汽车充电机技术基础知识的理解,提高读者对电动汽车充电机技术基础的学习兴趣,使读者初步了解电动汽车充电机技术基础的构成与功能。

本项目通过了解电动汽车充电机技术的构成、分类和工作原理,提高读者对电动汽车充电机技术基础的学习兴趣,使读者初步了解电动汽车充电机的结构和特点。熟悉电动汽车充电机技术基础,通过现场了解电动汽车充电机的工作情况,通过对不同电动汽车充电机技术基础的介绍,使学生知道本学习情景的重要性,使读者初步了解电动汽车充电机的工作情况。

思考题

1.简述直流开关稳压电源的分类。
2.论述直流开关稳压电源主控元件的原理和应用。
3.简述高频 PWM-DC/DC 变换器工作原理。

项目 **3**

电动汽车的动力电池及其电池管理系统

◆ 项目要求

该项目通过了解电动汽车动力电池的作用、分类和工作原理、电动汽车的电池管理系统，以及对电动汽车的动力电池及其电池管理系统的学习，提高读者对电动汽车的动力电池及其电池管理系统的学习兴趣，通过对电动汽车的动力电池及其电池管理系统的总体认知，使读者初步了解电动汽车的动力电池及其电池管理系统的学习内容，同时，加深对电动汽车的动力电池及其电池管理系统的知识理解。

知识要求

1.了解电动汽车的动力电池的构成、工作原理。
2.了解电动汽车的动力电池管理系统的工作特点。

能力要求

1.在现场对电动汽车的动力电池进行认识和操作。
2.在现场观察电动汽车的动力电池及其管理系统的工作情况和特点。

◆ 相关知识

一、电动汽车动力电池的作用、分类

1.电动汽车动力电池的作用

电动汽车关键零部件有动力电池、电机和电控系统，作为电动汽车的关键零部件，动力电池对电动汽车的使用具有举足轻重的作用。动力电池为电动汽车的驱动电动机提供电能，电

动机将电池的电能转化为机械能,通过传动装置或直接驱动车轮和工作装置来驱动汽车行驶。因此,动力电池性能的好坏、质量的优劣、容量的大小将直接影响电动汽车的使用性能。

2.电动汽车动力电池的基本要求

电动汽车以电力驱动,行驶无排放(或低排放)、噪声低、能量转化效率比内燃机汽车高很多,同时电动汽车还具有结构简单、运行费用低等优点,安全性也优于内燃机汽车。但电动汽车目前还存在价格较高、续驶里程较短、动力性能较差等问题,而这些问题都是和电源技术密切相关的。电动汽车实用化的难点仍然在于电源技术,特别是电池(化学电源)技术。目前制约电动汽车发展的关键因素是动力蓄电池不理想,而开发电动汽车的竞争,最重要的就在于开发车载动力电池的竞争。

电动汽车用动力蓄电池与一般启动蓄电池不同,它是以较长时间的中等电流持续放电为主,间或以大电流放电(启动、加速时),并以深循环使用为主。电动汽车对电池的基本要求可以归纳为以下几点:①高能量密度;②高功率密度;③较长的循环寿命;④较好的充放电性能;⑤电池一致性好;⑥价格较低;⑦使用维护方便等。

3.电动汽车动力电池的分类

动力电池是电动汽车发展的关键,汽车动力电池难在低成本要求、高容量要求及高安全要求 3 个要求上。要想在较大范围内应用电动汽车,就要采用先进的蓄电池。经过 10 多年的筛选,当前研究开发的电动汽车动力电池主要包括铅酸电池、镍金属电池、锂离子和锂聚合物电池、高温钠电池、金属空气电池、超级电容、飞轮电池以及具有更好发展远景的燃料电池和太阳能电池。

(1)铅酸电池

铅酸蓄电池是目前应用最广的蓄电池。铅酸电池正负电极分别为二氧化铅和铅,电解液为硫酸。铅酸电池又可以分为两类,即注水式铅酸电池和阀控式铅酸电池。前者价廉,但需要经常维护,补充电解液;后者通过安全控制阀自动调节密封电池体内在充电或工作异常时产生的多余气体,免维护,更符合电动汽车的要求。由于铅酸电池的技术比较成熟,经过进一步改进后的铅酸电池仍将是近期电动汽车的主要电源,正在开发的电动汽车用先进铅酸电池主要有水平铅酸电池、双极密封铅酸电池、卷式电极铅酸电池等。

(2)镍金属电池

目前在电动汽车上使用的镍金属电池主要有镉镍电池和镍氢电池两种。镉镍电池是以烧结式的多孔性镍基板作为骨架,在骨架的孔隙中填充氢氧化亚镍作为正极板,填充氢氧化镍作为负极板。但由于其含有重金属镉,在使用中不注意回收的话,就会形成环境污染,目前许多发达国家都已限制发展和使用镉镍电池。而镍氢电池则是一种绿色镍金属电池,它的正负极分别为镍氢氧化物和储氢合金材料,不存在重金属污染问题,且其在工作过程中不会出现电解液增减现象,电池可以实现密封设计。镍氢电池在比能量、比功率及循环寿命等方面都比镉镍电池有所提高,使用镍氢电池的电动汽车一次充电后的续驶里程曾经达到过 600 km。镍氢电池就其工作原理和特点而言是适合电动汽车使用的,它已被列为近期和中期电动汽车用首选动力电池,但其还存在价格太高、均匀性较差(特别是在高速率、深放电下电池之间的容量和电压差较大)、自放电率较高、性能水平和现实要求还有差距等问题,这些问题都影响着镍氢电池在电动汽车上的广泛使用。

（3）锂离子蓄电池

锂是最轻、化学特性十分活泼的金属。根据电解质的不同,锂离子蓄电池一般可分为锂离子电池和锂聚合物电池两种。锂离子电池单位质量储能为铅酸电池的 3 倍,锂聚合物电泡为 4 倍,而且锂资源较丰富,价格也不很贵,是很有前景的电池。锂离子蓄电池中,锂离子在正负极材料晶格中可以自由扩散。当电池充电时,锂离子从正极中脱出,嵌入到负极中,反之为放电状态,即在电池充放电循环过程中,借助于电解液,锂离子在电池的两极间往复运动以传递电能。锂离子蓄电池的电极为锂金属氧化物和储锂碳材料。

（4）高温钠电池

高温钠电池主要包括钠氯化镍电池和钠硫蓄电池两种。钠氯化镍电池是 1978 年发明的,其正极是固态 $NiCl_2$,负极为液态 Na,电解质为固态 β-Al_2O_2 陶瓷,充放电时钠离子通过陶瓷电解质在正负电极之间漂移。钠氯化镍电池是一种新型高能电池,它具有比能量高（超过 100 $(W·h)/kg$）,无自放电效应,耐过充、过放电,可快速充电,安全可靠等优点,但是其工作温度高（250～350℃）,而且内阻与工作温度、电流和充电状态有关,因此需要有加热和冷却管理系统。而钠硫蓄电池也是近期被普遍看好的电动汽车蓄电池,它已被美国先进电池联合体（US-ABC）列为中期发展的电动汽车蓄电池。钠硫蓄电池具有高的比能量,但其峰值功率较低,而且这种电池的工作温度近 300 ℃,熔融的钠和硫有潜在的毒性,腐蚀也限制了电池的可靠性和寿命。

（5）锌空气电池

锌空气电池是一种机械更换、采用离车充电方式的高能电池,正极为锌,负极为碳（吸收空气中的氧气用）,电解液为 KOH。锌空气电池具有高比能量（200$(W·h)/kg$）、免维扩、耐恶劣工作环境、清洁安全可靠等优点,但是其具有比功率较小（90W/kg）、不能存储再生制动的能量、寿命较短、不能输出大电流及难以充电等缺点。一般为了弥补其不足,使用锌空气电池的电动汽车还会装有其他电池（如镍镉蓄电池）以帮助启动和加速。

（6）超级电容

超级电容是为了满足混合电动汽车能量和功率实时变化要求而提出的一种能量存储装置。它是一种电化学电容,兼具电池和传统物理电容的优点。超级电容往往和其他蓄电池联合应用作为电动汽车的动力电源,可以满足电动汽车对功率的要求而不降低蓄电池的性能。超级电容的使用将减少汽车对蓄电池大电流放电的要求,达到减小蓄电池体积和延长蓄电池寿命的目的。根据电极材料的不同,超级电容可分为碳类超级电容（双电层电化学电容）和金属氧化物超级电容两类。

（7）飞轮电池

飞轮电池是 20 世纪 90 年代才提出的新概念电池,它突破了化学电池的局限,用物理方法实现储能。飞轮电池是一种以动能方式存储能量的机械电池,它由电动/发电机、功率转换、电子控制、飞轮、磁浮轴承和真空壳体等部分组成,具有高功率比、高能量比、高效率、长寿命和环境适应性好等优点。飞轮电池中的电机在充电时以电动机形式运转,在外电源的驱动下带动飞轮高速旋转（可达到 200 000 r/min）,即用电给飞轮电池"充电"增加了飞轮的转速从而增大其动能;放电时,电机则以发电机状态运转,在飞轮的带动下对外输出电能,完成机械能（动能）到电能的转换。要开发适合电动汽车的实用性飞轮电池,就必须进一步提高其安全性和降低其成本。

（8）燃料电池

燃料电池是一种将储存在燃料和氧化剂中的化学能通过电极反应直接转化为电能的发电装置。燃料电池的基本化学原理是水电解反应的逆过程，即氢氧反应产生电、水和热。燃料电池不需要燃烧、无转动部件、无噪声、运行寿命长、可靠性高、维护性能好，实际效率能达到普通内燃机的 2~3 倍，加之其最终产物又是水，真正达到清洁、可再生、无排放的要求，是 21 世纪的首选能源。

（9）太阳能电池

太阳能电池是一种把光能转换为电能的装置，太阳能已广泛用于照明、家用电器、发电、交通信号、地质、航天等领域。目前，部分机构也已研制出了使用太阳能电池的电动汽车样车，但是由于太阳能电池还存在光电转换效率不高、价格太高、电池系统配置较复杂等问题，近期内只能作为电动汽车的补充电源，还不能大规模生产应用。太阳能作为最清洁的、取之不尽、用之不竭的能源，对它的研究和应用必将会取得长足的进步。

二、电动汽车动力电池的应用现状

1. 铅酸电池

由于铅酸电池的供电成本大体和柴油机供电相等，同时应用历史最长、技术最成熟、安全性最好、成本最低、市场化程度高，因此铅酸电池仍然是低端电动汽车市场的主要动力电池。但由于其质量大、寿命短、比能量低和充电时间长等缺点，限制了铅酸电池在电动汽车上的使用。随着锂离子电池等新能源技术的不断成熟，铅酸电池必将被取代。在某种程度上，铅酸电池时代可以称为电动汽车动力电池的起步和过渡阶段。

2. 镍氢电池

镍氢电池安全性能较好，比能量大于铅酸电池、小于锂电池。目前镍氢电池技术较成熟，购置和使用成本较低。镍氢动力电池刚刚进入成熟期，是目前混合动力汽车所用电池体系中唯一被实际验证并被商业化、规模化的电池体系，全球已经批量生产的混合动力汽车全部采用镍氢动力电池体系。但是，镍氢电池具有难以克服的缺点，其记忆效应和充电发热等方面的问题直接影响到该电池的使用。除此以外，镍氢电池自放电率高、比能量较小，只能用在混合动力电动汽车上，这些缺点的存在使镍氢电池只能是过渡产品。在发展电动汽车上，镍氢电池技术最成熟，未来几年内仍将是电动汽车动力电池的主流，之后镍氢电池将和锂离子电池、燃料电池三分天下。随着技术的发展，将逐渐被锂离子电池及燃料电池所取代。

3. 锂电池

2000 年前后，人们研制成功了锂电池。锂电池具有体积小、质量轻、存储的电能大（是铅酸电池的 2~3 倍）、工作电压高（是镍氢电池的 3 倍）、比能量大（是镍氢电池的 3 倍）、循环寿命长、自放电率低、无记忆效应、无污染、安全性好等优点，被称为性能最为优越的可充电电池，号称"终极电池"，受到市场的广泛青睐。从发展周期看，目前电动汽车锂离子电池市场正在走出导入期，开始跨入快速成长期。锂离子电池技术进步较快，它最有可能成为铅酸电池的竞争对手，率先成为高端电动汽车市场的主要动力电池。从发展趋势来看，电动汽车无疑是未来汽车发展的方向，而动力锂离子电池则是电动汽车的最佳选择，2015 年后锂电池取代镍氢电池占据了市场主导地位。

锂电池根据其电极的材料，可分为锰酸锂、磷酸铁锂、钴酸锂等电池。其中磷酸铁锂电池由于在安全性、循环寿命等方面的优势,在国内受到业界与媒体更多关注,被认为是最具发展潜力的锂离子电池方案。

试验表明,一块锂电池大概能循环充电1 000次,其中磷酸铁锂电池的储能效果比钴酸锂电池和锰酸锂电池的效果差一些,但是其安全性能最好,储能比铅酸电池要高很多,因此现在磷酸铁锂电池最被看好。

4.燃料电池

从环境效应和长远利益考虑,燃料电池汽车是未来电动汽车的发展方向。燃料电池虽然是理想的清洁能源,但是目前它的性价比太低,要达到可以进入市场的性价比,任重而道远,必须从基础材料和基本理论上有重大突破,才可能进入汽车市场。目前燃料电池技术尚未成熟,产品还没有一个可以被市场接受的价值等式,安全供给氢气仍是一个技术难题,其市场前景取决于技术、成本的突破程度,而政府行为和产业政策对市场的影响更具有决定性作用。

三、铅酸蓄电池

1.铅酸蓄电池

铅酸蓄电池的应用历史最长,也是最成熟、成本售价最低廉的蓄电池。它已实现大批量生产,但比能量低,所占的质量和体积太大,且一次充电行驶里程较短,自放电率高,循环寿命低,不适合现代电动汽车发展的需要。

随着铅酸蓄电池技术的发展,适合电动汽车使用的各种新型铅酸蓄电池不断出现,其性能不断提高。尤其是第三代阀控式密封铅酸蓄电池(Valve-regulated Lead Acid Battery,VRLA),比能量达到50(W·h)/kg,比功率达到500 W/kg,循环寿命大于900次。

先进铅酸蓄电池联盟(Advanced Lead-acid Battery Consortium,ALABC)组织了澳大利亚CSIRO、美国Hawker公司对VRLA动力电池进行了几年的攻关,提出了解决方案,并在丰田Prius、本田Insight等混合动力汽车上做了两年多的道路运行试验,证明性能良好,成功地用卷绕式VRLA电池代替了Ni-MH电池。世界各国的电动汽车用新型VRLA铅酸蓄电池的进展如下:

①日本公司开发的电动汽车用新型VRLA蓄电池,其电压规格有单体2 V和4 V,采用贫液式和极板水平设计。板间距很小,不会出现电解液分层,脱落物质向下移动有极板挡住,电池底部无脱落物堆积。

②德国阳光公司的电动汽车用铅酸蓄电池采用胶体电解质设计,经检测其6 V,160 A·h电池的预期寿命可达到4年,具有热容量大、温升小等优点。

③美国Arias公司于1994年推出双极性电动汽车用铅酸蓄电池,其结构技术独特。这种电池的工作电流只垂直于电极平面而通过薄的双电极,因此具有极小的欧姆电阻。

④美国BPC公司开发的双极性电动汽车用铅酸蓄电池技术参数为:组合电压为180 V,电池容量为60 A·h,放电率比能量为50(W·h)/kg,循环寿命可达到1 000次。

目前我国铅酸蓄电池技术的研究主要集中在3个方面:一是铅酸蓄电池的基础研究,包括近年来发展的许多铅酸蓄电池新技术——泡沫炭板栅、泡沫铅板栅、新型负极添加剂、超级电池新技术、铅碳电池新技术、双极陶瓷隔膜电池等;二是铅酸蓄电池环境治理和职业卫生,铅酸蓄电池生产中的污染是有治理技术的,也是能够治理的;三是铅酸蓄电池的具体应用。

2010年4月召开的首届全国铅酸蓄电池新技术研讨会指出:全球铅酸蓄电池市场目前仍

处于稳定增长阶段。铅酸蓄电池产品如此长盛不衰,除技术成熟、性价比高、安全可靠、功率特性和原料再生性好等突出优点外,还与它在竞争中技术不断提高密切相关。虽然我国近几年也引进了一些铅酸蓄电池新装备,但铅酸蓄电池新技术的研发在国内受到冷落,与国外的差距逐渐拉大。中国铅酸蓄电池存在 3 方面问题:寿命不长、污染严重、比能量和比功率不高。

目前我国铅酸蓄电池未来努力的方向是:延寿、摘帽、加力。第一,延长寿命是铅酸蓄电池节能减排的最有效途径。未来人类依赖的是可再生能源,必须要通过规模储能来调节可再生能源的连续性和稳定性,就迫切需要长寿命电池,这样才能最有效地降低蓄电池成本,推动可再生能源的发展。第二,要摘掉污染的帽子。要严格控制生产许可证的发放,以高度的社会责任心、舍得必要的投入来治理污染,那些只搬迁工厂而不治理污染的做法很不好。铅酸蓄电池的污染还发生在落后的冶炼和废旧电池的再生中,一些有效的新的回收技术应当工程化和产业化。第三,要提高比功率、比能量和其他性能。在过去电动自行车的大发展当中,铅酸蓄电池大显神威,铅酸蓄电池要全面提高性能,才能在前景广阔的电动汽车中大显身手,产生巨大的经济效益和社会效益。我们要抓住这一历史性的机遇,就必须在技术上有突破。总之,要使铅酸蓄电池在各类电池的竞争中站住脚跟,要在中国消除对铅酸蓄电池的偏见,就要使铅酸蓄电池技术不断进步。

铅酸蓄电池由于其价格低廉,目前主要应用在速度不高、路线固定、充电站设立容易规划的电动车辆上。

2.铅酸蓄电池的分类与结构

1)铅酸蓄电池的分类

铅酸蓄电池分为免维护铅酸蓄电池和阀控密封式铅酸蓄电池。

(1)免维护铅酸蓄电池

免维护铅酸蓄电池由于自身结构上的优势,电解液的消耗量非常小,在使用寿命内基本不需要补充蒸馏水。它具有耐振、耐高温、体积小、自放电小的特点。使用寿命一般为普通铅酸蓄电池的两倍。市场上的免维护铅酸蓄电池也有两种:一种是在购买时一次性加电解液以后使用中不需要添加补充液;另一种是电池本身出厂时就已经加好电解液并封死,用户根本就不能加补充液。

(2)阀控密封式铅酸蓄电池

阀控密封式铅酸蓄电池在使用期间不用加酸加水维护,电池为密封结构,不会漏酸,也不会排酸雾,电池盖子上设有溢气阀(也称安全阀),该阀的作用是当电池内部气体量超过一定值,即当电池内部气压升高到一定值时,溢气阀自动打开,排出气体,然后自动关闭,防止空气进入电池内部。

阀控密封式铅酸蓄电池分为 AGM 和 GEL(胶体)电池两种。AGM 采用吸附式玻璃纤维棉(absorbed glass mat)作隔膜,电解液吸附在极板和隔膜中,电池内无流动的电解液,电池可以立放工作,也可以卧放工作;胶体(GEL)以 SiO_2 作凝固剂,电解液吸附在极板和胶体内,一般立放工作。如无特殊说明,阀控密封式铅酸蓄电池皆指 AGM 电池。

电动汽车使用的动力电池一般是阀控密封式铅酸蓄电池。

2)铅酸蓄电池的结构

铅酸蓄电池的基本结构如图 3-1 所示。它由正负极板、隔板、电解液、溢气阀、外壳等部分组成。极板是铅酸蓄电池的核心部件,正极板上的活性物质是二氧化铅,负极板上的活性物质为海绵状纯铅。隔板是隔离正、负极板,防止短路;作为电解液的载体,能够吸收大量的电解液,起到促进离子良好扩散的作用;它还是正极板产生的氧气到达负极板的"通道",以顺利建立氧循环,减少水的损失。电解液由蒸馏水和纯硫酸按一定比例配制而成,主要作用是参与电化学反应,是铅酸蓄电池的活性物质之一。电池槽中装入一定密度的电解液后,由于电化学反应,正、负极板间会产生约为 2.1 V 的电动势。溢气阀位于电池顶部,起到安全、密封、防爆等作用。

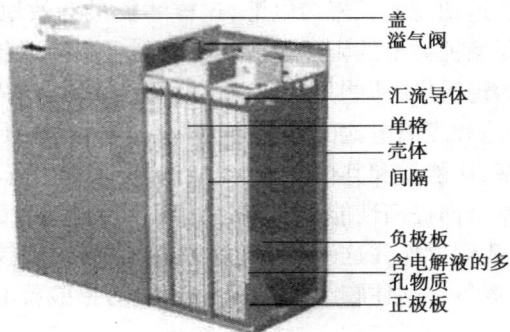

图 3-1　铅酸蓄电池基本结构

3.铅酸蓄电池的工作原理

铅酸蓄电池的电解液为硫酸溶液,充电时,正极板上的硫酸铅生成有效物质二氧化铅 PbO_2,负极板上的硫酸铅生成有效物质绒状铅(Pb)。两极板在电解液中发生化学反应,正极板缺少电子,负极板多余电子,正、负极板间便产生电位差,这就是蓄电池的电动势。

1)放电过程的电化反应

当蓄电池与外电路接通时,在电池电动势的作用下,电路中便产生电流,放电电流由蓄电池的正极板经外电路流向负极板。在蓄电池内部,电解液内的硫酸分子电离,产生氢正离子和硫酸根负离子。在电场力的作用下,氢离子移向正极,硫酸根离子移向负极,形成离子流。电流的方向是从负极流向正极。

在负极板上,硫酸根离子与铅离子结合,生成硫酸铅,其化学反应方程式为

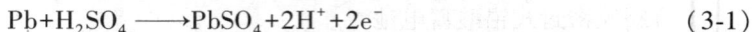

$$Pb+H_2SO_4 \longrightarrow PbSO_4+2H^++2e^- \tag{3-1}$$

在正极板上,电子自外电路流入,与四价的铅离子结合,变成二价的铅正离子,它立即和正极板附近的硫酸根负离子结合,生成硫酸铅。同时,移向正极板的氢正离子和氧负离子结合形成水分子,化学反应式为

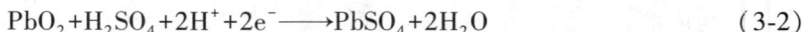

$$PbO_2+H_2SO_4+2H^++2e^- \longrightarrow PbSO_4+2H_2O \tag{3-2}$$

放电时总的化学方程式为

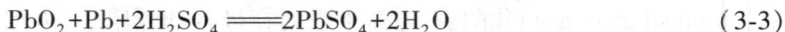

$$PbO_2+Pb+2H_2SO_4 \Longrightarrow 2PbSO_4+2H_2O \tag{3-3}$$

可见,蓄电池在放电过程中,正、负极板上都形成了硫酸铅,由于硫酸铅导电性能差,增加了极板之间的电阻,影响电池容量。电解液中的硫酸逐渐减少,水分增加,因而使电解液的相对密度降低。

2)充电过程的电化反应

铅酸蓄电池充电时,在电池内部,充电电流由正极流向负极。在电流的作用下,正负极上的硫酸铅及电解液中的水被分解。充电时化学反应为:

在正极板

$$PbSO_4+SO_4^{2-}-2e^-+2H_2O \longrightarrow PbO_2+2H_2SO_4 \tag{3-4}$$

在负极板

$$PbSO_4+2H^++2e^- \longrightarrow Pb+H_2SO_4 \tag{3-5}$$

总的化学反应方程式为

$$2PbSO_4+2H_2O \Longrightarrow PbO_2+2H_2SO_4+Pb \tag{3-6}$$

即在充电过程中,在正极板上的硫酸铅被硫酸根氧化失去电子而还原成二氧化铅。在负极板上的硫酸铅被氧离子还原成为铅。在化学反应中,吸收了两个水分子的水,而析出了两个水分子的硫酸。因此充电时电解液的相对密度增大,电池的内阻减小,电动势增大。

综上所述,放电和充电循环过程中,可逆反应为

$$PbO_2+2H_2SO_4+Pb \underset{充电}{\overset{放电}{\Longrightarrow}} 2PbSO_4+2H_2O \tag{3-7}$$

4.铅酸蓄电池的主要电气特性

1)电动势、端电压及内电阻

蓄电池的电动势在正负极板的有效物质固定后,主要由电解液的密度决定。电动势与电解液相对密度的关系可用以下经验公式来求得

$$E = 0.85+\gamma \tag{3-8}$$

式中　E——蓄电池的电动势;

　　　γ——电解液的相对密度;

　　　0.85——蓄电池的电动势常数。

γ 是极板有效物质细孔中电解液的相对密度,不是两极板间电解液的相对密度。在充放电过程中,两者差别较大,因此测试相对密度时,必须在蓄电池处于静电状态下进行。同时在充放电过程中,由于极板细孔中电解液相对密度与极板间电解液相对密度有差别,蓄电池电动势的差别也较大。充电时,极板细孔中电解液的相对密度比极板间电解液的相对密度高些;放电时极板细孔中电解液的相对密度比极板间电解液的相对密度低些。

在没有带负荷的情况下,蓄电池端电压就是其电动势。当蓄电池带上负荷时,便有电流通过。由于蓄电池存在内电阻,电流流过内电阻将产生电压降,因此蓄电池的端电压为:

充电时　　　　　　　　　　　　$U = E + IR$ 　　　　　　　　　　　(3-9)

放电时　　　　　　　　　　　　$U = E - IR$ 　　　　　　　　　　(3-10)

式中　R——蓄电池的内电阻,Ω;

　　　I——充电或放电电流,A;

　　　E——蓄电池内的电动势,V。

铅酸蓄电池的内电阻是电解液的电阻、正极板、隔离物及连接物等部分电阻的总和。

蓄电池的内电阻不是一个固定值,在充、放电时,电池的内电阻将发生变化。充电时,由于极板上的硫酸铅还原为二氧化铅,同时电解液中硫酸浓度增加,因二氧化铅及硫酸的导电性能分别比硫酸铅及水的导电性能好,所以充电时蓄电池的内电阻逐渐减小。相反,在放电时,蓄电池的内电阻将逐渐增大。

电解液的温度对内电阻也有影响,温度升高时,电解液黏度下降,分子和离子的活动增强,内阻减小;反之,温度降低时,内阻增大。

蓄电池的内电阻可用下式求得：

充电时
$$R_c = (U_c - E)/I_c \qquad (3-11)$$

放电时
$$R_f = (E - U_f)/I_f \qquad (3-12)$$

式中　R_c，R_f——充、放电时蓄电池的内电阻，Ω；

　　　U_c，U_f——充、放电时蓄电池的端电压，V；

　　　I_c，I_f——充、放电时的电流，A；

　　　E——蓄电池的电动势，V。

2）电动汽车用铅酸蓄电池的容量

充足电的电池放电到规定放电终止电压时，其所放电的总容量即为该电池的容量。蓄电池经恒定电流值放电时，客观存在的容量可用下式求得

$$C = I_f t_f \qquad (3-13)$$

式中　C——蓄电池的放电容量，Ah；

　　　I_f——放电电流值，A；

　　　t_f——放电时间，h。

如放电电流不是恒定值，其容量等于各段放电电流值与该放电时间的乘积之和。

一般以电解液温度为(20 ± 5)℃时，3 h 放电率的容量作为电动汽车用铅酸蓄电池的额定容量。蓄电池容量的大小受放电率、电解液的相对密度及温度等变化的影响。

（1）放电率对容量的影响

蓄电池以不同的放电率电流放电时，其容量是不同的。一般情况下，铅酸蓄电池的放电容量与其额定容量有以下关系

$$C_3 = KC_m \qquad (3-14)$$

式中　C_3——3 h 放电率的额定容量，Ah；

　　　C_m——非正常放电率的容量，Ah；

　　　K——容量增大系数。

K 值大小由 I_m/I_3 比值与放电时间决定，其中 I_m 为非正常放电率放电电流，I_3 为 3 h 放电率放电电流。

（2）电解液相对密度及温度对容量的影响

电解液的相对密度大，则蓄电池的容量大，反之容量小。但如果相对密度过大，电流易集中，极板腐蚀和隔离物损坏也就快，因而蓄电池的寿命将缩短。因此，电解液的相对密度必须适当。

蓄电池的容量随着电解液温度的上升而增加，因为电解液温度升高时离子运动速度加快，电化反应也加快，所以蓄电池容量增大。

蓄电池的额定容量是以电解液温度为 20 ℃ 作为依据的，当温度在 10~40 ℃ 范围内变动时，蓄电池容量可按下式计算

$$C_t = C_{20}[1 + 0.008(t - 20)] \qquad (3-15)$$

式中　C_t——温度为 t 时的实际放电容量，Ah；

　　　C_{20}——温度为 20 ℃ 时的额定容量，Ah；

　　　t——放电过程中电解液的平均温度，℃。

在实际操作中,电解液的温度一般应控制在 20 ℃ 左右,不要超过 40 ℃,否则会使正极板弯曲、自放电加剧,造成蓄电池不可挽救的损坏。

5.铅酸蓄电池的优缺点

1)铅酸蓄电池的优点

①除锂离子电池外,在常用蓄电池中,铅酸蓄电池的电压最高,为 2.0 V。

②价格低廉。

③可制成小至 1 A·h 大至几千安时的各种尺寸和结构的蓄电池。

④高倍率放电性能良好,可用于引擎启动。

⑤高低温性能良好,可在 -40~60 ℃ 条件下工作。

⑥电能效率高达 60%。

⑦易于浮充使用,没有"记忆"效应。

⑧易于识别荷电状态。

2)铅酸蓄电池的缺点

①比能量低,在电动汽车中所占的质量和体积较大,一次充电行驶里程短。

②使用寿命短,使用成本高。

③充电时间长。

④铅是重金属,存在污染。

四、锂蓄电池

锂蓄电池是 20 世纪 90 年代发展起来的高容量可充电电池,其比能量大、循环寿命长、自放电率小、无记忆效应和环境污染,是当今各国能量存储技术研究的热点,主要集中在大容量、长寿命和安全性 3 个方面的研究。

1.锂蓄电池的特点、工作原理及分类

1)锂蓄电池的特点

锂蓄电池与传统电池相比,具有以下特点:

①电池电压高。由于正极活性物质不同,锂蓄电池电压最高可达 3.9 V。

②比能量高。锂蓄电池的比能量是传统电池的 4~10 倍。

③比功率高,内阻小(约为 0.1 Ω),可以大电流放电。

④工作温度宽。许多锂蓄电池能在 -40~70 ℃ 范围内工作。有些型号锂蓄电池的工作温度范围甚至更宽。

⑤平稳的放电电压。大多数锂蓄电池具有平稳的放电曲线。

⑥储存寿命长。一般在室温下储存 5 年,其容量下降 5%~10%,而且随着储存期的延长容量下降率大大降低。

锂是非常活泼的金属,遇水发生强反应,生成 LiOH,在锂电极表面生成 LiOH 薄膜,并放出氧气。这层薄膜会造成锂有机电解质电池有滞后现象出现。因此,要保持锂蓄电池的长寿命,水分必须降低到 30 μg/g 以下。

2)锂蓄电池的工作原理

锂是优良导体,极具延展性,易于制成薄带。锂在刚刚制成或切割时,具有白银的光泽和颜色,在潮湿的空气中很快失去光泽。与 Na,Ca,Cd 和 Pb 相比,锂是良好的负极材料,具有最轻的原子量(6.94)、最负的标准电极电位(-3.05 V)和最高的电化当量(3.86 Ah/g),因而可与适当的正极材料配合构成锂电池。

锂蓄电池的正极物质一般采用层状化合物 TiS_2 制作,这是因为 TiS_2 满足作正极材料的基本要求。下面以 TiS_2 与 Li 的作用来说明锂蓄电池的基本原理。

TiS_2 为八面体结构的夹层化合物,是层状结构物质,它是借助范德华力把各种夹心层或原子层结合在一起的分子晶体,其晶格结构如图 3-2 所示。

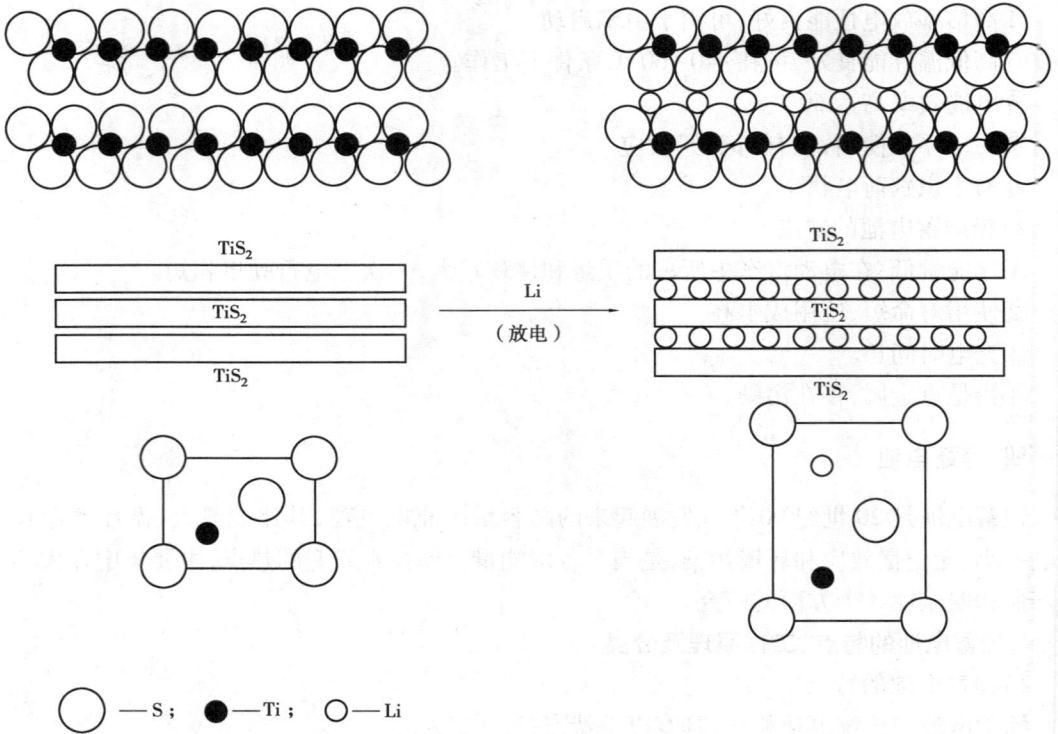

图 3-2 锂在 TiS_2 中的嵌入(放电)和结构

TiS_2 分子层与层之间以范德华力维系,其中硫层、钛层堆积次序如图 3-3 所示。以锂为负极、层状结构物质 TiS_2 为正极组成的电池中,在充放电时不发生氧化还原反应,而是一种特殊的嵌入反应。当 Li^+ 进入夹层嵌入和脱嵌时发生的反应如下:

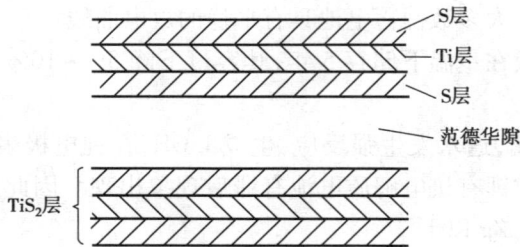

图 3-3 在 TiS_2 中 Ti 层堆积次序图

放电时,Li^+进入夹层,嵌入正极物质的晶格中,结果使原层状物质晶格扩张,但结构不变、化学键不破裂、体积变化也较小。充电时,Li^+在外电场作用下由晶格的夹层脱出,如此充放电循环。

3)锂蓄电池的分类

锂蓄电池体系仍在发展完善之中,目前根据电解质的不同主要分为以下 3 种类型:

①非水电解液体系。

②聚合物电解质体系。

③固体电解质体系。

其中,第一种体系电解质是有机物或无机物。后两种体系电解质是无机物,属于固体锂蓄电池。

采用聚合物电解质的锂蓄电池又分为两类:一类称为聚合物锂蓄电池;另一类称为聚合物锂离子蓄电池,或称塑料锂离子蓄电池。

聚合物锂蓄电池由金属锂和聚合物(不含任何液体)电解质组成。这种电池的原理与普通的有电解液的金属电池相同,用聚合物代替液体电解质,以保证锂离子在电极间转换,这样极大地减少了枝晶形成和锂的腐蚀,增加了安全性和循环寿命。其工作温度可达 60 ℃。

聚合物离子蓄电池与采用微孔聚丙烯和聚乙烯隔板及液体电解质组成的锂离子蓄电池的主要不同之处,在于用聚合物代替电解液,因而可卷制成多种形状的薄形小型电池,目前应用于设备供电的锂蓄电池主要有锂离子蓄电池、聚合物锂离子蓄电池、聚合物锂蓄电池。它们属新型绿色环保蓄电池,未来应用领域广阔,有着良好的发展前景。

2.锂离子蓄电池

1)锂离子蓄电池的结构及性能

锂离子蓄电池是在锂蓄电池基础上发展起来的一种新型蓄电池,它基本上解决了困扰锂蓄电池的两大技术难题,即安全性和寿命短的问题。

锂电池在反复充电之后,负极的金属锂片会出现锂枝晶,它会刺穿隔膜而造成电池短路,可引起燃烧或爆炸。而锂离子蓄电池是把锂离子嵌入到碳中形成负极,取代传统锂电池的金属锂或锂合金负极,在充放电过程中不会生成锂枝晶,从而避免了电池内部因锂枝晶短路造成的危害。

典型的锂离子蓄电池体系由负极碳(石油焦炭、石墨)、正极氧化钴锂($LiCoO_2$)和有机电解质 $LiPF_6$+PC(碳酸丙烯)+EC(碳酸乙烯)+DEC(二甲基碳酸)3 部分组成。制成后的电池要先充电,此时,氧化钴锂晶格中的锂离子脱出,穿过电解质嵌入碳晶格。

锂离子蓄电池的工作电压为 3.6 V,因此 1 个锂离子电池相当于 3 个镉镍或金属氢化物镍电池。锂离子蓄电池的比能量可以超过 100 (W·h)/g 和 280 (W·h)/L,大大超过了金属镍氢电池比能量,见表 3-1。

聚合物锂离子蓄电池是将锂离子蓄电池中的有机电解液储存于一种聚合物中。这种电池可以用铝塑料复合膜实现热压封装,具有质量轻、形状可任意改变和安全性更好的特点。

聚合物锂离子蓄电池的电极制造是采用类似生产磁带、胶片及陶瓷元件等的工艺;电极卷绕机类似于生产电解电容器的设备;装配线必须安装在相对湿度在 2%以下的干燥室内,电池化成和测试皆采取恒流、恒压的原理进行。

表 3-1　聚合物锂离子蓄电池与其他蓄电池性能比较

技术参数	Cd-Ni 蓄电池	MH-Ni 蓄电池	锂离子蓄电池	聚合物锂离子蓄电池
标称电压/V	1.2	1.2	3.6	3.7
质量比能量/(Wh·kg^{-1})	50	65	100~160	120~170
体积比能量/(Wh·L^{-1})	150	200	270~360	300~460
自放电寿命/次	500	500	1 000	1 000 以上
自放电率/%	25~30	30~35	6~9	3 以下
充电速率	1C	1C	1C	(0.5~1)C

2)锂离子蓄电池的工作原理

锂离子蓄电池与锂蓄电池不同,在电池中采用能使锂离子嵌入及脱嵌的碳作负极。这种电池的工作原理如图 3-4 所示。从图中可以看出该电池的工作过程,仅仅是锂离子从一个电极(脱嵌)进入另一个电极(嵌入)的过程。

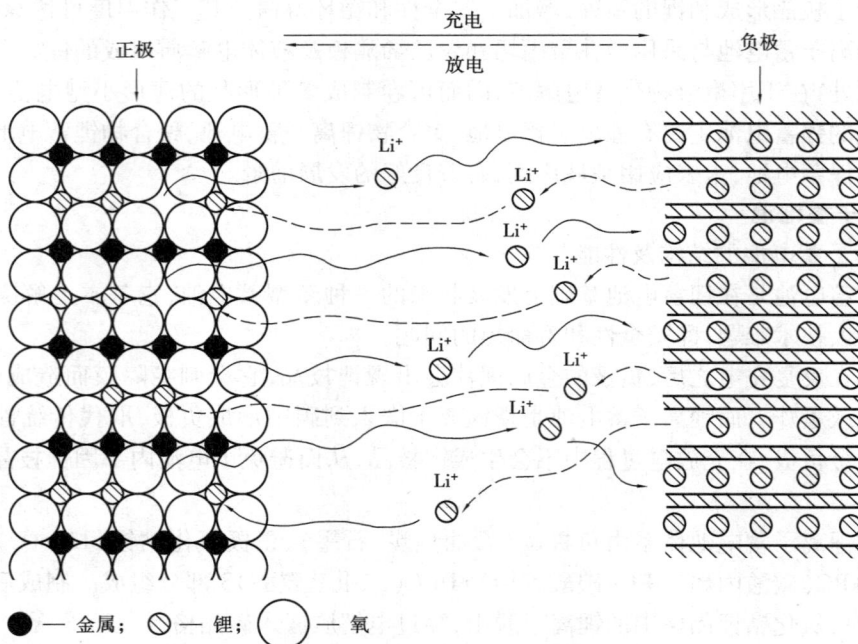

●—金属;　◎—锂;　○—氧

图 3-4　锂离子蓄电池的工作原理示意图

当电池充电时,锂离子以正极中脱嵌,在碳负极中嵌入;放电时则过程与之相反。随着充放电的进行,锂离子在电池的正、负极之间"晃来晃去",因而又被形象地称为摇椅电池。

用锂离子在碳中的嵌入和脱嵌反应取代金属锂电极上的沉积和溶解反应后,就可避免电极表面上形成锂枝晶的问题,从而使锂离子蓄电池的寿命远大于锂蓄电池,而安全性也远优于锂蓄电池。

3)锂离子蓄电池的特点

①工作电压高。由于正极活性物质不同,通常锂离子蓄电池的电压为 3.6 V,最高可达

4.2 V,为 Cd-Ni 蓄电池和 MH-Ni 蓄电池电压的 3 倍。对要求供电电压较高的设备,所需串联电池组的数目大大减少。

②比能量高。锂离子蓄电池的体积比能量和质量比能量约为 Cd-Ni 蓄电池和 MH-Ni 蓄电池的 1 倍。

③工作温度范围宽。锂离子蓄电池具有良好的高低温性能,可在−20~60 ℃工作。

④寿命长。锂离子蓄电池充、放电过程是锂离子在正、负极上脱嵌和嵌入,不会出现在锂蓄电池的负极锂上生成锂枝晶现象,因此其充放电循环寿命可达 1 200 次以上。

⑤自放电率低。锂离子蓄电池自放电率仅为 69%~92%/月,远低于 Cd-Ni 蓄电池和 MH-Ni 蓄电池,为它们的 1/5~1/3。

⑥可快速充电。可采用 C 充电速率,在 2 h 内充足电。

⑦无记忆效应,可随时充电。

⑧工作电压随放电深度变化大。当电池放电到额定容量的 80% 时,锂离子蓄电池电压变化约为 40%,而 Cd-Ni 蓄电池电压变化只有 20%。

4)锂离子蓄电池充放电特性

(1)充电特性

根据碳负极的材料结构不同,单体锂离子蓄电池的充电电压必须严格保持在 4.1 V 或 4.2 V,否则会导致金属锂析出。若充电电压超过 4.5 V,可能造成锂离子蓄电池永久性损坏,甚至烧毁。充电电流限制在 C 以下。一般锂电池充电电流设定在 0.2~1 C,电流越大,充电越快,同时电池发热也越大。而且,过大的电流充电,容量不够满,因为电池内部的电化学反应需要时间。

通常锂离子蓄电池采用恒流转恒压充电模式,首先用 C 充电速率充电,在充电过程中,充电电流稳定不变,电池电压逐渐上升。当单体电池的电压上升到 4.1 V 或 4.2 V 时,充电器应立即转入恒压充电,充电电压波动控制在 0.05 V 以内。在恒压充电过程中,充电电流逐渐减小,当电池充足电时,充电电流下降到涓流。用这种方法,大约 2 h 可把电池充到额定容量。

(2)放电特性

锂离子蓄电池在环境温度为 25 ℃时的放电特性曲线如图 3-5 所示,放电电流通常不超过 3 C,单体电池放电电压不得低于 2.2 V,否则会造成永久性损坏。采用 0.2 C 放电率时,单体电

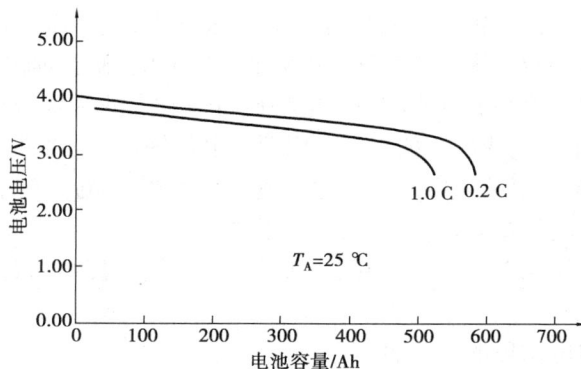

图 3-5 锂离子蓄电池在环境温度为 25 ℃时的放电特性曲线

池电压下降到 2.7 V，可放出额定容量。采用 C 放电率时，可放出额定容量的 90%。环境温度对锂离子蓄电池的放电容量有较大影响。典型的锂离子蓄电池 AG（人造石墨）-LiC_0O_2 电池在 -20~55 ℃ 的放电特性曲线如图 3-6 所示。从图中可以看出，-20 ℃ 时的容量为 25 ℃ 时容量的 65% 左右，55 ℃ 时的容量与 25 ℃ 时的容量相近。

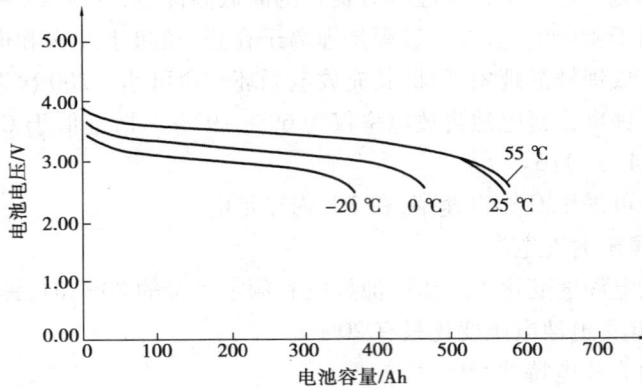

图 3-6　锂离子蓄电池 AG-LiC_0O_2 电池在 -20~55 ℃ 的放电特性

5）锂离子蓄电池的应用

（1）锂离子蓄电池使用注意事项

①因为锂离子蓄电池内部阻抗太高，约比同规格的 Cd-Ni 蓄电池、MH-Ni 蓄电池大 10 倍，大电流放电特性不理想，使用时应对其放电电流加以控制。

②锂离子蓄电池充电方式为定电流、定电压，充电时应予以注意。

③锂离子蓄电池对过充电和过放电耐受性差。充电时的充电电压不得超过 4.2 V。否则过电压会导致正极析出金属锂而引发事故。放电时放电电压不得低于 2.5 V，否则电解质被分解，电池内部压力上升，会导致爆炸或使负极材料流出，造成内部短路而失效。

（2）锂离子蓄电池的充电

①新电池的充电。在使用锂离子蓄电池中应注意的是，电池放置一段时间后则进入休眠状态，此时容量低于正常值，使用时间也随之缩短。但锂离子蓄电池很容易激活，只要经过 3~5 次正常的充放电循环就可激活电池，恢复正常容量。由于锂离子蓄电池本身的特性，决定了它几乎没有记忆效应。因此新锂离子蓄电池在激活过程中，是不需要特别的方法和设备的。不仅理论上如此，从实践来看，从一开始就采用标准方法充电，使新锂离子蓄电池"自然激活"是最好的充电方式。锂电池和镍电池的充放电特性有非常大的区别，过充和过放电会对锂电池，特别是液体锂离子电池造成巨大的伤害。因而充电最好按照标准时间和标准方法进行，特别是不要进行超过 12 h 的超长充电。在锂电池充满后继续充电，将使电池在危险的边缘徘徊。因此锂电池充电时间不要太长，要按正常的用法充电。

②正常使用何时开始充电。锂离子蓄电池同样也不适合过放电，过放电对锂离子蓄电池同样也很不利。

锂离子蓄电池充放电循环的实验表明：

a.当锂离子蓄电池放电深度达到其额定容量的 10% 时即开始充电，其循环寿命可达 000 次以上。

b.当锂离子蓄电池放电深度达到其额定容量的 100% 时即开始充电,其循环寿命只能达到 200 次以上。

可见,10% 放电深度时的循环寿命要比 100% 放电深度时的循环寿命要长很多。

（3）防止锂离子蓄电池过充电和过放电的措施

为了防止锂离子蓄电池过充电和过放电问题,可采取以下两种措施:

①在电池内装设安全机构。可设置正温度系数元件,当电池内部温度升高时,元件的阻值随之上升,温度上升到一定程度时,会自动将阴极引线与阴极之间的电路切断。或选择适当材料的隔板,当电池内部温度上升到一定程度后,隔板上的微孔会自动熔解掉,使电池停止反应。也可以设置安全阀,当电池内部压力升高到一定数值时,安全阀将自动打开。

②设置锂离子蓄电池组保护电路。这种保护电路检测过充电和过放电情况,及时切断充电、放电回路,停止充电、放电。此外,电池组内、充电器及用电设备应装有熔丝,以加强过充电、过放电的保护。

6）对锂离子蓄电池充、放电性能要求

锂离子电池的标称电压为 3.6 V/单体,终止电压为 2.75 V/单体,充电时的限制电压一般为 4.2 V/单体。锂离子蓄电池充电性能要求见表 3-2,放电性能要求见表 3-3。

表 3-2　锂离子蓄电池充电性能要求

充电类型	充电方式
标准充电	在环境温度为 (20 ± 5) ℃条件下,以 0.2C3 恒流充电,当电池端电压达到 $4.2n$ V 时,改为恒压充电,直到充电电流不大于 0.01C3 A,停止充电
快速充电	在环境温度为 (20 ± 5) ℃条件下,以 C3 恒流充电,当电池端电压达到 $4.2n$ V 时,改为恒压充电,直到充电电流不大于 0.01C3 A,停止充电

注:①n 为串联电池个数。

　　②恒压充电时,电压允许范围为 $(4.2\pm0.02)n$ V。

表 3-3　锂离子蓄电池放电性能要求

放电类型	恒流放电/A	终止电压/V	最少放电时间/h
标准放电	按表 3-2 规定充电后搁置 1~2 h,以 0.2C3 放电	$3n$	3
快速放电	按表 3-2 规定充电后搁置 1~2 h,以 C3 放电	$3n$	0.9

3.聚合物锂蓄电池（LUB）

（1）聚合物锂蓄电池的化学性能

聚合物锂蓄电池由两个可逆的锂离子电极组成:一个电极作为在放电时的离子源;另一个电极则是锂离子的吸收极,一层极薄的离子导电聚合物薄膜作为电解质和隔离膜。负极由一层极薄的锂箔作为锂离子源和集电体,正极是氧化钒（VOX）。过渡金属氧化物 VOX 也是层状结构,其反应机理与过渡金属的硫化物（如 TiS_2）相同,为嵌入反应。VOX 掺和于聚合物电解质和碳形成糊状的合成物中,背面贴上一层箔片集电体。在 3M/HQ 固态聚合物电解质电池中,锂离子载流体是由锂盐 $Li(CF_3SO_2)$ 和 TFSI 溶解于聚合物溶剂中得到的,此类聚合物溶剂化合物与聚乙烯氧化物(PFE)的共聚物相同。为了快速转移锂离子,温度需保持在 60 ℃。

（2）聚合物锂蓄电池的结构和性能

聚合物锂蓄电池(或称锂聚合物蓄电池)是全固态锂蓄电池,消除了液体电解质产生的问题,而且锂包在聚合物外壳内,提高了安全性。聚合物锂蓄电池也称为塑料锂蓄电池,代表锂蓄电池开发中的重大突破。为了克服阀控式密封铅酸蓄电池在高温下应用寿命缩短的重大缺点,在功率相同的情况下,聚合物锂蓄电池的体积和质量仅为阀控式密封铅酸蓄电池的 1/2 和 1/5。

聚合物锂蓄电池的结构如图 3-7 所示,电池槽由非活动性物质制作,聚合物锂蓄电池的基本电池(EC)由正极、负极和用作隔膜的电解质组成。

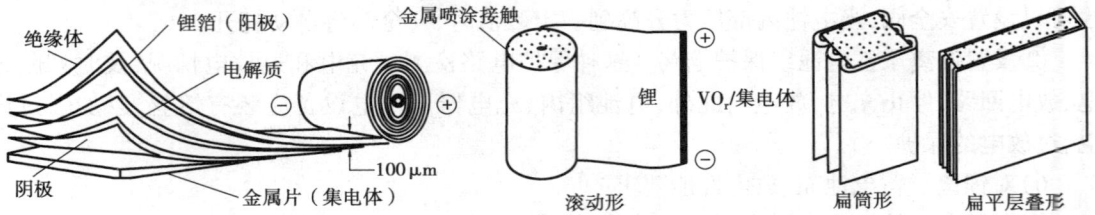

图 3-7　聚合物锂蓄电池的结构

基本电池(EC)包括绝缘层、锂箔阳极、固态聚合物电解质、金属氧化物阴极和集电体,这些固体叠层的全部厚度小于 100 μm。组成一个基本电池(EC)需要层叠片长度达 1 000 m 以上,目前在工艺制造上已解决其均匀性问题。

每一个基本电池(EC)平均电压为 2.62 V,把多个基本电池(EC)联合起来组装成一个模块,如图 3-8 所示,6 个基本电池(EC)并联连接构成一个电池。如型号为 NPS24V80 的模块,其模块由 9 个电池连接组合而成,额定电压为 24 V,额定容量为 80 Ah,在模块顶部装有控制板。聚合物锂蓄电池在暖温下有最大的效率,因此,必须保持电池的温度。每个蓄电池内安装电阻加热器,插在电池间。这个电阻加热器模块 NPS24V80 由充电器供给十分小的能量,电池和加热器密封在金属壳体内,并且隔热。NPS24V80 成件后装在塑料壳体内,其质量为 20 kg。

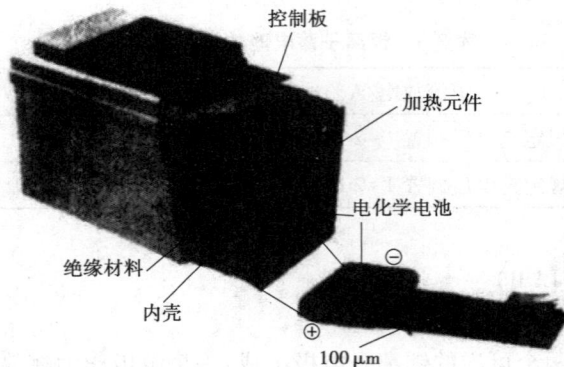

图 3-8　聚合物锂蓄电池

4.磷酸铁锂电池

磷酸铁锂电池是指用磷酸铁锂作为正极材料的锂离子电池。锂离子电池的正极材料有很多种,主要有钴酸锂、锰酸锂、镍酸锂、三元材料、磷酸铁锂等。其中钴酸锂是目前绝大多数锂离子电池使用的正极材料,而其他正极材料由于多种原因,目前在市场上还没有大量生产。锂离子动力电池的性能主要取决于正负极材料,磷酸铁锂作为锂电池材料是近几年才出现的,国内开发出大容量磷酸铁锂电池是在 2005 年 7 月。其安全性能与循环寿命是其他材料所无法相比的,这些也正是动力电池最重要的技术指标。

从材料的原理上讲,磷酸铁锂也是利用一种嵌入/脱嵌过程,这一原理与钴酸锂、锰酸锂完全相同。磷酸铁锂电池的全名是磷酸铁锂锂离子电池,简称为磷酸铁锂电池。磷酸铁锂电池的特点如下:

①可靠的安全特性。因为磷酸铁锂电池具有较高的能量密度和可靠的安全性,因而成为电动汽车汽车动力电池的首选。

要作为汽车动力,安全性是压倒一切的首要考虑因素。普通锂电池的安全性尽管能得到基本保证,然而却存在性能不够稳定,任何一节锂电池过充就会导致电池温度迅速升高,并引发整个电池组燃烧或爆炸的可能性。

另一个关键点是锂电池的一致性问题。长时间使用下,各种电池的材质老化不同步而造成差异变大,生产工艺、材质等的细微差异,在长时间的使用下会使得单个电池的电压、内阻、容量产生较大差异变化;不同批次的电池容量,内阻等特性也略有不同;电池组个别电池内部的软短路所导致的自放电,电池组内不同区域温度变化不同,串并联电池工作电流、电压分布不均匀都会导致电池不一致;锂电池系统的局部漏电,也会导致每节锂电池的特性变化不同。

磷酸铁锂电池作为锂电池的二代产品,在安全性和使用性能上得到重大突破。磷酸铁锂电池采用高热稳定性材料和缜密工艺设计,电池安全和可靠性大为增强。与锂电池不当使用中可能出现的爆炸现象相比,磷酸铁锂电池即使扔在火中也不会发生爆炸。高温稳定性可达 400~500 ℃,保证了电池内在的高安全性;不会因过充、温度过高、短路、撞击而产生爆炸或燃烧。经过严格的安全测试,即使在最恶劣的交通事故中也不会发生爆炸。磷酸铁锂电池本身物理性能稳定,再配合电池组内置的过电压、欠电压、过电流、过充电等保护功能,不爆炸不起火,单节电池过充电压 30 V 不燃烧,穿刺不爆炸。同时,磷酸铁锂完全解决了钴酸锂和锰酸锂的安全隐患问题,钴酸锂和锰酸锂在强烈的碰撞下会产生爆炸,对消费者的生命安全构成威胁,而磷酸铁锂已经过严格的安全测试,即使在最恶劣的交通事故中也不会产生爆炸。因此,磷酸铁锂电池是目前唯一绝对安全的锂离子电池。

②寿命长、成本低。作为动力电池,使用寿命(循环性能)与总体使用成本密切相关。和普通锂电池 500 次左右的循环使用寿命相比,磷酸铁锂电池循环寿命达到 2 000 次以上,标准充电(5 h 率)使用可达到 2 000 次,容量保持率 95%以上,而 50%容量的循环寿命更是达到了 2 000 次以上。电池的持续里程寿命大于 50 万 km,可以使用 5 年左右,是铅酸电池的 8 倍,镍氢电池的 3 倍,钴酸锂电池的 4 倍左右。再加上其生产制造成本本身就低于普通锂电池,无疑能大大降低电动汽车的使用和维护成本。

同质量的铅酸电池是"新半年、旧半年、维护维护又半年",最多也就 1~1.5 年时间,而磷酸铁锂电池在同样条件下使用,理论寿命将达到 7~8 年。综合考虑,性能价格比理论上为铅酸电池的 4 倍以上。大电流放电可大电流 2 C 快速充放电,在专用充电器下,1.5 C 充电 40 min 内即可使电池充满,启动电流可达 2 C,而铅酸电池无此性能。

同时,磷酸铁锂电池的放电性能也十分优异,功率曲线平稳,抗过放电能力强。普通锂电电压在低于 3.2 V 后,再放电就是过放,可能会导致报废。但是磷酸铁锂电池在 2.8 V 的时候还有能量释放,低于 2.5 V 都不存在报废的问题。

磷酸铁锂正极材料制作的大容量锂离子电池更易串联使用,以满足电动汽车频繁充放电的需要,具有无毒、无污染、安全性能好、原材料来源广泛、价格便宜、寿命长等优点,是新一代锂离子电池的理想正极材料。

③大容量。磷酸铁锂动力电池的续行里程是同等质量铅酸电池的3~4倍,其优点可使电动汽车在适中质量的前提下,充一次电的续行里程远远大于装有同等质量铅酸电池的电动汽车数倍。

④镍氢、镍镉电池存在较强的记忆效应,普通锂电池也有一定的记忆效应问题,需要尽量"满充满放",会给电动汽车日常使用带来不便,而磷酸铁锂电池无此现象,自放电小;无记忆效应,电池无论处于什么状态,都可随充随用,无需先放完再充电。

⑤体积小、质量轻。同等规格容量的磷酸铁锂电池的体积是铅酸电池体积的2/3,质量是铅酸电池的1/3。

⑥绿色环保。磷酸铁锂电池不含任何重金属与稀有金属,无毒、无污染,符合规定,为绝对的绿色环保电池。铅酸电池中存在着大量的铅,在其废弃后若处理不当,将对环境构成二次污染,而磷酸铁锂材料在生产及使用中均无污染。因此,该电池被列入了"十五"期间的"863"国家高科技发展计划,成为国家重点支持和鼓励发展的项目。因此,选择磷酸铁锂作为电动汽车电池将是一种具有长远战略意义的明智选择。

总体而言,磷酸铁锂作为锂电池的新一代材料,正以其安全性绝对可靠、循环寿命超长、充放电平台稳定等优点受到全球动力电池专家的大力推崇,无愧为新一代电动汽车绿色动力的核心产品。

5.石墨烯电池

2015年1月,中国石墨烯产业技术创新战略联盟军工应用委员会在哈尔滨成立,以"军工企业+石墨烯应用单位"的合作模式搭建石墨烯军用推广的重要平台。中航工业、航天科技、航天科工、中船重工等集团均有出席。而中航工业集团在2015年11月宣布进军石墨烯产业,前期投资9亿元,未来将投入百亿规模。2014年石墨烯的行情中,也带动了军工行情,这是因为部分军工涉及了石墨烯产业。

在石墨烯行业上,美国和日本是最先进行石墨烯研究的,但就目前情况而言,在专利上,中国、韩国和美国分别占领了前三名,中国占46%,韩国占20%,美国占18%。但是对于石墨烯的研究上,并非是专利上占比较多就说明该国对于这方面比较有优势。从石墨烯研究上,还是以美国为首,美国是最先进入石墨烯研究领域,并且其研究方向较为全面,其次是韩国及日本。美国全方面布局,韩国纳米器件领域处于领先优势,而中国只是在石墨烯材料的制备及其锂离子电池电极中应用专利较多。值得注意的是,有2/3的专利不在企业,而是在研究机构和大学,这种现象表明了我国的石墨烯产业还没有打开。利用石墨烯制造颠覆性的"超级电池"锂电池的强国是日本和韩国,韩国发明了充电16 s的石墨烯超级手机电池,日本则是研究锂电池外,再研究燃料电池技术。

石墨烯于电池领域应用较为多元化,主要有三大产业化方向:

①正负极导电添加剂,可提升充电速度。

②石墨烯复合电极材料,如硅碳复合负极材料,能够提升电池容量。

③石墨烯功能涂层,降低电池内阻,提升电池寿命。如果能够有效提升动力电池容量并实现快速充电,将直击目前消费电子与新能源汽车电池的两大痛点。从这个角度来看,我们认

为,动力电池可能是石墨烯真正爆发性应用的契机。

五、燃料电池

氢燃料电池的燃料是氢和氧,生成物是清洁的水,它本身工作不产生一氧化碳和二氧化碳,也没有硫和微粒排出。因此,氢燃料电池汽车是真正意义上的零排放、零污染的汽车,是解决当今交通能源和环境问题的最佳方案之一,代表着汽车未来的发展方向。

燃料电池

燃料电池也不需要像其他电池那样进行长时间的充电,它只需要像给汽车加油一样补充燃料即可达到与燃油车一样的行驶里程。燃料电池电动汽车的行驶里程仅与燃料箱中的燃料有关,而与燃料电池的尺寸无关。

1.燃料电池的基本工作原理

燃料电池是一种化学电池,它利用物质发生化学反应时释出的能量,直接将其变换为电能。从这一点看,它和其他化学电池如锰干电池、铅蓄电池等类似。但是,它工作时需要连续地向其供给活物质(能起反应的物质)——燃料和氧化剂,这又和其他普通化学电池不一样。它是把燃料通过化学反应释放出的能量转变为电能输出,因此被称为燃料电池。具体来说,燃料电池是一种将储存在燃料和氧化剂中的化学能,通过催化剂的作用,等温、高效、无污染地转化为电能的发电装置,其反应过程不涉及燃烧,能量转化率可高达80%,实际使用效率是普通内燃机的两倍以上。其燃料除氢气、石油外,还可使用天然气、甲醇、煤以及其他非石油基燃料。由于汽油中含有大量氢,世界各公司正在寻找合适的催化剂,以将汽油中的氢分解出来,供燃料电池使用。

燃料电池的组成与一般电池相同。其单体电池是由正负两个电极以及电解质组成,即燃料氧化反应的阳极(氢电极)A、氧气还原反应的阴极(氧电极)C 和电解质 E。其工作原理如图 3-9 所示。图 3-9 中,阳极 A 为燃料和电解质提供了一个接触面,在催化剂作用下发生氧化反应并输出电子到外电路。另外,阴极 C 为氧气和电解质提供了一个接触面,在催化剂作用下发生还原反应,并从外电路接收电子。在阳极 A 和阴极 C 之间,电解质 E 用于传递燃料反应的离子,并和氧化电极反应,而且还用于传递电子。

工作时向负极供给燃料(氢),向正极供给氧化剂(空气,起作用的成分为氧气)。氢在负极分解成正离子 H^+ 和电子 e^-。氢离子进入电解质中,而电子则沿外部电路移向正极。用电的负载就接在外部电路中。在正极上,空气中的氧同电解液中的氢离子吸收抵达正极上的电子形成水,这正是水的电解反应的逆过程。利用这个原理,燃料电池便可在工作时源源不断地向外部输电,因此也可称其为一种"发电机"。

根据电解质的类型不同,燃料电池可分磷酸型、碱性型、熔融碳酸盐型和固体氧化物型等几种。除了使用氢气作燃料外,一氧化碳和甲醇也被某些电池作为燃料,但是,这些燃料电池的反应生成物为二氧化碳而非纯净的水。

1)酸燃料电池

(1)酸燃料电池的性能

酸燃料电池的电解质含有磷酸物质。磷酸物质在 225 ℃ 以下的温度范围内工作稳定,在 150 ℃ 以上导电性能良好,在工作范围内能有效地排除生成物水和多余的热量。

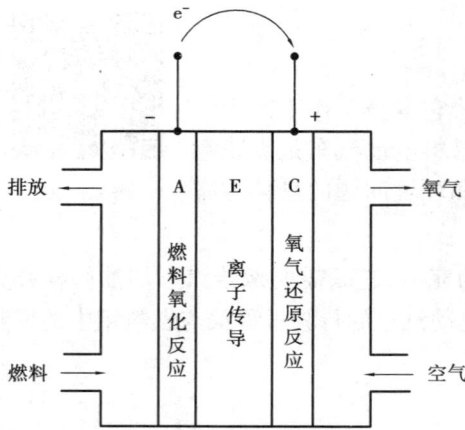

图 3-9　燃料电池工作原理示意图

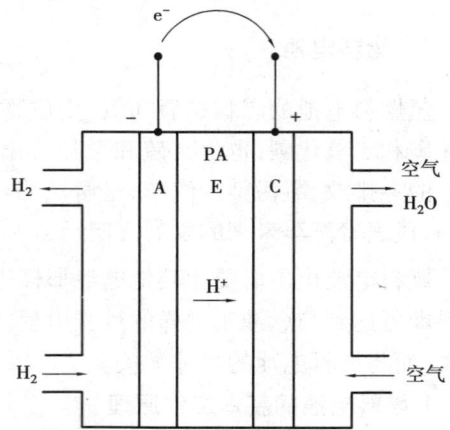

图 3-10　磷酸燃料电池(PAFC)的工作原理示意图

磷酸燃料电池(PAFC)是一种达到实用程度的酸燃料电池。磷酸燃料电池工作条件为:工作温度 150～210 ℃;工作环境气压为一个或稍高的大气压;功率密度 0.2～0.25 W/cm²;预计寿命超过 40×10³ h。磷酸燃料电池的主要缺点是使用了昂贵的金属催化剂。

(2)酸燃料电池的工作原理

酸燃料电池的特点是导电离子为氢离子,使用铂或铂合金作电极反应催化剂。其工作原理如图 3-10 所示。

酸燃料电池的工作原理可由以下电化学反应式表示

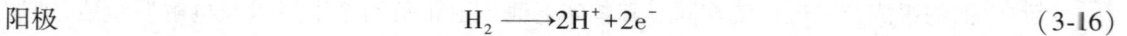

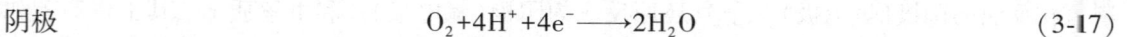

$$阳极 \qquad\qquad H_2 \longrightarrow 2H^+ + 2e^- \qquad\qquad (3\text{-}16)$$

$$阴极 \qquad\qquad O_2 + 4H^+ + 4e^- \longrightarrow 2H_2O \qquad\qquad (3\text{-}17)$$

2)碱燃料电池

(1)碱燃料电池的性能

碱燃料电池(AFC)工作条件为:工作温度 60～100 ℃;工作环境气压为 1 个大气压;功率密度为 0.2～0.3 W/cm²;预计寿命超过 10×10³ h。

与磷酸燃料电池相比,碱燃料电池的造价仅为其成本的 1/5,原因是碱燃料电池采用了低成本的电极反应催化剂。比如,碱燃料电池的阳极采用镍作催化剂,阴极采用锂镍氧化物作催化剂。

较低的工作温度,使碱燃料电池更适合于电动汽车的使用。但是若要使碱燃料电池得到广泛使用,还要面临两大挑战:首先,碱燃料电池的工作温度低于 100 ℃,电池在使用中需要解决降温及水的排出问题;其次,在空气进入电池进行反应之前,必须要先排除二氧化碳。后者的原因是,即使有很少的二氧化碳杂质,也会与电解质中的氢氧化钾反应生成碳酸盐并沉积在多孔状电极附近,影响碱燃料电池的使用性能。

(2)碱燃料电池的工作原理

氢氧化钾由于其氢氧根离子的高导电性,而成为碱燃料电池(AFC)电解质的首要选择。碱燃料电池(AFC)的工作原理如图 3-11 所示。

碱燃料电池的工作原理可由以下电化学反应式表示

阳极　　　$2H_2+4OH^--4e^-\longrightarrow 4H_2O$　　(3-18)

阴极　　　$O_2+2H_2O+4e^-\longrightarrow 4OH^-$　　(3-19)

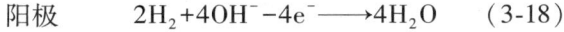

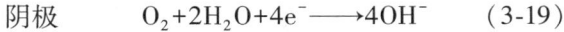

3)质子交换膜型燃料电池

(1)质子交换膜型燃料电池的性能

质子交换膜型燃料电池(SPFC)工作条件
为:工作温度 50~100 ℃;工作环境气压为 1 个
或稍高的大气压;功率密度为0.35~0.6 W/cm^2;
预计寿命超过 40×10^3 h。

与其他燃料电池相比,质子交换膜型燃料
电池用于电动汽车具有明显的优点:

①在燃料电池中,质子交换膜型燃料电池
的功率密度最高。对于燃料电池来说,功率密
度越高其体积就越小。

图 3-11　碱燃料电池(AFC)的工作原理示意图

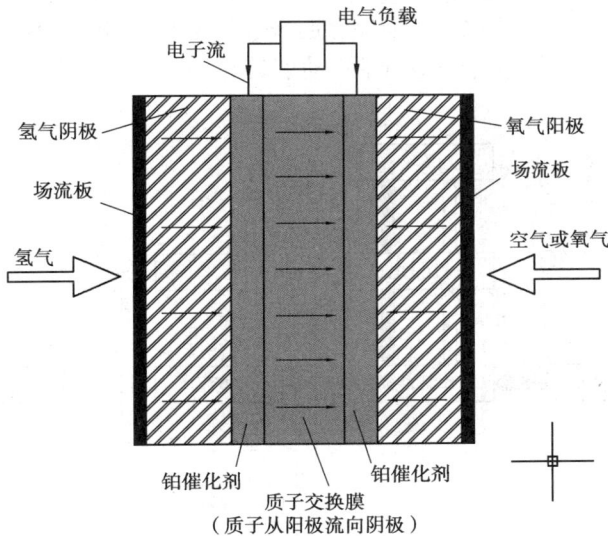

②质子交换膜型燃料电池的工作温度低,启动迅速,更适用于电动汽车的使用。

③质子交换膜型燃料电池采用了固态电解质,不会出现电解液的变形、移动和蒸发。

④质子交换膜型燃料电池中唯一的液体是水,水不存在对燃料电池的腐蚀问题。

⑤质子交换膜型燃料电池对进入电池的二氧化碳不敏感,不会对电池的性能产生影响。

基于以上优点,目前只有质子交换膜型燃料电池最适合电动汽车使用,我国研制成功的
"中国氢动力首号车"使用的就是质子交换膜型燃料电池。

(2)质子交换膜型燃料电池(SPFC)的工作原理

质子交换膜型燃料电池又称为固态聚合燃料电池,使用固态聚合隔膜作电解质。隔膜夹
在两片多孔电极即阳极和阴极之间,使用铂作电极反应催化剂。其工作原理如图 3-12 所示。

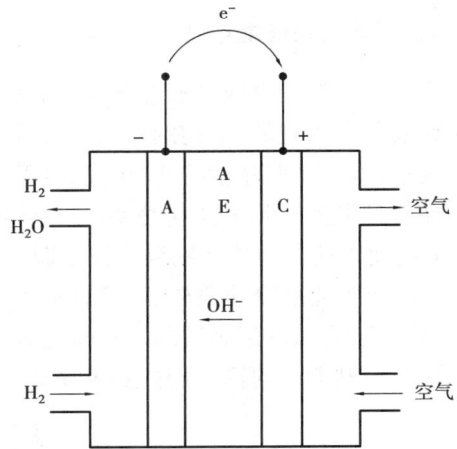

图 3-12　质子交换膜型燃料电池工作原理

六、高速飞轮储能电池

高速飞轮储能电池的概念起源于 20 世纪 70 年代早期,是伴随当时能源危机导致的电动汽车研发热潮出现的,最初的应用对象就是电动汽车。但由于当时各种技术的限制,没有得到实际的应用。直到 20 世纪 90 年代,由于电路拓扑思想的发展和碳纤维材料的广泛应用,这种物理储能型电池得到了高速发展,并且伴随着轴承技术的发展,展示出广阔的应用前景。

1.高速飞轮电池的结构和工作原理

飞轮电池是由高速飞轮、高速轴承系统、集成电机/发电机、机电能量转换控制系统以及附加设备组成,它以高速旋转的飞轮作为机械能量储存的介质,利用电机/发电机和能量转换控制系统来控制能量的输入(充电)和输出(放电)。飞轮电池的结构框图如图 3-13 所示。

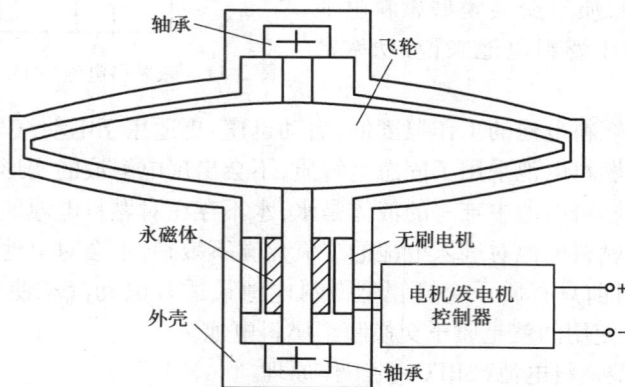

图 3-13 飞轮电池的结构框图

飞轮电池充电时,电机/发电机通过功率转换器接外电源作电机运行,把飞轮转子快速加速到非常高的转速,于是电能转化为动能储存起来。放电时,电机/发电机作发电机运行,通过功率转换器向负荷输出电能,转子转速下降,动能转化为电能。飞轮电池工作原理如图 3-14 所示。

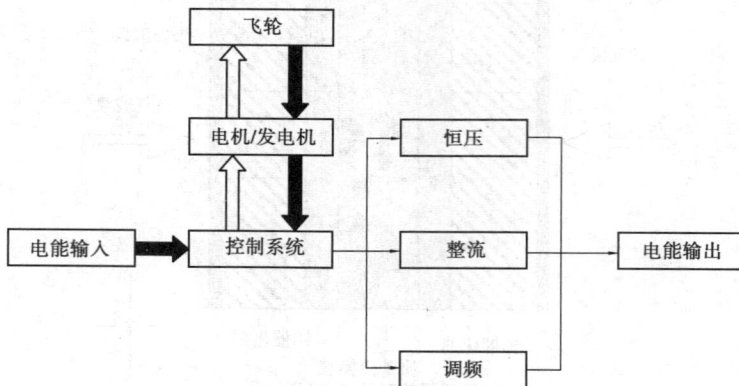

图 3-14 飞轮电池工作原理图

飞轮电池的理论基础是动能定理 $E = \frac{1}{2}j\omega^2$,由此可知,可以通过两种途径来改变能量的存储量。

①增大转动惯量:即增大飞轮的质量或改变其质量的分布,但这样一来可能使飞轮电池变得很笨重。

②增大飞轮的转速:由于高速的飞轮产生很大的离心力,因此要求制造飞轮的材料有很高的抗拉强度。而目前材料科学的发展,已经使通过增大飞轮的转速来提高飞轮电池的储能量成为可能。

2.飞轮的材料

飞轮的材料和结构直接影响飞轮电池的储能效果和安全。目前,高速飞轮基本上都采用复合材料飞轮,主要原因有复合材料的抗拉强度普遍比金属材料高,因而可允许飞轮安全转速很高,极大地提高了储能密度,而且即使因强度不足产生破坏,破坏形式呈棉絮状或颗粒状,而不会产生像金属材料那样呈块状破坏,因而破坏力远没有金属材料大。飞轮最大储存的能量与飞轮材料的抗拉强度成正比,因此选择高抗拉强度的材料是提高飞轮储能的关键。而在所有材料中,纤维复合材料的抗拉强度最高,因此在中高转速(高速 ≥30 000 r/min,中速 3 000 ~ 10 000 r/min)的飞轮电池中基本都采用纤维复合材料制造的飞轮,尤其是碳素纤维复合材料飞轮。常作为飞轮电池转子的复合材料主要是纤维增强聚合物基复合材料,其中增强体主要有碳素纤维和玻璃纤维两种,而基体主要有热固性聚合物基环氧树脂、聚酰亚胺树脂或双马树脂等。

3.高速飞轮电池的充放电

飞轮电池所谓的充电和一般电池的充电是不同的,由于飞轮电池是以动能的形式来储存能量,因此飞轮电池的充电过程就是提高飞轮转速的过程,即使集成电机加速的过程。在飞轮电池的放电过程中,集成电机作为发电机而工作,其输出电压为近似的正弦波电压,随着能量的释放,飞轮转速也逐渐下降,电机的输出电压幅值也随之变小。

飞轮电池的等效电路如图 3-15 所示。图中为电机和二极管全波整流桥所构成的电路,功率管 VF 用来进行电压的调节,R_L 和 L_L 为负荷的等效电路。

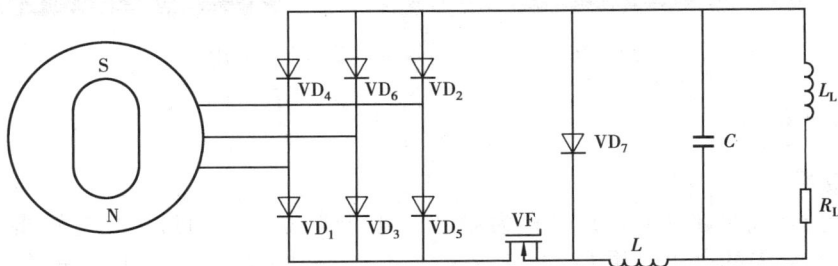

图 3-15　飞轮电池放电状态下带负荷等效电路

4.高速飞轮电池在新能源汽车中的应用

早在 20 世纪 50 年代,瑞士 Derlikon Energy 公司即制造了第一辆由飞轮系统独立供能的旅行车。飞轮直径 2.4 m,质量为 1 500 kg,转速达到 3 000 r/min。在 Yver-don 市的街道上行驶,正常载客 70 人的汽车,一次充电能行进约 500 m,为飞轮电池在汽车上的应用提供了实践基础。1987 年德国首次开发出车载内燃机飞轮电池混合动力电动汽车,飞轮吸收汽车制动时 90% 的能量,并在需要短时加速时释放出来以补充内燃机的功率要求,可以使内燃机工作在最佳的工况下,既节能又提高了机器寿命。据估计,合理地配置飞轮电池,能够提高燃油效率30%,并能减少废气排放量75%。美国飞轮系统公司(AFS)采用纤维复合材料制作飞轮,研制出的飞轮电池,已成功地把一辆克莱斯勒 LHS 轿车改成电动轿车 AFS20,该车由 20 节飞轮电池驱动,每节电池直径 230 mm,质量 13.64 kg;电池用市电充电需 6 h,快速充电只需 15 min。一次充电可行驶 600 km,而原型 LHS 汽车为 520 km。其加速性能从 0 到 96 km/h 只需 6.5 s。从 2002 年开始美国飞轮系统公司同美国交通部合作开发用于混合动力客车的先进飞轮电池。美国 Tex-as 大学的 Texas 电动汽车计划小组,已经研究出可以存储能量为 2 kW·h、功率可达100~150 kW 的飞轮电池,主要用于电动汽车,如图 3-16 所示,目前已经完成了第一阶段的测试。美国一家汽车公司与美国飞轮系统公司合作,推出了四门豪华型电动汽车 ASF20,该车用20 节飞轮电池驱动,电池直径为 229 mm,每节质量约 13.6 kg。与通用汽车公司生产的"GM冲击 3"型电动汽车相比,各项指标均令人鼓舞:"GM 冲击 3"用的铅酸电池每充电一次可以行驶 129 km,而新型飞轮电池每充电一次可以行驶 560 km;加速性能十分优越,时速从 0 增至96.6 km/h 只需 6 s,飞轮电池的使用寿命为 25 年,一次充电约需 15 min。

图 3-16　高速飞轮电池在电动车上的应用

七、超级电容

1.超级电容

超级电容器(简称超级电容),又称为双电层电容器,是一种通过极化电解质来储能的电化学元件,它在储能的过程中并不发生化学反应,且过程是可逆的,可以反复充放电数十万次。超级电容可以被视为悬浮在电解质中的两个无反应活性的多孔电极板,在极板上加电,正极板吸引电解质中的负离子,负极板吸引正离子,实际上形成两个容性存储层,被分离开的正离子在负极板附近,负离子在正极板附近。与传统的电容器和二次电池相比,超级电容的比功率是电池的 10 倍以上,储存电荷的能力比普通电容器高,并具有充放电速度快、循环寿命长、使用温度范围宽、无污染等优点,是一种非常有前途的新型绿色能源。

超级电容器比同体积的电解电容器容量大 2 000~6 000 倍,功率密度比电池高 10 000 倍,可以大电流充放电,充放电效率高,充放电循环次数可达 100 000 次以上,并且免维护。超级电容器的出现填补了传统的静电电容器和化学电源之间的空白,以其优越的性能及广阔的应用前景受到了各国的重视。

超级电容的分类方式有以下几种：

（1）按照电极材料分类

①以活性炭粉末、活性炭纤维、炭气凝胶、纳米炭管、网络结构活性炭为电极材料的超级电容器。

②以贵金属二氧化钌、氧化镍、氧化锰为电极材料的超级电容器。

③以聚泌咯、聚苯胺、聚对苯等聚合有机物为电极的超级电容器。

（2）按工作原理不同分类

按工作原理不同，超级电容器分为双电层型超级电容器和赝电容型超级电容器。

双电层型超级电容器的电极材料有活性炭电极材料、碳纤维电极材料、碳气凝胶电极材料和碳纳米管电极材料等，采用这些材料可以制成平板型超级电容器和绕卷型溶剂电容器。平板型超级电容器，多采用平板状和圆片状的电极，另外也有多层叠片串联组合而成的高压超级电容器，可以达到 300 V 以上的工作电压。绕卷型溶剂电容器，将电极材料涂覆在集流体上，经过绕制得到，这类电容器通常具有更大的电容量和更高的功率密度。

赝电容型超级电容器包括金属氧化物电极材料与聚合物电极材料，金属氧化物材料作为正极材料包括 $NiOX$，MnO_2，V_2O_5 等，活性炭作为负极材料制备超级电容器。导电聚合物材包括 PPY，PTH，PAni，PAS，PFPT 等，经 P 型、N 型或 P/N 型掺杂制取电极，以此制备超级电容器。这一类型超级电容器具有非常高的能量密度。

（3）按照结构形式分类

按照结构形式分类，可分为对称型与非对称型。

两电极组成相同且电极反应相同，但反应方向相反，称为对称型；两电极组成不同或反应不同，称为非对称型。

（4）按电解质类型不同分类

按电解质类型不同，超级电容器可以分为水性电解质型和有机电解质型。

水性电解质超级电容器又可分为以下 3 种：

①酸性电解质，多采用36%的 H_2SO_4 水溶液作为电解质。

②碱性电解质，通常采用 KOH，NaOH 等强碱作为电解质，水作为溶剂。

③中性电解质，通常采用 KCl，NaCl 等盐作为电解质，水作为溶剂，多用于氧化锰电极材料的电解液。

有机电解质电容器通常采用 $LiClO_4$ 为典型代表的锂盐，$TEABF_4$ 等季铵盐作为电解质，如 PC，ACN，GBL，THL 等，作为溶剂，电解质在溶剂中接近饱和溶解度。

2.超级电容的结构和工作原理

（1）超级电容器的结构与容量

超级电容器在电极与电解液接触面间具有极高的比电容和非常大的接触表面积，通过极化电解质来储能。

超级电容器主要利用电极/电解质界面电荷分离所形成的双电层，或借助电极表面快速的氧化还原反应所产生的法拉第准电容来实现电荷和能量的储存。它是一种电化学元件，但其储能的过程并不发生化学反应，这种储能过程是可逆的，因此，超级电容器可以反复充放电数十万次。超级电容器具有功率密度大、充电时间短、使用寿命长、充放电效率高等优异特性，被

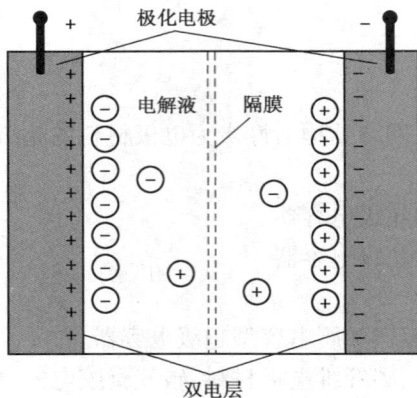

图 3-17　典型双电层超级电容的基本结构

广泛应用于动力系统储存能量。常用作动力电源的超级电容以活性炭为电极材料,其碳电极和电解液界面上的电荷分离产生电动势,其结构如图 3-17 所示。

超级电容单体主要由电极、电解质、集电极、隔离膜连线极柱、密封材料和排气阀等组成。

电极材料一般有碳电极材料、金属氧化物及其水合物电极材料、导电聚合物电极材料,要求电极内阻小、导电率高、表面积大且尽量薄,电解质需有较高的导电性(内阻小)和足够的电化学稳定性(提高单体电压)。电解质材料分为有机类和无机类,或分为液态和固态类。

集电极选用导电性能良好的金属和石墨等材料来充当,如泡沫镍、镍网(箔)、铝箔、钛网(箔)及碳纤维等。

隔离膜防止超级电容相邻两电极短路,保证接触电阻较小,尽量薄,通常使用多孔隔膜。有机电解质通常使用聚合物或纸作为隔膜,水溶液电解质可采用玻璃纤维或陶瓷隔膜。电极的材料、制造技术、电解质的组成和隔离膜质量对超级电容器的性能有较大影响。

超级电容的电量与电压成正比。电容的计量单位为法拉(F)。电容器充上 1 V 电压,如果极板上存储 1 F 电荷量,则该电容器的电容量就是 1 F。

电容器的电容量 C 为

$$C = \frac{\varepsilon A}{d} \tag{3-20}$$

式中　ε——电介质的介电常数,F/m;

　　　A——电极表面积,m^2;

　　　d——电容器间隙的距离,m。

电容器的容量取决于电容板的面积,且与面积的大小成正比,而与电容板的厚度无关。另外,电容器的电容量还与电容板间的间隙大小成反比。

当电容元件充电时,电容元件上的电压增高,电场能量增大电能,电容器从电源上获得电式中电容器存储的能量 E 为

$$E = \frac{1}{2}CU^2 E = \frac{1}{2}CU^2 \tag{3-21}$$

式中　U——外加电压,V。

当电容器放电时,电压降低,电场能量减小,电容器释放能量,可释放的能量为 E。

(2)双电层超级电容工作原理

双电层电容器的工作原理如图 3-18 所示。当外加电压加到超级电容器的两个极板上时,与普通电容一样,其极板的正电极存储正电荷,负极板存储负电荷,在两极板上电荷产生的电场作用下,电解液与电极之间的界面上形成相反的电荷,以平衡电解液的内电场,这时正电荷与负电荷在不同向之间的接触面上,以极短间隙排列在相反的位置上,这个电荷分布层隔膜电解液界面称为双电层,电容量非常大。当两极板间电势低于电解液氧化还原电极电位时,电解

液界面上的电荷不会脱离电解液。随着超级电容器放电,正、负极板的电荷被外电路泄放,电解液界面上的电荷相应减少。由此可以看出,超级电容器的充放电过程始终是物理过程,没有化学反应,因此性能比较稳定。

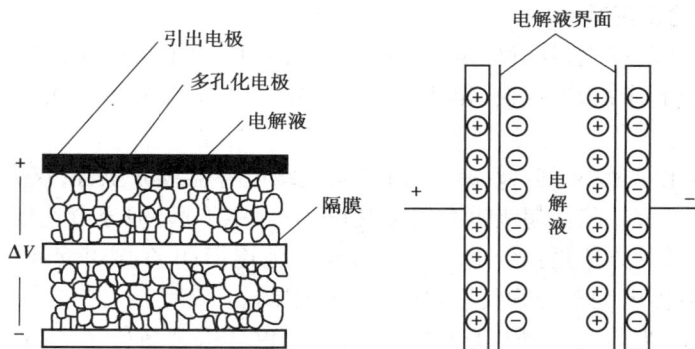

图 3-18　超级电容结构

（3）赝电容器的基本原理

赝电容是在电极表面或者体相的二维或准二维空间上,电活性物质进行欠电位沉积,发生高度可逆的化学吸附/脱附或氧化/还原反应,产生与电极充电电位有关的电容。由于赝电容不仅发生在表面,而且可以深入内部,因而可获得比双电层电容更高的电容量和能量密度。相同电极面积下,赝电容可以是双电层电容量的 10～100 倍,因此可以制成体积非常小、容量大的电容器。但由于贵金属的价格高,主要用于军事领域。目前赝电容电极材料主要为一些金属氧化物和导电聚合物。

3.超级电容器与传统电容器、电池的区别

电化学电容器和电池的运行机理从原理上就不同。对于双电层型超级电容器,电荷存储是非法拉第过程,即理想的没有发生通过电极界面的电子迁移,电荷和能量的存储是静电性的。而对电池而言,实质上发生了法拉第过程,即发生了穿过双层的电子迁移,结果是发生了氧化态的变化和电活性材料化学性质的变化。总的来说,电荷存储过程有以下重要的区别:

①在比能量和比功率两个性能参数上超级电容器位于电池和传统电容之间,循环寿命和充放电效率都远远高于电池。由于使用寿命长,通常都超过了使用设备的寿命,因此超级电容器终身无需维护,加之使用完后对环境要求宽松,无污染,因而又称其为绿色能源。再者,超级电容器车用储电装置是绿色能源,不污染环境,而化学电池对环境有二次污染。

②超级电容器的循环使用寿命长(约 10 万次);化学电池的循环使用寿命短(200～1 000 次),易损坏。

③超级电容器充电速度快(0.3 s～15 min);化学电池的充电时间长,一般要 3～10 h。超级电容器充放电效率高(98%);化学电池的充放电效率低(70%)。

④超级电容器功率密度高(1 000～10 000 W/kg);化学电池功率密度低(300 W/kg)。

⑤超级电容器彻底免维护,工作温度范围宽(−40～70 ℃),容量变化小;在−10 ℃时,铅酸电池电动车续驶里程减少 90%,而超级电容器电动车只减少 10%。

⑥超级电容器电动大客车刹车再生能量回收效率高,常规制动时回收率高达 70%,化学

电池能量回收效率仅为5%。

⑦相对成本低。超级电容器的价格比铅酸电池高1倍,但由于超级电容器的寿命比化学电池高10~100倍,因此超级电容器电动车的综合运营成本大大低于化学电池。

4.超级电容器的使用特性

①超级电容器比功率大,其特性是:充电时,充电量大,充电快;放电时,放电量大,放电快。在电动车辆运行时,起步快,加速快,爬坡有力,功率比铅酸电池大30多倍,这是电动车能压得上最重要的性能。

②超级电容器比能量小,其特性是:同等质量超级电容器续驶里程,仅为铅酸电池的1/3,这是超级电容器的一大缺陷。超级电容器续驶里程短,跑不远,但充电速度快,可以弥补续驶里程短的缺陷。补救的方法是:a.与燃料电池或蓄电池连用;b.在城市交通线路的两头建立充电站,这样超级电容器电动车的续驶里程可以不受限制。

③超级电容器是当前汽车蓄电池的好伴侣,是绿色环保型高科技产品。车辆安装了超级电容器,既为使用车辆带来了方便,也减少了蓄电池的使用量,减少了一份铅污染。

超级电容器作为一种快速储能元件,具备发动机和蓄电池的优点,单独使用不一定能满足设计需要,但可以和其他储能元件联合起来使用,以满足设计要求。

5.超级电容在电动汽车上的应用

大功率的超级电容器对于电动汽车的启动、加速和上坡行驶具有极其重要的意义。在汽车启动和爬坡时快速提供大功率电流;在汽车正常行驶时由蓄电池快速充电;在汽车刹车时快速存储发电机产生的大电流。这样可以减少电动汽车对蓄电池大电流充电的限制,大大延长蓄电池的使用寿命,提高电动汽车的实用性。鉴于电化学超级电容器的重要性,各工业发达国家都给予了高度重视,并成为各国的重点战略研究和开发项目。

1)在纯电动车上的应用及发展

超级电容对整车动力性能的影响主要在于对续驶里程的影响。超级电容的容量、能量密度、放电深度、功率密度等性能参数都会影响车辆行驶的能量消耗和续驶里程。

国内已研究出的用超级电容器作储能器件的电动客车,只需充电15 min便能连续行驶25 km,而最高时速可达52 km,在续驶里程、最高车速等方面达到了国际先进水平。

该项目在整车控制技术、电驱动技术、电容管理均衡技术方面实现了突破和创新。这种超级电容电动客车的研制为国内首创,其性能指标达到了国际同类产品的先进水平。

将超级电容器应用到电动公交车上已经是一个很热门的应用。2010年上海世博会首次采用新能源汽车——超级电容车作为交通工具。超级电容城市公交客车充分利用了超级电容器卓越的快速充放电能力、超长的使用寿命以及安全可靠等特点。车辆实际运营过程中,利用在终点站或乘客上下车时间完成快速充电,充电时间只需30 s~3 min,一次充电满载运行(带空调)5~8 km,能量回收效率达20%~40%,百千米耗电小于100 kW·h,能耗费用是普通燃油车的1/3。这样既不影响乘客的乘车时间,又不会像现在的有轨电车那样车顶上必须有两个"辫子",同时省去了电车轨道设置的费用,看起来也更美观,体现了绿色环保公共交通的产业发展方向。

超级电容器的缺点就是能量密度小,充电一次只能跑很短的路程,但其充电速度快,充完就可以接着跑。跟铅酸电池比较这一点要好很多,铅酸电池充一次电要5~8 h。因此,只要在线路上合适的地方建立一个超级电容器电动大客车充电站就可以了,而投资建设一个这样的充电站的费用比建一个加油站少得多,也比建设一个同样规模的加气站或电池充电站省钱。

2)在混合动力汽车上的应用

混合电动车中应用超级电容器最大的优势,就是充分发挥超级电容器在低转数、大负荷情况下能量基本不受损失,避免内燃机在低转速、大负荷,高转速、高负荷费油的状态下运行,使发动机永远在最佳状态下运行,混合电动车能节油 30% ~ 50%,减少污染 70% ~ 90%。

(1)混合电动车启动时超级电容器的应用

混合电动车的动力系统是以燃油发动机作为主要动力,其电力能量储藏系统通常是二次电源,而目前所应用的二次电源存在很多缺点,有待大幅度改进,而这些问题可以用超级电容器在低转数、大负荷情况下能量基本不受损失的特性,避免内燃机在低转速、大负荷,高转速、高负荷费油的状态下运行,使发动机永远在最佳状态下运行。在内燃机车的电启动系统中采用超大容量电容器辅助启动装置,显示了较突出的优势,主要表现在:

①由于启动功率的增加,缩短了柴油发电机组的启动时间。柴油机旋转加速度增加,提高了燃油点燃质量。

②降低了启动时蓄电池组的最大电流负荷,有助于延长蓄电池的使用寿命。

③确保了启动的可靠性,特别是在低温以及蓄电池组亏电或参数变坏时尤为明显。

④在现有蓄电池技术状况下,可以有效减小蓄电池容量。

(2)混合电动车低载荷工况时超级电容器的应用

在车辆处于低载荷工况时,内燃机驱动车辆行驶的同时,发电机开始工作,向超级电容器和蓄电池充电,发电机的负荷使得内燃机工作在高效率区域。

(3)混合电动车再生制动时超级电容器的应用

汽车在行驶过程中至少有 30% 的能量因热量散发和制动而消耗掉,刹车、停车、减速、下坡阶段,特别是在城市行驶,经常遇到红灯,这样不仅造成能源浪费,而且增加环境污染。如能把制动所消耗的能量回收起来用于汽车启动、加速,可谓一举两得。由于蓄电池充电是通过化学反应来完成的,所需时间较长,但制动时间较短,因而回收能量效果不佳。超级电容独有的特性非常适合用于制动过程中能量回收,能吸收 70% 的动能,尤其对于城市公共交通,能节省大量的燃料,而且成本较低,因而应用前景广阔。

除了用于动力驱动系统、制动回收系统外,超级电容在汽车零部件领域也有广泛的应用。例如,未来汽车设计使用的 42 V 电系统(转向、制动、空调、高保真音响、电动座椅等),如果使用长寿命的超级电容,可以使得需求功率经常变化的子系统性能大大提高。另外,还可以减少车内用于电制动、电转向等子系统的布线。

八、电动汽车的电池管理系统

1.电动汽车的电池管理系统作用

电池系统是电动汽车的关键零部件,它对电动汽车的续驶里程、加速能力和最大爬坡度等性能都会产生直接的影响。由于蓄电池特性高度的非线性、结构的特殊性,因此在加热、过充/过放、振动、挤压等滥用条件下可能导致电池寿命缩短以致损坏,甚至会发生着火、爆炸等事件,从而对电动汽车的可靠性、安全性及使用性能造成严重影响。因此,为确保电池的性能良好,延长电池的使用寿命,电动汽车设置了专门的电池管理系统(BMS)。

电池管理系统是电动汽车必备的重要部件,与电池系统、整车控制系统共同构成电动汽车的三大核心技术。电池管理系统作为电池保护和管理的核心部件,不仅能保证电池安全可靠的使用,而且能充分发挥电池的能力和延长其使用寿命,是电池和车辆管理系统以及驾驶者沟通的桥梁。电动汽车由电池管理系统对电池进行合理有效的管理和控制,适时监测动力蓄电池的状况,保障正常的运行。因此,电池管理系统对于电动汽车性能起着越来越关键的作用。

电池管理系统一般由传感器、中央处理器和动力总成单元、通信单元及执行单元等组成。电池管理系统的基本作用是防止过充电,避免深度放电,温度控制,电池组件电压和温度平衡,预测电池的剩余电量(SOC)和还能行驶的里程及电池故障诊断。电池管理系统的主要作用以及相应的传感器输入和输出控制见表3-4。

表3-4 电池管理系统的主要作用以及相应的传感器输入和输出控制

作用	传感器输入的信号	执行器件
防止过充电	电池电压、电流和温度	充电机
避免深度放电	电池电压、电流和温度	电动机功率转换器
温度控制	电池的温度	空调机
电池组件电压和温度平衡	电池电压和温度	平衡装置
预测电池的剩余电量和还能行驶的里程	电池电压、电流和温度	显示装置
电池故障诊断	电池电压、电流和温度	非在线分析装置

2.电池管理系统应具备的功能

电动汽车的电池管理系统应具备以下功能:

(1)基本功能

①监测单体电池的工作状况,例如单体电池电压、工作电流、环境温度等。

②保护电池,避免电池工作在极端的条件下发生电池寿命缩短,损坏,甚至发生爆炸、起火等危害人身安全的事故。

(2)主要功能

①电池电压和温度等信息的高速采集。

②实现电池高效率均衡,充分发挥电池集成系统的容量,从而提高电池集成系统的寿命,同时减小热量的产生。

③电池的健康状况和剩余电量的估算和显示。

④高可靠的通信协议(汽车级 CAN 通信网络)。

⑤动力总成技术要保证电池在安全使用的前提下,充分发挥电池的潜力,保证电池的性能,提高电池的寿命。

⑥电池的温度和散热管理,使电池系统工作在温度相对稳定的环境条件。

⑦漏电检测以及复杂的地线设计。

(3)电路保护功能

①过电压和欠电压保护。

②过电流和短路保护。

③过高温和过低温保护。

④为电池提供多重保护以提高保护和管理系统的可靠性。硬件执行的保护具有高可靠性;软件执行的保护具有更高的灵活性。

⑤管理系统关键元器件失效的保护为用户提供第三重保护。

3.电动汽车电池管理系统的工作原理

电动汽车电池集成系统是一个开放的动力系统,它通过汽车级 CAN 总线进行通信,和车辆管理系统、充电机、电机控制器协同工作,以满足汽车以人为本的安全驾驶理念。因此汽车级电池管理系统必须做到满足 TSI6949 汽车零部件质量体系和汽车电子的要求,实现高速数据采集和高可靠性,汽车级 CAN 总线通信,高抗电磁干扰的能力(最高级别的 EMI/EMC 要求)和在线诊断功能,如图 3-19 所示。

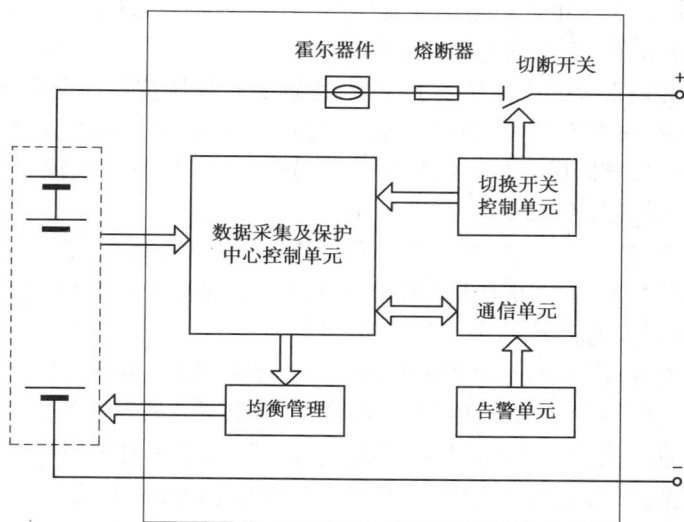

图 3-19　电动汽车电池管理系统的简单框图

电池管理系统与电动汽车的动力电池紧密结合在一起,通过传感器对电池的电压、电流、温度进行实时检测,同时还进行漏电检测、热管理、电池均衡管理、报警提醒,计算剩余容量(SOC)、放电功率,报告电池劣化程度(SOH)和剩余容量(SOC)状态,还根据电池的电压电流及温度用算法控制最大输出功率以获得最大行驶里程,以及用算法控制充电机进行最佳电流的充电,通过 CAN 总线接口与车载总控制器、电机控制器、能量控制系统、车载显示系统等进行实时通信。

电池管理系统(BMS)可实时在线检测蓄电池组电压和单体电池电压的参数,通过软件分析每节单电池状况,有效预测各节电池的供电性能,及时发现性能劣化的故障电池,掌握电池组的运行状况,为电池组精细维护提供测量依据,保证了电池安全无故障运行,降低维护人员的劳动强度,提高了工作效率和测试的安全性、可靠性。

4.实现电动汽车电池管理系统高性能的措施

电池管理系统在电动汽车的使用中所处位置关键,使用条件复杂,因此其工作性能应安全可靠,应能在复杂的使用条件下可靠工作。因此,在设计、制作高性能的电动汽车电池管理系统中采取了以下措施:

（1）电动汽车电池管理系统层次化、模块化的设计

电动汽车的电池管理系统是由成百上千个电芯单元集成，考虑到汽车空间、质量的分配和安全的要求，这些电芯单元被划分成标准的电池模块，分布在汽车底盘的不同位置，由动力总成和中央处理单元统一管理。每个标准电池模块也是由多个电芯通过并联和串联组成，由模块的电控单元进行管理，通过 CAN 总线把电池模块的信息汇报给中央处理器和动力总成单元。中央处理器和动力总成单元对这些信息进行处理以后，把最终的有关集成系统的信息如剩余电量、健康状况以及电池的能力相关信息等通过 CAN 总线汇报给车辆管理系统。

由于电动汽车中电池的分布环境非常复杂，处于高压、大功率的工作状态，对电磁兼容性（EMC）和抗电磁干扰（EMI）的要求非常高，这就为电池管理系统的设计带来了更大的挑战。

电池管理系统的管理对象是电动汽车电池系统，因此，电池管理系统对应于电池系统的层次化、模块化的设计，是实现电动汽车电池管理系统高性能的可靠措施。

（2）芯片集成技术在电池管理系统中的应用

电动汽车电池管理系统的可靠性要求极高，特别是对高压监控部分和电池均衡部分。由于集成的解决方案少，很多方案采用分立元件搭配而成，导致元件匹配度不好，信号采集的精度下降；外部节点增多，难以做到自动化测试，提高测试成本，降低测试覆盖率，系统可靠性低；外部元件的功耗很难控制；系统尺寸大，成本高。

目前，采用芯片集成技术的电池管理系统方案已成功应用于纯电动车和混合动力车电池模块的电控单元中。芯片集成技术的应用使电动汽车电池管理系统的使用性能得到进一步提高。

（3）电动汽车电池管理系统的多功能产品特性

①显示方式。大液晶屏实时显示单体电池电压、电池组电压、电流、温度、剩余容量（SOC）。

②巡检方式。对单体电池电压、电流、温度进行自动巡检，实时监测。

③报警功能。单体或整组电池电压达到保护电压时或电池温度超过设定值时，声音报警提示并自动记录数据，报告电池劣化程度（SOH）、剩余容量（SOC）状态。

④通信方式。通过 CAN 总线接口或 RS-485 接口与计算机进行实时通信，实现计算机在线监测电池运行状态。

⑤数据传输。数据可以通过标准的 USB 接口和 RS-232 接口转存或直接上传到计算机，解决大容量数据存储问题。

⑥系统管理。漏电检测、热管理、电池均衡管理、报警提醒；计算剩余容量（SOC）、放电功率；根据电池的电压、电流及温度用算法控制最大输出功率以获得最大行驶里程；用算法控制充电机进行最佳电流的充电；通过 CAN 总线接口与车载总控制器、电机控制器、能量控制系统、车载显示系统等进行实时通信。

⑦稳定性。采用先进的微处理器技术，保证了产品的可靠性和稳定性。有良好的抗干扰能力。

5.电动汽车电池管理系统的运行模式

按照电动汽车电池的使用，一般可将电池管理系统分为车载运行模式、整组充电运行模式及单箱充电的运行模式。

（1）车载运行模式

车载运行模式的电池管理系统的结构示意图如图 3-20 所示。电池管理系统在车载运行模式下的作用：一是控制作用；二是显示作用。

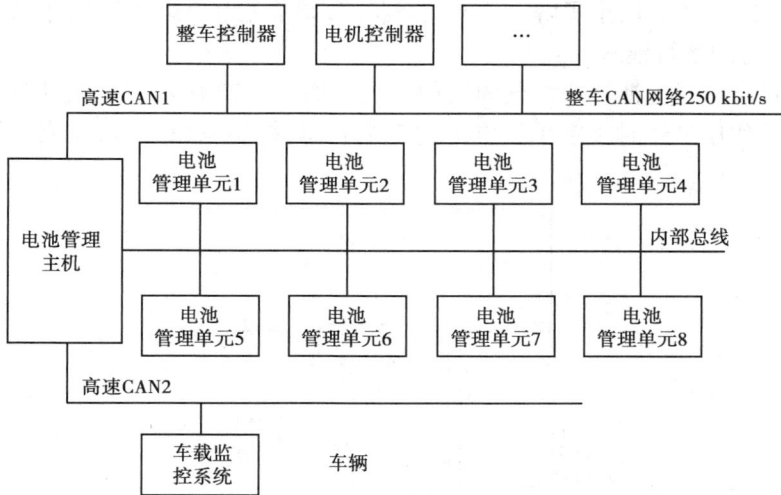

图 3-20 车载运行模式的电池管理系统的结构示意图

①控制作用。电池管理主机通过高速 CAN1 总线将电池的剩余电量、电压、电流和温度等参考量实时地告知整车控制器以及电机控制器等设备,以便采用更加合理的控制策略,既能有效地完成运营任务,又能延长电池的使用寿命。

②显示作用。电池管理主机通过高速 CAN2 总线将电池的详细信息告知车载监控系统,完成电池状态数据的显示和故障报警等功能,为电池的维护和更换提供依据。

(2)整组充电的运行模式

整组充电运行模式电池管理系统的结构示意图如图 3-21 所示。电池管理系统在整组充电运行模式下的作用是实时了解整组电池的充电状态,控制电池充电,完成电动汽车整组电池的充电过程。

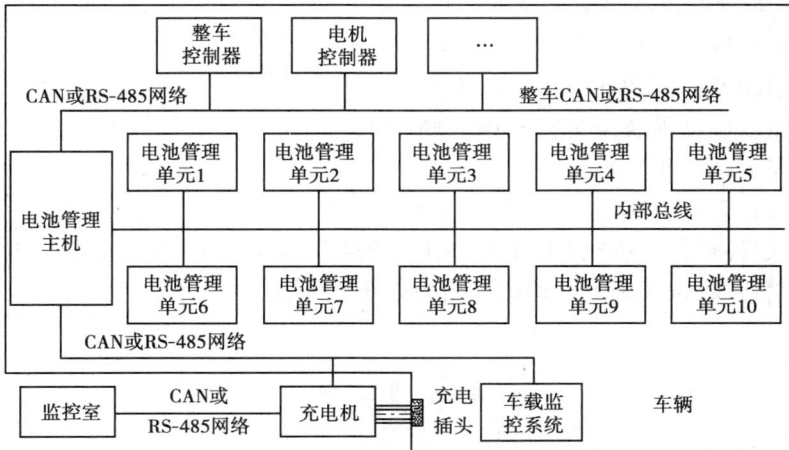

图 3-21 整组充电运行模式的电池管理系统结构示意图

整组充电运行模式下,电池不卸载到地面,充电机的充电线直接插在电动汽车的充电插座上进行充电。此时的车载高速 CAN 或 RS-485 网络加入充电机节点,其余不变。充电机通过车载高速 CAN 或 RS-485 网络了解电池的实时状态,调整充电策略,实现安全充电。

(3)单箱充电的运行模式

单箱充电运行模式电池管理系统的结构示意图如图 3-22 所示。电池管理系统在单箱充电运行模式下的作用是适时了解单箱电池的充电状态,控制电池充电,完成单箱电池的充电过程。

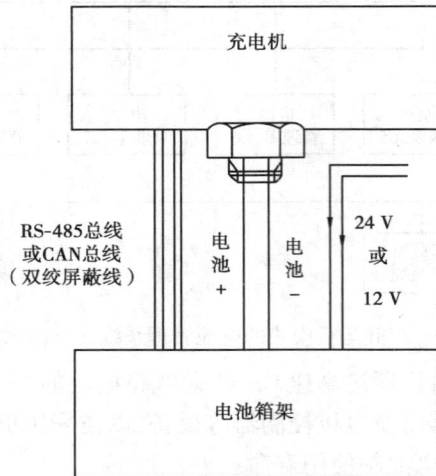

图 3-22　单箱充电运行模式的电池管理系统的结构示意图

由于某种原因,日常补充充电模式下从整车卸载下来的只有电池箱以及电池箱内的电池测控模块,而电池管理主机仍在车上。这样,充电的时候利用电池管理单元的高速 CAN 或 RS-485 网络进行通信,电池管理单元实时地将电池箱内的各单体电池电压、温度和故障等信息告知充电机,实现安全优化充电。

6.电池管理系统的技术参数及指标

①电压测量准确度等级:<0.3%(3~6 V)。

②温度测量误差:<±1 ℃(-40~125 ℃)。

③电流测量准确度等级:0.5%(-300~300 A)。

④SOC 测量误差:<8%。

⑤工作温度:-25~70 ℃。

⑥绝缘电阻检测误差:按照 GB/T 1884.1—1884.3—2001 相关标准对绝缘进行分级。

⑦内部通信协议:按照国家电动汽车相关标准进行统一。

◆ 项目实施

【实施条件】

实施地点和要求:电动汽车实训室的电动汽车充电机性能良好,工作正常。

实施时间:按照教学计划的安排,了解电动汽车充电机的结构和特点。

教学要求:根据电动汽车充电机的数量将学生分成若干小组,每小组 5 人使用电动汽车充电机,指导教师先讲解并现场演示,学生再动手操作。

【实施步骤】

镍氢电池充放电性能测试

1.实验设备

车用镍氢动力电池、万用表、绝缘扳手、绝缘手套等工具及护具若干,HT-V60C17D17-4 动力电池自动检测装置,如图 3-23 所示。

图 3-23　HT-V60C17D17-4 动力电池自动检测装置

2.操作步骤及工作要点

①测试仪与测试仪电源接线。

②将电池充放电测试主线束(图 3-24)航空插头一端连接至 HT-VCD 动力电池检测系统,另一端与测镍氢电池正负极相连。

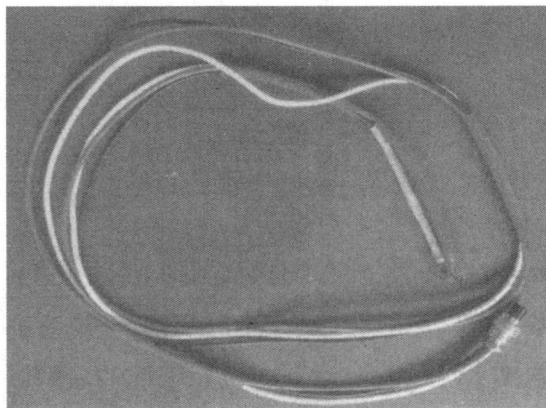

图 3-24　电池充放电测试主线束

③将数据采集线缆(图 3-25)插头一端接至 HT-VCD 动力电池检测系统,另一端的鳄鱼夹分别按正确顺序连接被测电池。

④用网线将设备和计算机连接。

⑤打开计算机和设备的电源,进入 Windows 操作系统,进入 HT-VCD 测试系统软件主界

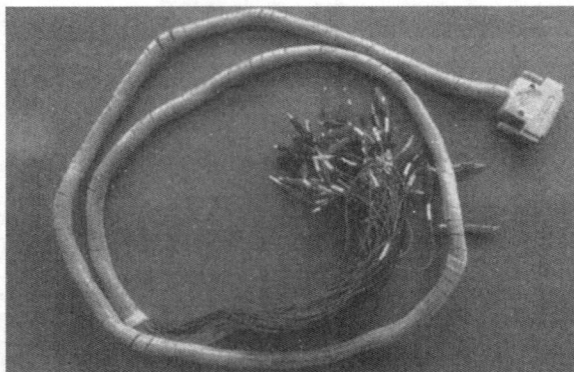

图 3-25　数据采集线缆

面。选择网络模式通信,如图 3-26 所示,设置计算机 IP,初始化通信参数、设备型号参数、颜色设置、打印设置和用户信息等。

⊙ 网络模式通讯（电脑IP与设备IP必须在同一网段内且不重复,设备IP末段与柜号相同）

| 电脑IP地址 | 192.168.1.253 |

图 3-26　网络模式通信

⑥单击"柜号参数",打开每柜参数对话框(图 3-27)选择和设置每柜参数。

每柜参数

| 柜号 | 1 | | 参数拷贝 |

| 设备名称 | MT-VCD(C) |
| 每柜通道 | 2 |

| 通道号 | 1 | | 参数拷贝 |

电压量程(mV)	最大 60000	最小 0
电流量程(mV)	充电 100000	放电 100000
温度(摄氏度)	最大 100	最小 0
曲线显示容量(mAh)	最大 50000	最小 0

图 3-27　参数对话框

⑦设置好每柜参数后,重新打开测控程序,通过"主要设置"→"跟踪巡检设置",确保正在联机的柜号处于被选中状态(打√),按"确定"后,单击"控制部分"→"联机",计算机将读所有巡检柜号的工作状态,如果某柜"通信不成功,将提示"未联机",此时需要检查通信通道,排除存在的问题。网络模式下,可打开计算机"开始"菜单下的"运行"命令,输入 ping 命令,检查计算机与设备联网的接通情况(例如,ping 192.168.1.1),如果网络通信正常将会看到 reply from 设备 IP。如果一台计算机带多台设备,则必须设置跟踪柜号和巡检柜号。

⑧如果通信正常,在电池检测窗口显示的每个通道都在复位状态。

⑨启动工作,设定每通道的工作参数并发送到下位机。进入工步设置窗口,如图 3-28 所示,单击左上角的 🔒 设置流程 选项开锁,按照试验中电池的基本参数对流程进行修改。

工步	工作状态	时间(Min:S)	电流(mA)	功率(mW)	阻值(mΩ)	上限电压(mV)	下限电压(mV)	ΔV(mV)	终止电流(mA)	终止容量(mAh)	终止温度(℃)	时间差(0.2s)
1	恒流恒压充电	50:00	3000			16800			50		50	10
2	搁置	5:00										10
3	恒流放电	50:00	3000				12000				50	20
4	搁置	5:00										10
5	循环	起始工步	1	终止工步	4	循环次数	10					
6	结束											

图 3-28　工步设置窗口

⑩数据处理和打印输出。

单击控制菜单"工步数据",查看电池历史工步数据信息,如时间、电流、容量和终止条件。查看电池充放电曲线,包括:电压—时间、电流—时间、容量—时间、电量—时间、电压—容量曲线等。将曲线和图表转换到 Excel 或 Word 文档中,留备后期数据分析。

⑪断开蓄电池与检测设备之间的主线束连接。

⑫断开动力电池与检测设备之间的数据采集电缆。

⑬测试完毕关闭测试设备总电源开关。

⑭断开测试设备电缆线。

⑮关闭上位机计算机。

⑯通过电源管理系统确认电池状态,如果电池电量不足,则使用充电机进行补充充电。

⑰整理、清洁实验室。

小　结

本项目通过了解电动汽车动力电池的作用、分类、工作原理、电动汽车的电池管理系统,提高读者对电动汽车动力电池的作用、分类、工作原理、电动汽车的电池管理系统的学习兴趣,使读者初步了解电动汽车动力电池、电动汽车的电池管理系统的结构和特点。熟悉电动汽车动力电池的作用、分类、工作原理、电动汽车的电池管理系统,通过现场了解电动汽车动力电池、电动汽车的电池管理系统的工作情况,通过对不同电动汽车动力电池的作用、分类、工作原理、电动汽车的电池管理系统的介绍,使学生知道本学习情景的重要性,激发学习兴趣,使读者初步了解电动汽车动力电池、电动汽车的电池管理系统的工作情况。

思考题

1.简述直流开关稳压电源的分类。

2.论述直流开关稳压电源主控元件的原理和应用。

3.简述高频 PWM-DC/DC 变换器的工作原理。

项目 **4**

电动汽车充换电站的构成与功能

◆项目要求

该项目通过介绍充换电站建设的总体技术方案、充换电站的组成部分、高速公路充换电站的运营模式、电动公共汽车充电站的运营模式、小区电动汽车充换电设施的运营模式,以及对电动汽车充换电站构成与功能的学习,提高读者对电动汽车充换电站的构成与功能的学习兴趣;通过对电动汽车充换电站的构成与功能的总体认知,使读者初步了解电动汽车充换电站的构成与功能的学习内容,同时,加深对电动汽车充换电站的构成与功能知识的理解。

知识要求

1.了解电动汽车充换电站的构成、工作原理。
2.了解电动汽车充换电站的类型和工作特点。

能力要求

1.在现场对电动汽车充换电站进行认识和操作。
2.在现场观察电动汽车充换电站的工作情况和特点。

◆相关知识

电动汽车充换电站是发展电动汽车所必需的重要配套基础设施之一。探讨高速公路电动汽车充换电站的充电模式和建设规模,找出一套在电动汽车充换电站的典型技术方案。详细介绍充换电站的充换电系统、配电系统、监控系统和配套设施等组成部分。探索电动汽车充换电站的运营模式,使充换电站得以顺利运营。

一、充换电站建设的总体技术方案

在高速公路建设电动汽车充换电站与在城市区域、普通道路建设充换电站存在较大的差异,要立足实际,在高速公路充换电站建设过程中实践出一套适合高速公路建设电动汽车充换电站的典型技术方案,既充分考虑电动汽车充电设施建设的便捷性,又满足充换电站功能完善性的要求。

电动汽车充电模式可分为交流充电、直流充电和电池更换3种模式。为方便、快捷地使用电动汽车,高速公路电动汽车充换电站选择电池更换模式。电池更换模式可使动力电池在较短的时间得到更换,可满足用户使用电动汽车像使用燃油汽车一样的续航里程和便捷性的要求。且此种模式对电池实现专业技术维护、合理化配置以及集中均衡充电,可大幅提升电池的使用寿命。高速公路电动汽车充换电站选址一般位于高速公路的服务区内,一个服务区双向各建一座充换电站。每座充换电站占地面积在 300 m² 以内,可分为充换电区、值班室、监控机房和停车位等区域,采用 10 kV 电压等级供电。配置可容纳 60 组电池的充电和储存设备,按一辆电动汽车使用 4 组电池计算,一座充换电站可满足 15 辆电动汽车的使用需求。此外配置电池更换设备和电池检测设备,配置充电监控、配电监控和安防监控等系统。配置智能充换电运营管理系统,租用电信光纤宽带实现数据通信传输。高速公路电动汽车充换电站的典型布局如图4-1所示。

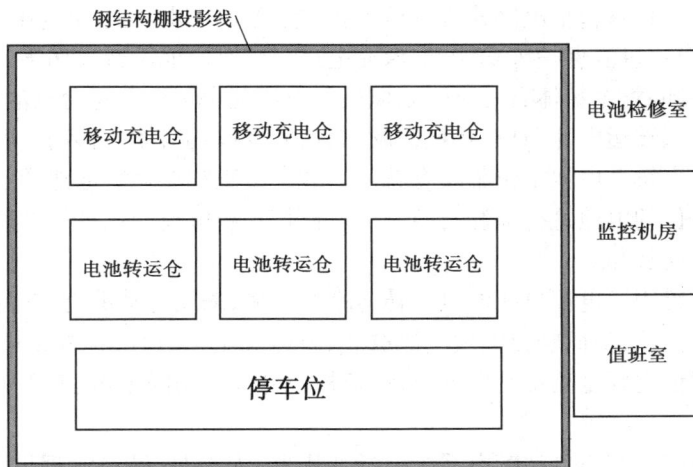

图 4-1 高速公路电动汽车充换电站布局示意图

按此典型技术方案实施高速公路充换电站建设,经某一供电公司的实践,在物资供应充足的前提下一般在 40 天左右完成一座站的建设。目前该供电公司已顺利完成相关服务区等 4 个高速公路服务区 8 座充换电站的建设任务。

二、充换电站的组成部分

高速公路电动汽车充换电站相对于集中充电站来说占地面积小,规模小,其主要由充换电系统、配电系统、监控系统及配套设施 4 个部分组成,如图4-2所示。

高速公路电动汽车充换电站
├── 充换电系统
│   ├── 移动充电仓
│   ├── 电池转运仓
│   └── 电池更换、检测设备
├── 配电系统
│   ├── 变压器
│   ├── 配电箱
│   └── 谐波治理设备
├── 监控系统
│   ├── 充电监控
│   ├── 配电监控
│   └── 安防监控
└── 配套设施
    ├── 值班监控房
    ├── 钢结构棚
    └── 土建部分

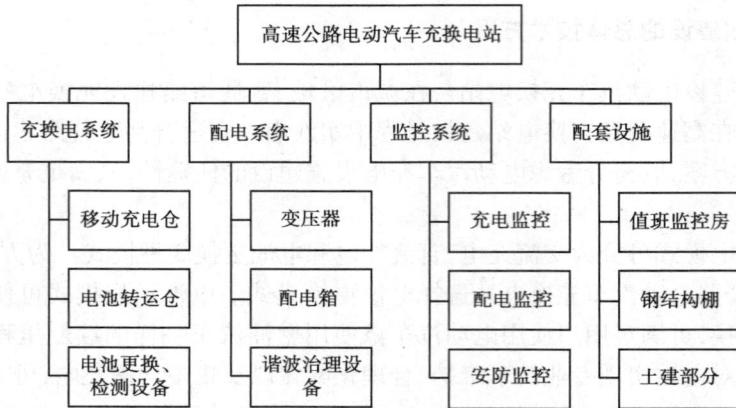

图 4-2　高速公路电动汽车充换电站的组成部分

1.充换电系统

充换电系统是电动汽车充换电站最重要的组成部分。一座高速公路充换电站配置 3 台移动充电仓和 3 台电池转运仓,能同时满足 60 组电池充电和储存的要求。此外配置电池转运小车 1 辆和便携式电池绝缘检测仪设备 1 套。每台移动充电仓配置 20 组的充电机,通过专用充电连接器及充电线连接电池转运仓,给电池转运仓内的电池安全、自动地充电。具有环境控制、通信监测等功能,具备包括电网输入低压保护、电池反接保护、电池电压低压保护、电池电压过压保护、充电模块过温保护等功能,确保充电过程应对电池不造成伤害。移动充电仓可用叉车或吊车方便装卸,整个箱体有带有联动风机与空调配合工作。每台电池转运仓设置 20 个电池工位,用以存放、转运电池,具有环境控制、通信、监测功能,能与移动充电仓通过专用电连接器及充电线连接。每个电池工位都具有就位、充电、停止和故障等电池指示灯。通过内部监控器实现对每个工位的电池进行监测与控制,实现对 20 组电池信息进行管理。电池转运仓也可用叉车或吊车方便装卸。

充换电站内配置用于电池更换的电池转运小车 1 辆,采用电动助力装置更换电池,电池托盘升降高度可自由调节,从而轻松实现电池取放、转运和更换过程,提高换电效率。配置的便携式电池绝缘测试仪主要是测量动力电池正、负极对外壳的绝缘电阻、电压等参数。

2.配电系统

高速公路电动汽车充换电站配电系统包括变压器、配电箱、谐波治理设备、电缆和架空线等。充换电站采用 10 kV 单电源供电,通过配电变压器降压提供 0.4 kV 电源,分配给充换电系统及站内监控、照明等设备用电。根据充换电站用电设备的负荷测算,宜配置 250 kVA 或 315 kVA 容量的变压器。结合现场实际情况,配电系统主设备可选用箱式变压器或杆上变压器与配电箱的组合。其中箱式变压器指由 10 kV 开关设备、变压器、低压开关设备、电能计量装置、无功补偿设备、辅助设备和联结件等元件组成的成套配电设备。杆上变压器与配电箱的组合也是一种电源配置方式,其中配电箱内包含低压开关、电能计量装置和无功补偿等设备。所有电气的设备基础埋件,配电箱、电缆沟及站内非带电金属部件,均需可靠接地。

由于电动汽车充电机属于非线性设备,电动汽车充换电站属于谐波源负荷,需配置有源滤波装置,对谐波电流进行消除,减少谐波的产生。

3.监控系统

电动汽车充换电站监控系统由监控主站、充电监控、配电监控和安防监控等系统组成。其功能为监控充换电站的运行管理,通过接口与运营管理系统实现数据交换,为充换电站安全、可靠和经济运行提供技术手段。监控主站由应用服务器、数据库服务器和数据采集前置机等组成,负责处理存储充电监控、配电监控和安防监控系统实时上传的数据,下发各类控制指令,以图形化人机界面方式展现充换电站的运行状况。充电监控系统的功能是监控站内充换电设施的工作状态,采集模块充电机监控单元的实时信息,向控制室上传数据,处理控制室下发的控制指令,实现对模块充电机的监视和控制。配电监控系统的功能是实时采集和记录充换电站配电系统的运行信息。安防监控系统主要由视频服务器、360°全景摄像机、液晶显示器、烟感报警器、机柜、网络交换机等视频监控设备组成。

4.配套设施

配套设施主要包括值班监控房、钢结构棚及相关土建部分。值班监控房采用钢材质的成品房,可整体吊装、整体移动,便于拆卸,外观简约大方,内部结构合理,分隔成值班室、监控机房和电池检修室等,既解决高速公路电动汽车充换电站用地紧张的限制,又加快了充换电站的建设速度。

在移动充电仓和电池转运仓的放置处,搭建 12 m×13 m 敞开式的钢结构棚,为充换电设备遮阳避雨,并在钢结构棚下完成电动汽车的电池更换操作。土建部分包括场地平整、混凝土浇筑、排水沟和电缆井制作等。充换电站区内排水沟应接入高速公路服务区内的排水系统。此外,充换电站还需配套引导牌、标志牌柱等广告标志。

三、高速公路充换电站的运营模式

高速公路电动汽车充换电站建成后,需要建立相适应的运营模式。尽管目前电动汽车产业发展迅速,但电动汽车的普及还有待时日。现阶段高速公路充换电业务需求量不大,要建立适合实际的高速公路电动汽车充换电站的运营模式。充分利用高速公路服务区的现有资源,委托服务区对充换电站进行管理,对服务区相关人员进行专业培训后开展充换电业务。

电动汽车具有广阔的发展前景,而充换电设施的建设是其发展的前提和基础。开展高速公路充换电站的建设是落实国家新能源政策的重要战略部署,也对智能电网建设有着良好的示范作用。供电公司对高速公路电动汽车充换电站的建设实践,对其运营模式的探索,为将来充换电站的建设和运营提供了宝贵的经验。

四、电动公共汽车充电站的运营模式

据有关统计,我国每辆公交车日行驶里程 220～280 km,消耗燃油 90～120 L,相当于 30 辆私家车的油耗和排放;从管理方面,由于公交车集中管理、统一调配,有着固定的运营模式,能够为充电站建设和管理提供合理的数据支持,因此更有利于推动电动公交车的发展。现有的电动公交充电站管理系统只是对充电设备的状态及充电数据进行了实时监测,并只支持充电记录的本地存储和查看。因此,要设计电动公共汽车充电站充电管理系统。

电动公共汽车充电站管理系统结构图如图4-3所示。该系统通过设计充电设备的统一管理、设备信息的统计分析、充电状态数据和视频结合的监控方式和充电数据对电网的标准接入,实现对充电站可靠运行和电网标准接入。

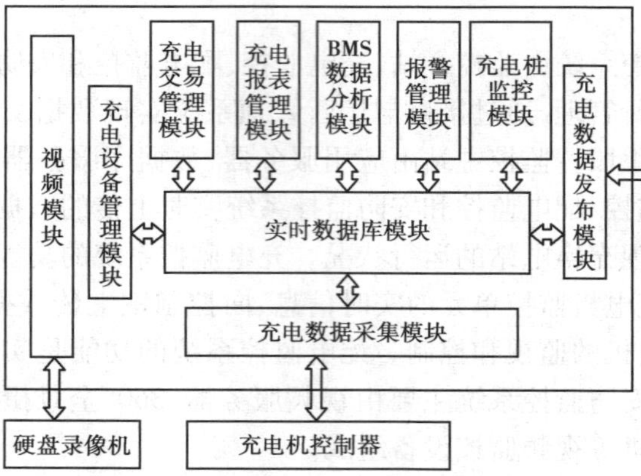

图 4-3　电动公交充电站管理系统结构图

1.充电设备管理模块

现有的充电设备管理只针对充电卡信息进行管理,以便充电交费的统计。由于电动公交车充电站充电设备采用高电压、大电流的直流充电方式,对设备进行有效的管理是充电站可靠运行的保证。设备管理分为整车充电机管理和电动汽车管理。整车充电机管理根据充电机的维修次数、本次运行时长、总运行时长及充电枪的使用次数、充电温度信息生成维护记录。通过统计分析充电机部件故障率来快速定位故障可能性部件;通过分析各个部件运行时间长短生成预维护信息。电动汽车管理分为车辆基本信息、电池信息和充电卡信息。电动公交车和充电卡实施"一车一卡"的方式;并存储电池更换记录、充电卡充费记录和充电卡更换记录。

2.充电交易管理模块

相较于充电交易记录的存储,充电交易管理更注重对充电交易差异性数据的管理。据统计,充电站一天的充电记录达到 1 000 多条,甚至随着电动公交车数量的增加充电记录数在不断地增长,而由充电操作的差异引起充电数据差异只占1%。该模块实现了对充电记录中"充电金额"与"充电电量"差异性进行"红色标亮"处理,能够明确地指出差异性记录,提高管理人员对数据准确性的把握。

3.充电站监控模块

电动公交车充电站完成充电的主体为公交车司机。传统意义上的充电监测通过对能体现充电机状态的数据进行监控,比较单一,值班人员必须在现场才能看到电动公交车司机充电过程,而如果同时多辆车在进行充电,值班人员就有点"顾此失彼"。通过利用视频技术采集安防系统的视频画面实时、形象、真实地反映充电车辆,再结合充电状态数据监测能够很好地把值班人员从现场解放出来,只需在值班室就可以实现对所有充电车辆进行监测。此方式也是对充电站管理可视化的初步实现,是充电站管理无人化值守的重要体现。

本模块结合网络技术、视频技术、通信技术实现对电动汽车运行状况远程监视功能;通过实际的项目实施更加直观地了解客车的充电情况。客车公司远程视频监视系统基于专业充电站内部视频监控系统,通过原有数字硬盘录像机的环通功能分流视频信号到新增数字硬盘录像机上,使客车公司视频网络和专用充电站内部网络彻底分离;利用有线宽带通道实现视频画面的远程输出;同时在公司网站内嵌入视频插件,用户可利用浏览器(或专用的视频监视系统)即可实现对客车充电运行状况远程监视,并可对监视画面进行存储和回放。充电站监控网络图如图 4-4 所示。

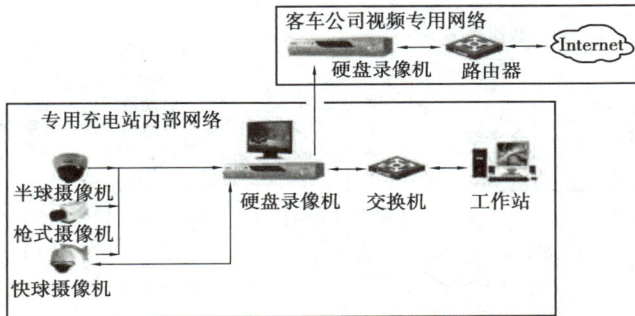

图 4-4　充电站监控网络图

4.BMS 数据分析管理模块

电动汽车的动力来源是由成组的电池构成。目前,国内外电动车基本采用锂离子电池。锂电池具有安全可靠、工作电压高、无记忆效应等优点,但因其能量密度仍较低,造成电动车单次充电续驶里程较短,且电池成组循环寿命低。另外,单体电池使用过程中的环境差异,会加大单体电池间的性能差异,导致性能较差的电池加剧恶化,使电池组的循环寿命相对单体电池大大缩短。如果在公交车行驶间隙采用快速充电,为公交车提供电能补给,将造成电池负极极化,容量严重衰减,从而引起寿命急剧衰减。虽然国内应用的钛酸锂电池从一定程度上提升了电池的使用寿命,但对电池状态的监测分析是保证电动汽车稳定运行的主要手段。借助车载 BMS 实时记录单次充电各个单体电池的荷电状态、电池组 SOC、蓄电池组单体电池的端电压和温度、充电电流及电池包总电压数据。

充电站数据管理系统与充电机控制器连接,可对电动汽车充电过程数据进行实时监测,对过程中产生的过流和过压事件进行记录,同时对充电过程中的电池充电状态进行记录,为进一步优化和开发新型电池、充电器、数据;为充电过程中出现的故障信息提供分析依据;通过统计每辆电动汽车欠数、电池充电时间和充电总电量等数据生成相应的车辆充电报表(或通过的管理系统),便于公交公司对车辆进行管理和维护工作。

5.充电数据发布模块

为把充电站管理纳入到国家电网进行统一管理和规划,相较于现有的充电交易管理只支持本地存储和管理,同时增加远程接入国家电网电动汽车网络运营系统标准接口;数据以"链路层为客户端,应用层为服务端"的方式发布,即充电站数据管理系统主动连接中心运营监控系统;连接建立后,响应来自中心运营监控系统的请求,并主动上传变化数据和充电记录。数据格式分为"数据点"和"数据包"两种。"数据点"表示单个数据变化即可刷新(遥测、遥信);"数据包"表示多个数据表示一个信息变化(记录)。数据传输流程图如图4-5所示。

6.其他功能模块

充电报警管理模块:主要包括充电过流、过压以及过温告警,系统通过结合 GPRS /GSM

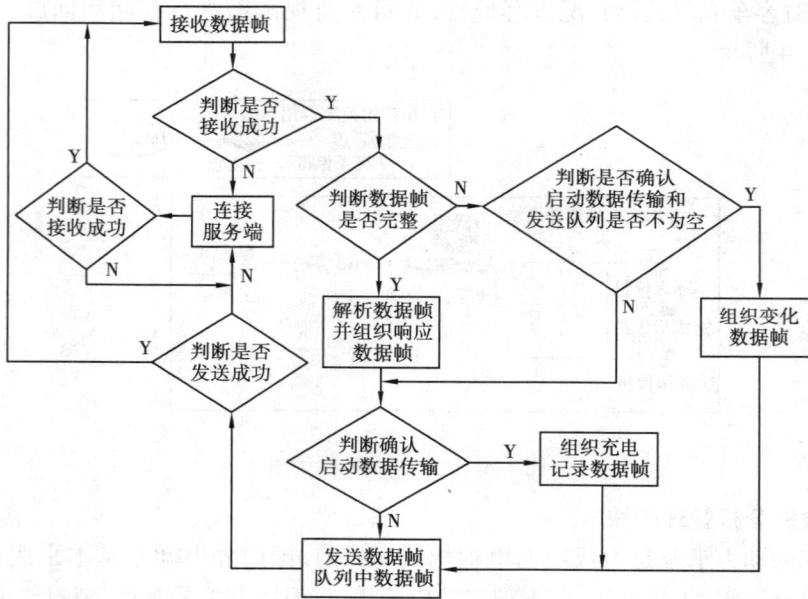

图 4-5 数据传输流程图

无线通信技术实现对充电站管理人员的远程通知。通过对电动汽车充电过程数据进行实时监测,对过程中产生的过流、过压及过温事件进行告警,并可以配置以文件方式、短信方式和声音方式来提示用户;用户可通过时间和充电桩号单个或组合条件查询相应的报警信息,并对查询结果进行打印。

充电报表管理模块:因电动公交充电站的管理涉及公交公司和供电公司,而由于电动公交作为电动汽车的主要研究对象可能还涉及电动汽车公司,面向各方的报表模板根据需求自己定义生成,可手动或自动生成所需报表,如报警信息报表、充电交易记录报表和充电设备统计报表等。

五、小区电动汽车充换电设施的运营模式

除了智能用电小区以外,在其他普通小区当中,电动汽车充换电设施的引入并不是必需的项目。因此在新建普通小区当中,能否进行电动汽车充换电设施的引入,主要取决于开发商的态度。在小区地下停车场中引入电动汽车充换电设施,需要进行强电设施和弱电设施控制系统,通过这两部分进行汽车充电和远程通信管理。大多数的开发商在设计和开发新小区的时候,并不会有意识地给电动汽车充换电设施预留建设位置。

某开发商积极与当地的供电公司进行联系,提出了引入电动汽车充换电设施的要求。在经过一系列的商议和洽谈之后,双方达成一致,由开发商提供场地,供电公司提供相关设备和技术。在实际施工建设的过程中,开发商给予了很大的配合和支持。在地下停车场中选取了最佳的位置建设电动汽车充换电设施,同时在施工过程中提供了极大的便利条件,很快就完成了电动汽车充换电设施引入。

在已经建成的小区中,电动汽车充换电设施的引入要复杂得多,设置存在着较大的困难。由于已建成小区各方面的基础设施与规划布局基本上都已完善,因此如果要在地下停车场引

84

入电动汽车充换电设施,难免会影响到小区的整体布局,具体如图 4-6 所示。

图 4-6　小区地下停车场中的电动汽车充换电设施

在当前社会中,虽然很多人都听说过电动汽车,但是真正的了解并不深入,很多人更是从没听说过电动汽车充换电设施。因此,小区居民对于电动汽车充换电设施也存在着很多的疑问。对此,需要一一进行详细的解答,消除小区居民的顾虑,才能成功地在小区地下停车场中引入电动汽车充换电设施。根据我国对于电动汽车充换电设施的规划,在"十二五"期间,建设了 2 351 座充换电站,22 万余个充电桩。预计到 2020 年为止,将会建成 10 075 座充换电站,506 209 个充电桩。在充电站方面,预计投资总额将达到 323 亿元,在充电桩方面,也将投入超过 125 亿元。

随着电动汽车的普及,也会带动电动汽车充换电设施的发展。在居民小区地下停车场当中,进行电动汽车充换电设施的引入,能够为电动汽车的使用提供极大的便利。

随着超级电容、超级充电桩等设备数量的增多和其性能的不断提高,电动汽车将迎来一个高速的发展过程,尤其是电动汽车与智能电网的融合技术、电动汽车与物联网融合技术,一旦这些前瞻性技术成熟,必将为电动汽车在电网调度的控制下实现有序充电提供可能,以减小对电网的冲击。

(1)电动汽车成为智能电网的一部分

电动汽车与智能电网的融合(Vehicle to Grid,V2G)最近得到美国、德国的重视。V2G 的概念体现了电动汽车与电网的关系,使得电动汽车能与电网协调连接,从而实现最优化的充电模式。理想的 V2G 平台式车辆在非高峰时段自动充电,在高峰时段放电,以替代效率较低的调峰电厂。最近美国和德国就 V2G 技术专门进行了磋商,欲打造一个充满活力、运行效率极高的电网系统。

(2)电动汽车成为物联网的重要组成部分

物联网的定义是:通过射频识别(RFID)、红外感应器、全球定位系统、激光扫描器等信息传感设备,按约定的协议,把任何物品与互联网连接起来,进行信息交换和通信,以实现智能化识别、定位、跟踪、监控和管理的一种网络;未来电动汽车将通过整合全球定位系统(GPS)导航技术、车对车交流技术、无线通信及远程遥感技术和智能交通技术等实现人与车、车与车、车与充电网络等之间的互动,将道路、交通、车辆和充电网络等全部置于计算机控制之下,构成一个复杂高效的管理系统。

通过对上述电动汽车充电站监控管理系统的说明,综合采用了网络技术、通信技术、视频技术及数据库技术实现对电动汽车充电站专业管理。经过现场应用证明,该系统能够很好协助值班人员预处理充电设备故障和快速定位充电设备可能性故障模块,保证充电设备的可靠运行,提高充电设备的充电效率;良好的数据管理方式和数字图像相结合的监控方式实现了充电站管理的无人化和少人化;该系统实现了对国家电网电动汽车网络运营系统的标准接入,充分体现了充电站管理的标准化。"充电站智能化、无人化管理"是个值得深入探讨的话题。多学科的技术结合是实现充电站智能管理的一个重要方向。

◆ 项目实施

【实施条件】

实施地点和要求:电动汽车实训室的电动汽车整车性能良好,工作正常。

实施时间:按照教学计划的安排,了解电动汽车运行技术的结构和特点。

教学要求:根据电动汽车的数量将学生分成若干小组,每小组 5 人使用一套电动汽车运行系统或充电机,指导教师先讲解并现场演示,学生再动手操作。

【实施步骤】

平面充电站的充电系统整体认识

1.整体充电方式

(1)充电机选择类型

充电站的充电机根据其工作原理与整流方式的不同,可以分为相控整流模式和高频开关整流模式。

(2)充电机选型方法

确定最高充电电压;确定最大充电电流;根据最高充电电压和最大充电电流选择充电机;充电机的通信协议满足 NB/T 3303—2010 的要求。

充电机选型方法举例:假如某电动汽车采用的是 100 只 300 Ah 的磷酸铁锂串接的动力电池,则给其充电的充电机的参数为:

充电机的最高充电电压为电动汽车上装载的蓄电池组只数乘以单体电池的最高充电电压,即充电机的最高充电电压为 100×3.9 V＝390 V;充电机的最大充电电流按 0.2 C~C 选择,则充电机的充电电流值范围为 60~300 A。根据以上的计算,选择中型充电机(500 V/200 A)可满足对此电动汽车的正常充电和一定程度的快速充电的要求。

(3)单台充电机的选型

单台充电机的选型参数配置见表4-1。

充电参数

表 4-1　单台充电机的选型参数配置

序号	设备型号	主要性能参数	适用条件
1	大型充电机	输出电压 DC 300~500 V，最大输出电流 400 A	电池只数 70~120，电池容量不大于 2 000 Ah
2	中型充电机	输出电压 DC 300~500 V，最大输出电流 200 A	电池只数 70~120，电池容量不大于 1 000 Ah
3	小型充电机	输出电压 DC 300~500 V，最大输出电流 100 A	电池只数 70~120，电池容量不大于 500 Ah
4	交流充电机	输出电压 AC 200 V	用于具有车载充电机的电动汽车，最大输出功率 5 kW

（4）多台充电机并联工作方式的选型

在电动汽车的充电使用过程中，如果单台充电机不能满足电动汽车对充电时间/充电电流的要求，可采用多台同型号的充电机并联工作，以扩充充电机容量，增大充电机的输出电流。

充电机并联工作后的参数如下：

充电机并联工作后的输出电压与单台充电机的输出电压范围相同；充电机并联工作后的输出电流为单台充电机的输出电流的累加；充电机并联工作后的占地面积为单台充电机占地面积的累加。

2.换电池方式

换电站一般建在土地资源比较宽裕的地点，占地面积很大，需要专用的库房来存放电池组，同时配备必要的电池更换措施。换电站通常还配备直流充电机或交流充电桩，以便对更换下来的电池组进行集中充电。

①充电站采用对电动汽车换电池工作方式的目的。满足电动汽车电池的快速更换需求，降低电动汽车的运营成本，增加运营效益。

②换电池的场所。在充电站内设置电池充电间，配置电池充电架和充电机，并配置电池更换设备，实现更换电池方式。

③更换电池设备的选择。需要配备常规的充电机、电池箱、充电架、电池更换设备等。电池箱根据电动汽车的不同需求进行模块化配置，电池箱内配置电池监控单元和标准充电接口。电池箱的尺寸、箱内电池的只数、电池容量等随电动汽车的不同而不同。充电架内设置电池箱抽屉，通过充电端子和电池箱连接，充电架设置工作、试验和分离 3 个明显的工作位置，充电架设有 BMS 模块，设置散热风道。电池更换设备可选择叉车或更换电池机器人等进行操作。

小　结

本项目通过了解电动汽车充换电站的构成与功能、分类和工作原理，提高读者对电动汽车充换电技术的学习兴趣，使读者初步了解电动汽车充换电技术的结构和特点。熟悉电动汽车充换电技术，通过现场实训了解电动汽车充换电的工作情况，通过对不同电动汽车充换电技术的介绍，使学生知道本学习情景的重要性，激发学习兴趣，使读者初步了解电动汽车充换电站的工作情况。

思考题

1.简述充换电站建设的总体技术方案。
2.论述充换电站的组成部分。
3.论述电动公共汽车充电站的运营模式特点。
4.简述小区电动汽车充换电设施的运营模式。

项目 **5**

电动汽车充电站的交流配电系统

◆ 项目要求

该项目通过了解电动汽车充电站的交流配电系统、硬件系统组成、硬件电路设计、系统程序流程、系统测试,通过对电动汽车充电站的交流配电系统的学习,提高读者对电动汽车充电站的交流配电系统的学习兴趣。通过对电动汽车充电站的交流配电系统的总体认知,使读者初步了解电动汽车充电站的交流配电系统的学习内容,同时,加深对电动汽车充电站的交流配电系统的知识理解。

知识要求

1.了解电动汽车充电站的交流配电系统的构成、工作原理。
2.了解电动汽车充电站的交流配电系统类型和工作特点。

能力要求

1.在现场对电动汽车充电站交流配电系统进行认识和操作。
2.在现场观察电动汽车充电站配电系统的工作情况和特点。

◆ 相关知识

电动汽车充电设备是给电动汽车充电的配套设施,包括充电站、充电桩、电池调度、计费监控及电池设备维护等系统,是推动电动汽车发展的基础设施,属新兴产业之一,是和电动汽车产业化同步发展的。如果没有完善的配套基础充电设施,尤其是作为电动汽车充电设备的主流代表电动汽车交流充电桩得不到发展,电动汽车技术再先进也难以推广。可以说谁掌握了电动汽车能源供给技术,谁就掌握了电动汽车的未来。因此,电动汽车各种相关配套的充电设施的发展很大程度上也决定着电动汽车的发展,在电动汽车产业发展的同时还应该考虑充电设施的发展。目前,国内电动汽车充电设备的建设主要有集中式充电站形式、分布式充电桩以及电池更换3种能源供给模式。国内电动汽车充电站建设情况与国外基本处于同一起跑线。国内五大国企也积极地参与推动电动汽车充电设施的建设。例如,国家电网在杭州已建成投入使用的充电站已达8座,标准充电站5座,标准充电桩两套;南方电网在深圳已投放使用的充电站达两个,充电桩总量达134个。中石化、中石油以及中海油也都在各自的目标市场进行充电设备的建设,抢占市场先机。

电动汽车交流充电桩是提供交流充电电源的设备,其服务对象是带有车载充电机的电动汽车,占地面积小且布点灵活。

电动汽车交流充电接口电路及控制系统采用光电耦合器对数字部分和模拟部分进行隔离,有效减少了两部分相互间的干扰,提高了系统稳定性。同时,也实现了电动汽车充电过程实时监测、信号安全隔离、高效节能及智能化操作目标。

一、硬件系统组成

系统采用模块化设计方案,主要由3部分构成:交流输入控制部分,实现交流供电控制、电能的计量和安全防护等功能;交流输出控制部分,完成充电电缆连接确认、控制导引与车载充电机通信等;中央控制部分,实现系统检测、人机交互、计量收费、业务数据管理、数据通信以及故障诊断等功能。其中,交流输入控制部分和交流输出控制部分构成系统充电主回路。交流充电桩硬件组成如图5-1所示。

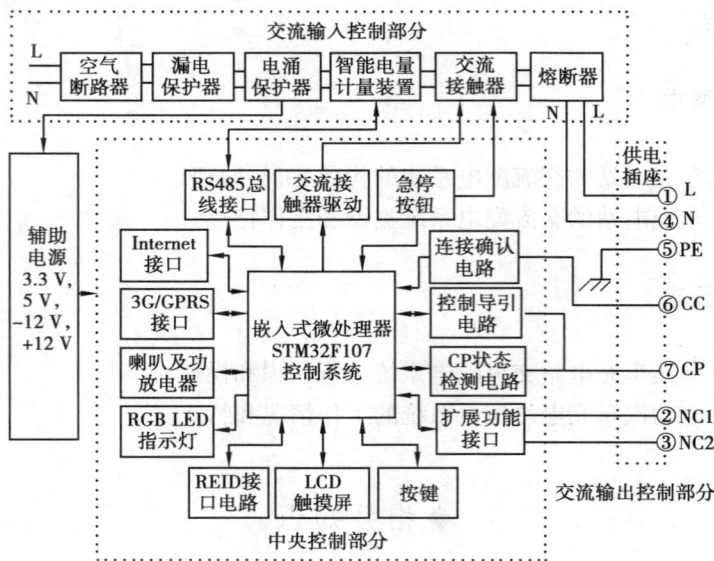

图5-1　交流充电桩硬件组成

硬件系统采用嵌入式微处理器 STM32F107 为控制核心,该处理器是意法半导体公司推出的全新 STM32 系列微处理器中的一款产品。片内集成包括模数转换器(Analog to Digital Converter,ADC)、脉宽调制器(Pulse Width Modulation,PWM)及通用同步/异步收发器(Universal Synchronous Asynchronous Receiver and Transmitter,USART)接口等外设资源。借助这些外设资源极大地简化了电路设计的复杂度,因而,在工业控制和多媒体设备中得到了广泛应用。

图 5-1 中,RS485 总线接口实现智能电量计量模块与处理器 STM32 之间通信接口转换,完成对充电电压和电流的读取;交流接触器驱动电路和急停按钮实现交流接触器主触点的接通和断开,实现交流充电电能的控制;连接确认(Connection Confirmation)电路和控制导引(Control Pilot,CP)电路用于实现交流充电桩充电电缆连接和充电过程控制导引功能;标号①至⑦代表插座的 7 个接触点,其中,L 为火线;N 为零线;PE 为接地保护;CC 为连接确认;CP 为控制导引;NC1 和 NC2 留作扩展用。

二、硬件电路设计

1.RS485 总线接口电路

处理器 STM32F107 通过 RS485 总线接口电路实现与电能计量模块间的信息交互,RS485总线接口电路如图 5-2 所示。采用 MAX485 芯片完成处理器串口通信到 RS485 总线通信协议转换,实现电能消费数据的读取功能。其中,MAX485 芯片的 RO 和 DI 引脚分别接至STM32F107 串口 1 的接收 RXD1 和发送 TXD1 引脚;R_4 为差分数据信号引脚 A 和 B 之间的匹配电阻,阻值为 120 Ω,C_1 为 0.2 μF 的滤波电容。该电能计量模块遵循 DL/T 645—2007 通信规范,数据帧传输格式见表 5-1。

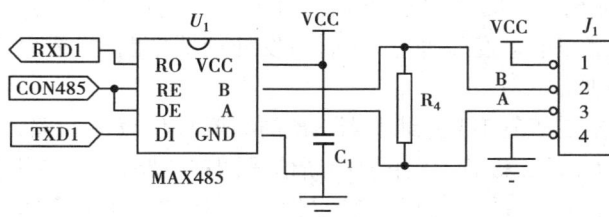

图 5-2 RS485 总线接口电路

表 5-1 数据帧传输格式

说明	帧起始符	地址域						控制码	数据域长度	数据域	校验码	结束符
代码	68H	A0	A1	A2	A3	A4	A5	C	L	DATA	CS	16H

数据域 DATA 包括数据标志、数据和密码等,其内容由控制码来决定。数据传输时逐字节加 33H 处理,接收时减 33H 处理。校验码 CS 为从帧起始符开始到校验码之前的所有字节的模 256 的和,即各字节二进制算术和,不计超过 256 的溢出值。所有数据项均先传送低位字节,后传送高位字节。

2.控制导引原理与电路设计

充电模式 3 连接方式 B 的典型控制导引接口等效原理图如图 5-3 所示。充电桩与充电电缆的连接确认电路及充电桩与车载充电机之间的控制导引电路,是充电桩与充电机、电池管理系统(Battery Management System,BMS)实现信息交换的前提条件。控制导引 CP 线上检测点 1 的电压大小是交流充电桩判断车辆连接状态的依据,该点电压主要由充电电缆连接状态、开关 S2 的状态以及电阻 R_1,R_2,R_3 的大小决定。

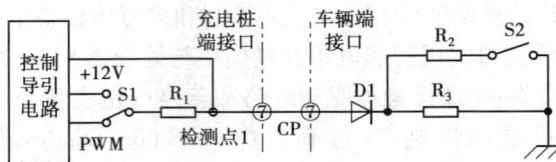

图 5-3 典型控制导引接口等效原理图

3.控制导引参数采集电路

参数采集电路实现充电桩和充电设备之间状态、供电功率等信息的采集功能,主要由集成运放 HA17904 构成的电压跟随器电路和线性放大光电耦合器 HCPL7840 构成的线性隔离放大电路组成。

4.交流接触器驱动及急停按钮识别电路

如图 5-4 所示为交流接触器驱动及急停按钮识别电路。交流接触器线圈通过继电器 KB 的常开触点以及按钮 SW 的常闭触点接到 220 V 电压的 L 端和 N 端。只要处理器 GPIO 端口输出高电平,在 R_{14},R_{15} 和 Q_3 构成的放大电路的驱动下,继电器 KB 触点闭合,从而交流接触器线圈带电,导致其主触点闭合,交流输出控制部分有电能输出。若 GPIO 端口为低电平,则可使正在输出的电能切断。在一些突发状况下,处理器没有主动切断电能时,可以人为按下急停按钮 SW,切断电能输出。此时按钮常开触点闭合,导致端口 INT 为低电平,该端口接到处理器 STM32F107 的外部充电触发引脚上,从而引发处理器中断,完成急停按钮被按下的动作识别,并作出相应的处理。

图 5-4 中,快速恢复二极管 D3 为继电器 KB 的线圈提供续流回路,对继电器起到保护作用;电阻 R_{16}、R_{17}、电容 C_9 及二极管 D4 组成中断信号调理电路,以减少干扰信号通过处理器中断引脚对处理器的干扰,提高系统运行的稳定性。其中,R_{16} 和 R_{17} 取值分别为 30 000 Ω 和 3 300 Ω,C_9 取值为 0.1 μF。

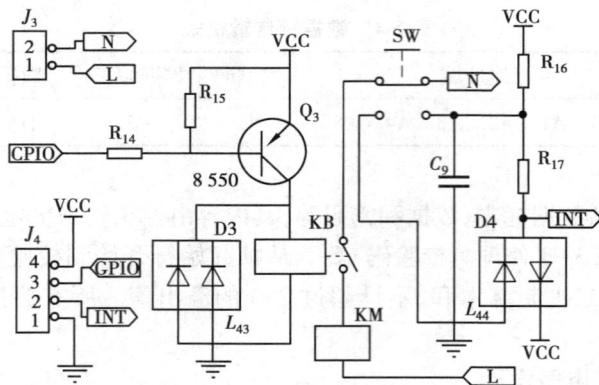

图 5-4 交流接触器驱动及急停按钮识别电路

三、系统程序流程

系统程序主要由系统初始化、系统自检、用户信息识别、系统连接确认和充电过程实时监测等部分组成。在用户信息识别部分,采用射频识别技术实现用户信息读取、确认和结算。在充电过程实时监测部分,主要是对 CP 信号进行实时采样和处理分析,及时确定充电电缆的连接状态和受电设备状态。同时,也对设备其他电路模块进行监测,以对突发状况及时处理,保护充电设备和受电设备安全。

交流充电方式:外部提供 220 V 或 380 V 交流电源给电动汽车车载充电机,由车载充电机给动力蓄电池充电。一般小型纯电动汽车、可外接充电式混合动力电动汽车(Plug in Hybrid Electric Vehicle,PHEV)多采用此种方式。车载充电机一般功率较小,充电时间长。

系统程序流程如图 5-5 所示。

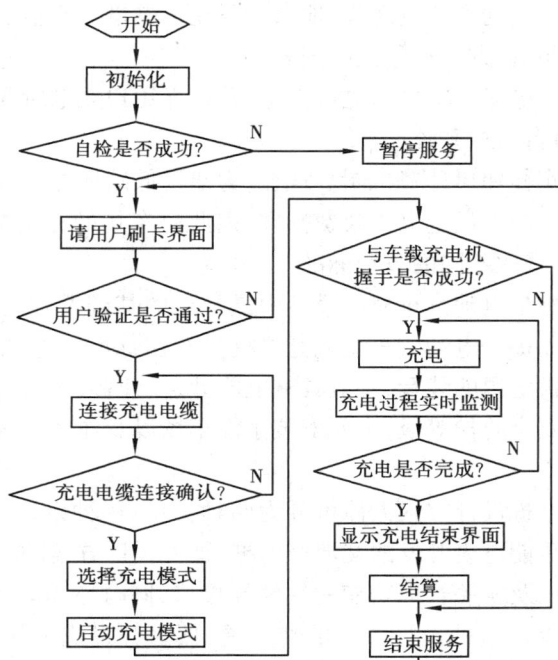

图 5-5　系统程序流程

四、系统测试

本控制系统在奇瑞汽车股份有限公司生产的纯电动乘用车(型号为 SQR7000 BEV J00)上完成充电测试,并采用泰克公司(Tektronix)生产的示波器 DP07254C 实现波形观测,该示波器模拟带宽 2.5 GHz,采样速率高达 40 G/s。同时,借助于计算机串口调试工具,完成通信数据测试及功能分析。

实现电动汽车交流充电时,对供电端插头的连接确认及控制导引功能,并完成了充电状态参数的实时采集。

伴随着电动乘用车辆的逐步推广,人们对其相配套的充电设施也给予了极高的关注。如果充电站(充电桩)能够对电动汽车进行安全、智能的充电,那么电动汽车的普及进程将会加快。为了实现充电桩在管理和应用方面的智能化,需要了解充电桩的功能需求。

经调研,电动汽车充电桩需具有下述几大功能:

①要保证系统正常工作,监测和保护措施必不可少,充电桩必须具有电气保护装置,当系统发生故障时,系统规定的时间内能快速切断充电电源,确保用户的人身安全。

②充电桩必须可靠运行,充电桩设备要采用模块化结构,局部故障不能对整个系统的正常运作造成威胁,充电桩还必须能够并行处理多个事件。

③所有登录、控制、退出等重要操作,充电桩要有相应记录,还要允许对操作记录进行查询和统计,充电桩还要有保证系统数据和信息不被窃取和破坏的安全防护。

④充电桩应采用全中文图形交互界面,用户根据屏幕显示就可以实现自助充电,为人们直观清晰的充电操作提供便利。

⑤用户在充电桩上可查询到充电时间、地点以及充电电量等基本信息的历史数据,充电桩上还应安装有嵌入式打印机,方便打印充电报表。

⑥充电桩应能依据从电能表中导出电量信息,并计算用户充电所花费的金额,并能将数据保存备份,方便发送到后台监控系统。

⑦充电桩系统应能实行梯形计费机制。现在,为建设低碳地球、节约资源、合理用电,全国上下开始依据梯形电价机制来设定电价收费标准,因此停车场的充电控制系统也应采取这种机制,针对不同的时间段采取不同的收费标准。

电动汽车交流充电桩是电动汽车充电设备中最常见的基础设施之一,也是电动汽车实现产业化与市场化的重要前提。电动汽车交流充电桩是利用标准的充电接口,采用传导式充电方式为车载式充电机提供电源的装置,一般具有电能计量、计费、通信、控制等功能。电动汽车交流充电桩具有一定的安全防护等级,主要安装于停车场以及住宅小区等区域,是电动汽车进行常规充电的主要设备。

目前国内外交流充电桩设计方式大体可分为两种类型:一种设计方法是基于具有完善计费计量以及通信功能的智能电表开发的交流充电桩,这种设计方案的特点是,设计人员只需开发用于与智能电表通信以及相关管理功能的软硬件接口,同时还需要制订智能电表与充电桩控制主板之间的通信协议。这种设计方法的特点是,项目开发周期短,维护方便,结构简单。另外一种设计方法是基于专业的电能计量芯片进行开发,即通过对特定的电能计量芯片进行嵌入式开发,实现电能计量计费、充电管理等相关功能。利用这种方法,项目开发成本低、设计灵活、体积小。

这里主要是对基于专用的电能计量芯片进行电动汽车交流充电桩相关研究。交流充电桩是一种安装在电动车外,与交流电网连接,通过车载充电机给电动汽车电池提供交流电源的充电装置。交流充电桩充电功率小,一般具有电费计量、多种充电方式自由选择(按金额充电、按时间充电、按电量充电、按时间预约定时充电和自动充电)、通信、异常保护等相关功能,一般分布于停车场、公共道路两旁、住宅及工作区域。目前充电桩主要以充电站形式进行运营,充电站中的交流充电桩需要相应的后台管理软件,从而实现对充电桩运行过程中的数据进行存储、管理以及实现数据库访问功能。同时后台管理软件对下位机充电桩还应具有一定的管理与控制功能,以便刷卡收费和在紧急情况下实现对交流充电桩的紧急停止。在交流充电桩充电工作过程中,车载充电机通过电池管理系统(BMS)监测电池实时数据与状态,并根据相应的充电控制算法管理充电过程;交流充电桩根据电网充电管理要求,通过与车载充电机通信对充电状态和充电参数进行某种程度的调整,从而实现有序充电。

◆ 项目实施

【实施条件】

实施地点和要求:电动汽车实训室的交流充电机性能良好,工作正常。

实施时间:按照教学计划的安排,了解交流充电机的结构和特点。

教学要求:根据电动汽车的数量将学生分成若干小组,每小组 5 人使用一套交流充电机,指导教师先讲解并现场演示,学生再动手操作。

【实施步骤】

CEV1100 交流充电桩的识别

交流充电桩是利用标准充电接口,采用传导方式为具有车载充电机的电动汽车提供交流电能的专用装置,具有控制、计费、通信和安全防护等功能,并提供友好的人机操作界面,可普遍应用在电动汽车充、换电站及停车场内。产品包括 CEV1102 系列落地式和壁挂式简易充电桩。

(1)充电功能

充电桩保护模块具有 4 路空接点,其中 1 路为常闭接点,另外 3 个为常开接点,可以对充电桩充电过程进行控制,并在需要时点亮警告灯。急停按钮可以让充电桩紧急停止充电。

(2)人机交互功能

充电桩显示器可以提供良好的人机操作界面和快捷简单的操作方式,客户可以根据需要以不同的方式对电动汽车进行充电。

(3)计量计费功能

充电桩采用无功 2.0 级、有功 0.5 级电度表,精确计量充电汽车充电量,电度表具有两路 485 通信功能,其中一路 485 通信口语通信模块实时通信,将电量在液晶显示器上显示并可以上传至后台监督,另外一路 485 通信口直接上传至电量采集器,方便计量检测。

(4)状态量采集功能

最大可采集 6 路(YX1—YX6)状态量,状态⑥输入电压为 24 V,6 路状态量分别是 YX1 运行监控状态、YX2 跳合闸状态监视、YX4 急停状态监视、YX5 充电接头监视、YX3 和 YX6 为备用。状态量可上传至后台警告处理。

(5)模拟量采集功能

最多可采集计算 6 路模拟量,分别为 3 路交流电压、3 路交流电流,单相充电桩只有一测测量有用。模拟量可上传至后台。

(6)通信监测功能

充电桩监测的数据除了在当地显示之外,还可以 CAN 网或以太网上传至后台,还可以供给客人在远方在线监测。

(7)保护及辅助功能

充电桩具有输出过压、欠压、过荷保护功能。当采集的电压超过过压保护定值或低于欠压保护定值,充电桩停止充电。当采集的电流量超过负荷电流定值时发出警告信号;漏电保护断电器可保证充电过程中发生漏电等紧急故障情况下,切断所有电源。当发生意外状况需要紧急停电时,可以通过紧急按钮来中断充电。还有完善的防雷和防触电措施。

小　结

该项目通过了解电动汽车充电站的交流配电系统、硬件系统组成、硬件电路设计、系统程序流程、系统测试,通过对电动汽车充电站的交流配电系统的学习,使读者初步了解电动汽车充电站交流配电系统的学习内容,同时,加深对电动汽车充电站交流配电系统知识的理解。提高读者对电动汽车充电站交流配电系统的学习兴趣,使读者初步了解电动汽车充电站交流配电系统的构成与功能。

本项目通过了解电动汽车充电站交流配电系统的构成与功能、分类和工作原理,提高读者对电动汽车充电站的交流配电系统技术的学习兴趣,使读者初步了解电动汽车充电站的交流配电系统的结构和特点。熟悉电动汽车充电站的交流配电系统,通过现场了解电动汽车充电站交流配电系统的工作情况。通过对不同电动汽车充电站的交流配电系统的介绍,使学生知道本学习情景的重要性,激发学习兴趣,使读者初步了解电动汽车充电站交流配电系统的工作情况。

思考题

1.简述电动汽车充电站的交流配电系统。
2.论述电动汽车充电站的硬件系统。
3.论述电动汽车充电站的交流配电的程序流程。
4.简述电动汽车充电站的交流配电系统测试。

项目 **6**
电动汽车充电站的直流系统

◆ 项目要求

该项目通过介绍直流充电桩、直流充电桩原理、硬件和软件设计、非车载充电机,以及对电动汽车充电站直流系统的介绍,提高读者对电动汽车充电站的直流系统的学习兴趣。通过对电动汽车充电站的直流系统的总体认知,使读者初步了解电动汽车充电站的直流系统的学习内容,同时,加深对电动汽车充电站的直流系统的知识理解。

知识要求

1.了解电动汽车充电站的直流系统的构成、工作原理。

2.了解电动汽车充电站的直流系统类型和工作特点。

能力要求

1.在现场对电动汽车充电站的直流系统进行认识和操作。

2.在现场观察电动汽车充电站的直流系统的工作情况和特点。

◆ 相关知识

随着电力电子、变流控制、高精度可控变流等技术的飞速发展,恒压限流充电模式已逐步取代了分阶段恒流充电模式。恒压限流充电是充电电流和充电电压连续变化的充电方式,现在主导充电工艺的就是恒压限流充电方式。因此,该直流系统设计选择了方法较为简单、较安全、效果又明显的三阶段充电方法。在充足电后选用综合控制法来作为充电终止的判断。同时,针对直流充电桩充电过程中,应对电池组中单体电池状态不均衡的问题,进行了均衡控制的设计研究。直流充电桩是为非车载充电机的电动汽车提供电源的,充电机接受充电桩的控制,实现为车辆的快速补充充电。

直流充电桩输入电压是三相四线 AC 380 V±15%,频率为 50 Hz,输出的是可调的直流电,直接为电动汽车的动力电池充电。因直流充电桩供电采用三相四线制,能提供足够大的功率且输出的电压及电流调整范围大,可以实现快速充电的要求。

非车载充电机,与专用充电站、通用充电机、公共场所用充电站等都可看作地面充电装置。通常,非车载充电器具有较大的功率,此外其体积、质量也较大,因此其适合各种电池以及各种充电方式的需求。

一、直流充电桩的概述

电动汽车充电站(桩)的建设正在世界各国迅速铺开,日本、美国、德国等国家已经全面开展电动汽车充电桩建设的计划。近年来,中国各地纷纷建立电动汽车充电站(桩),截至 2014 年年底,我国共建成 780 座充电站,3.1 万个充电桩,为超过 12 万辆电动汽车提供充电服务。

2015 年以来,我国接连出台了《关于加快电动汽车充电基础设施的指导意见》和《电动汽车设施发展指南(2015—2020)》,明确提出到 2020 年要完成为 500 万辆电动汽车配套建设相应规模的充电基础设施的任务目标,我国电动汽车充电基础设施行业发展潜力巨大,未来市场前景广阔。

地面充电机直接输出直流电能给车载动力蓄电池充电,电动汽车只需提供充电及相关通信接口。地面充电机一般功率大,输出电流、电压变化范围宽。有些地面充电机还具备快速充电功能。

充电桩可以固定在地面或墙壁,可以根据不同的电压等级为各种型号的电动汽车充电,直流充电桩是固定安装在电动汽车外,与交流电网连接,可以为车载动力电池提供直流电源的供电装置。直流充电桩可以提供足够大的功率,输出的电压、电流调整范围大,可以实现快充的要求,但是会对电网构成一定的损害,因此在建设过程中应该加强对电网的保护。

二、直流充电桩工作原理

直流充电桩设计充电模块的原理:首先是三相交流电经由整流滤波后,变成直流输入电压供给 GBT 桥控制器通过驱动电路作用于 IGBT,使直流电压又转换为交流电压,接着交流电压经高频变压器的变压隔离,再次经整流滤波得到直流脉冲,进而对电池组充电。控制器会根据检测到的电池的端电压、电流大小实施控制策略,实时改变充电参数,其中,过流、过压和过温保护电路是为了保证系统安全可靠的工作。充电模块原理框图如图 6-1 所示。

三、硬件设计

直流充电桩复杂程度高,组成构件较多,包括主控板、接触屏、指示灯等。具体硬件组成如图 6-2 所示。

直流充电桩的组成构件中,主控板是最核心的组成部分,能够对充电过程进行有效控制,而且可以利用多种通信方式将充电桩的工作数据传输至后台主控板。其主要功能特点包括:具有 6 个串口,下位机检测以及数据采集卡通过通用串行总线和上位机 CPU 模块进行通信,同时上位机具有显示功能。监控单元是为了实时监测充电桩的运行状态,该单元对充电桩的进线输入电压、充电输出电压电流、充电接口状态、电池管理系统状态、电池状态等进行实时监控。

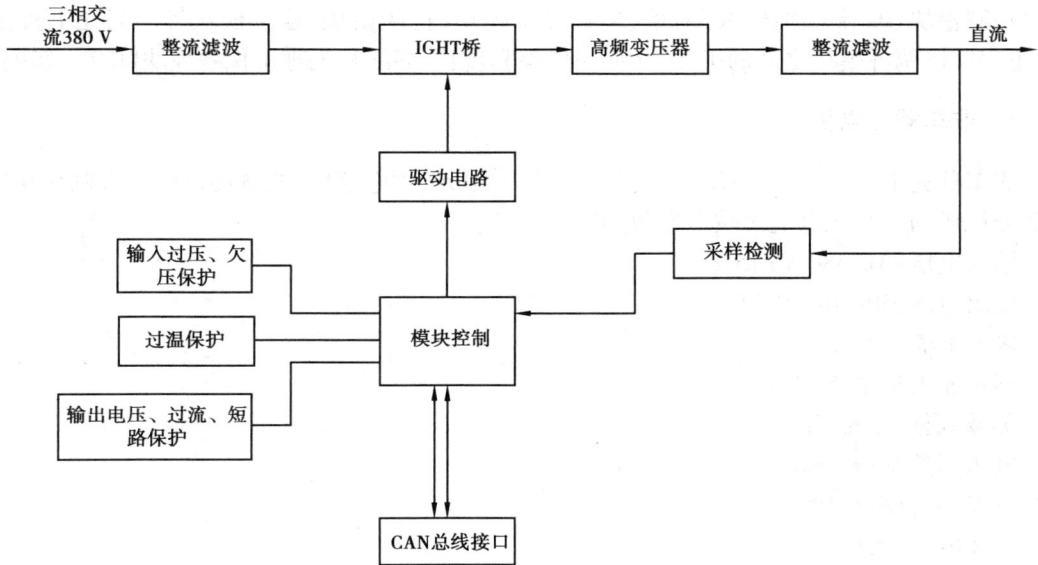

图 6-1　直流充电桩充电模块原理框图

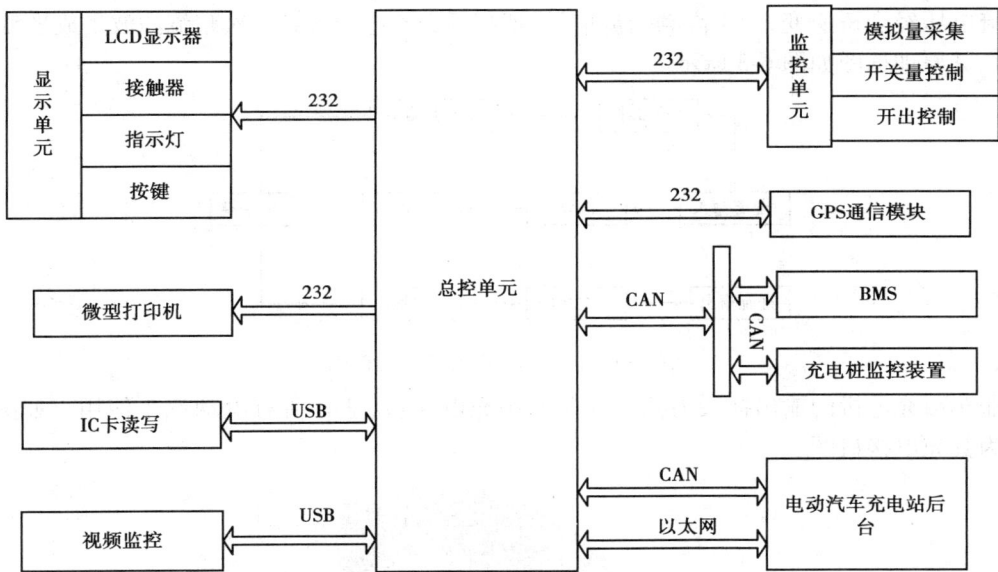

图 6-2　直流充电桩硬件系统组成框图

四、软件设计

电动汽车需要充电时,将电动汽车的充电插口与充电桩的充电手柄相连接,然后将 IC 卡放在刷片区,根据显示屏提示进行操作,连接充电接口,选择具体的充电模式,然后进行充电。而监控单元则会在整个充电过程中,对充电电压电流、充电接口连接情况等进行实时监控,如果发现异常,则会立即发出警报。

主程序在编写时,采用模块化的原则,这样能够保证充电桩高效地运行。主程序可分为:

中央控制模块、IC 卡识别模块、通信模块、显示模块、打印模块、检测模块等。当充电桩激活时,主程序协调各模块之间的工作,从而完成整套流程,多线程处理确保各模块间互不影响。

五、非车载充电机

非车载充电机是由功率单元、计量单元、控制单元、供电接口、充电接口以及人机交互界面等部分组成的。其充电电源技术参数如下:

输入电压:AC 380 V±15%

输出电压:50~400 V DC

输出电流:10~200 A

额定输出功率:80 kW

负载调整率:≤1%

电压调整率:≤1%

电流调整率:≤1%

文波电压:≤1%

漏电流:≤10 mA

非车载充电机的原理是:交流输入首先进入整流桥进行一次整流滤波,产生直流电压,而后直流电压经全桥逆变,产生高频交流信号,把高频交流电经过第二次整流滤波生成平滑的直流电。其原理框图如图 6-3 所示。

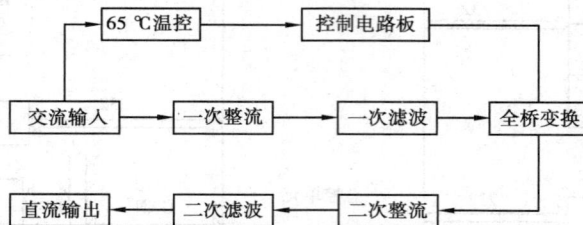

图 6-3 非车载充电机的原理框图

非车载充电机的输出插头为标准九芯专用充电接口,适合所有电动汽车使用。如图 6-4 所示为其充电接口图。

图 6-4 非车载充电机充电接口实物图

充电插头共包括直流电源正、直流电源负、充电通信 CAN 屏蔽、充电连接确认、低压辅助电源正、保护地、充电通信 CAN-H、充电通低压辅助电源负等端子。其剖面图如图 6-5 所示。

各端子功能介绍如下:

◆DC+:基流电源正——连接直流电源正与蓄电池正极。

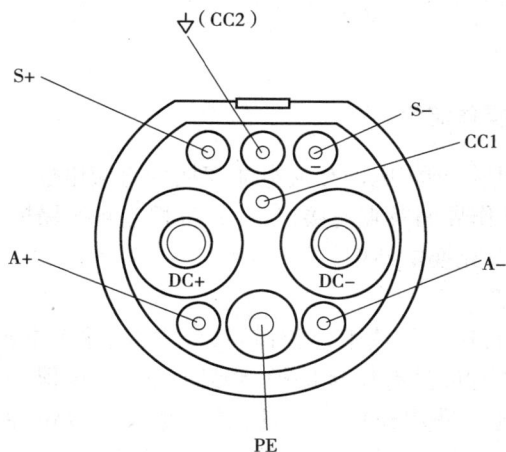

图 6-5　充电插头剖面及端子分布图

◆DC－:基流电源负——连接直流电源负与蓄电池负极。

◆PE:保护地——保护接地,连接供电设备底线与车辆底盘地线。

◆S＋:充电通信 CAN-H——连接非车载充电机与电动汽车的通信线。

◆S－:充电通信 CAN-L——连接非车载充电机与电动汽车的通信线。

◆CC2:充电通信 CAN 屏蔽——连接 CAN 通信屏蔽线,充电插座端连接车辆底盘、非车载充电机的 CAN 通信用屏蔽线浮空(插头端可悬空)。

◆CC:充电连接确认——连接确认线 1(插头端可悬空)。

◆A＋:低压辅助电源正——非车载充电机为电动汽车提供电压辅助电源正极。

◆A－:低压辅助电源负——非车载充电机为电动汽车提供电压辅助电源负极。

直流充电桩充电模块的设计是实施充电控制的核心任务,其充电模块的原理:首先是三相交流电源经由整流滤波后,变成直流输入电压供给 IGBT 桥。控制器通过驱动电路作用于功率开关 IGBT,使整流滤波后的直流电压转换成交流电压,这时的交流电压是脉宽调制的。接着交流电压经高频变压器的变压隔离,再次经整流滤波得到直流脉冲,进而对电池组充电。与此同时,控制器会根据检测到的电池的端电压大小、充电电流大小实施控制策略,实时改变充电参数。其中,过流、过压、过温保护电路是为了保证系统安全、可靠的工作。

电动汽车充电设施是电动汽车产业链中不可忽视的重要组成部分,在大力发展电动汽车产业的同时还应充分兼顾充电设施的发展。由于电能是一种二次能源,随着智能电网的快速发展,电动汽车及其配套设施充电站的建设,也要朝智能化、高效利用电力资源方向发展。

◆项目实施

【实施条件】

实施地点和要求:电动汽车实训室的交流充电机性能良好,工作正常。

实施时间:按照教学计划的安排,了解交流充电机的结构和特点。

教学要求:根据电动汽车的数量将学生分成若干小组,每小组 5 人使用一套直流充电机,指导教师先讲解并现场演示,学生再动手操作。

【实施步骤】

CEV1200 直流充电机操作流程

CEV1200 直流充电机是一种将电网交流电能变换为直流电能,采用传导方式为电动汽车动力电池充电,提供人机操作界面及直流接口,并具备相应测控保护功能的专用装置。可普遍应用在大、中、小型电动汽车充换电站中。

1.CEV1200 直流充电机

该产品采用国际先进的软开关技术,具有转换效率高、输出电流稳定、可靠性高、寿命长等特点,具有反接保护、短路保护、低压保护、过压保护、过热保护等功能。采用模块化设计,具有强大的容错性。操作界面使用图形化的触摸屏。具有 CAN 现场总线,能完成与电池管理系统 BMS、充电桩和电力后台监控系统实时通信,从而对锂动力电池的充电进行优化和可靠的保护,如图 6-6 所示。

图 6-6　CEV1200 直流充电机

2.充电机的特性

①输入电源为三相五线 AC 380 V,通过充电机内部集成功率因数校正,最大限度地减小了谐波对电网的污染。

②采用模块化设计,多个模块并联工作,具有强大的容错性。可以方便地对单个模块替换维修。

③操作界面使用图形化的触摸屏,可以详细显示各个模块的工作状态及电池的状态。使用 CAN 现场总线与电池管理系统 BMS 实时通信,对动力锂电池的快速充电进行优化和可靠的保护。也可以用手动工作模式,设置手动控制电压、电流和充电时间,适合没有 CAN 通信的应用场合。

④采用 CAN 总线与后台监控系统和充电桩实现实时数据交换,达到智能充电的目的。

3.保护功能

①过热保护。当整流柜内部温度超过 80 ℃时,充电电流自动减少,超过 85 ℃时,整流柜保护性关机,此时无电流输出,温度下降到约 80 ℃时自动恢复充电。

②短路保护。当整流柜输出发生意外短路时,内部电路会限制短路电流。同时串联的熔断保险能迅速切断跟外部电路的连接。等短路故障排除并更换保险后即重新充电。

③高低压保护。当输入交流电压高于或低于额定输入电压范围,整流柜自动关机,电压正常后自动恢复工作。

④缺相保护。当输入的三相交流电压的某一相或两相断开时,缺相保护电路开启,自动关闭整流柜电源。

⑤充电安全保护。在充电过程中,出现人员违规带电流拔下连接器时,整流柜能切断电流输出,以防发生人身安全事故。

4.充电桩

充电桩装置采用整体焊接结构。后门单开,后门为扑门结构,内侧装有防水槽和压接防水胶条,后门均配有带锁门把。桩左侧开门,内封闭空间挂接充电接头,外表采用喷塑工艺,亚光橘纹,可按色卡配色,前面装有照明灯箱。充电桩内装有彩色液晶控制器显示和操作,装有急停按键、打印机和计费用读卡器。

5.整流柜

充电装置柜采用拼装式结构。前门单开,后门双开,前后门均为扑门结构,柜前门为有机玻璃,前后门均配有带锁门把;柜内为立柱加插箱形式,以4根立柱为主体,形成内框架;柜外表采用喷塑工艺,亚光橘纹,可按色卡配色。装置与外部连接的总端子排设在底部支架上。机柜底部开有电缆走线孔,提供用户将现场信号和装置输出信号引入或引出。机柜后部内侧中层,装有快速熔断器、交流接触器。柜内设有空气开关,用于投切电源。

6.运行和操作

(1)整流柜操作

整流柜合上主电路开关(大),整流柜上电,设备进入待机状态。

(2)充电桩操作

①充电桩合上供电开关,充电桩进入待机状态。

②将充电连接器与电动车充电接口可靠连接。

③将充电卡插入充电桩的读卡器内,设置充电参数。

④按下充电按钮,充电机开始给电动车充电。

⑤如要停止运行,则按触摸屏上的停止按钮,然后关电源(先关主电路开关,后关辅助电源开关)即可。

小 结

该项目通过了解电动汽车直流充电桩、直流充电桩原理、硬件和软件设计、非车载充电机,通过对电动汽车电动汽车充电站的直流系统的学习,使读者初步了解电动汽车电动汽车充电站的直流系统的学习内容,同时,加深对电动汽车充电站直流系统知识的理解。提高读者对电动汽车充电站的直流系统的学习兴趣,使读者初步了解电动汽车充电站的直流系统的构成与功能。

本项目通过了解电动汽车充电站的直流系统组成、分类和工作原理,提高读者对电动汽车充电站的直流系统的学习兴趣,使读者初步了解电动汽车充电站的直流系统的结构和特点。熟悉电动汽车充电站的直流系统,通过现场了解电动汽车充电站的直流系统的工作情况,通过对不同电动汽车充电站的直流系统的介绍,使学生知道本学习情景的重要性,激发学习兴趣,使读者初步了解电动汽车充电站的直流系统的工作情况。

思考题

1.简述电动汽车直流充电桩的系统。

2.论述电动汽车直流充电桩的原理。

3.论述电动汽车直流充电桩硬件和软件的工作原理。

7

电动汽车充电机的功能及应用

◆ 项目要求

该项目通过了解充电机的构成及作用、电动汽车充电机分类、充电机的功能模块、家用充电设施、公共充电设施、电动汽车的充电接口、电动汽车充电机的工作原理和技术特点,通过对电动汽车充电机的工作原理和技术的学习,提高读者对电动汽车充电机的工作原理和技术的学习兴趣。通过对电动汽车充电机的工作原理和技术的总体认知,使读者初步了解电动汽车充电机的工作原理和技术的学习内容,同时,加深对电动汽车充电机的工作原理和技术的知识理解。

知识要求

1.了解电动汽车充电机的构成、工作原理。
2.了解电动汽车充电机的技术、工作特点。

能力要求

1.在现场对电动汽车充电机的构成、工作原理认识和操作。
2.在现场观察电动汽车充电机的工作情况和特点。

◆ 相关知识

电动汽车的关键技术主要包括:以动力电池和充电设施为核心的能源系统;以驱动电机和传动系统为核心的动力系统;以协调控制各个系统,保证整车安全、高效、舒适运行为核心的整车控制系统。对于减碳环保的电动车来讲,充电装置是不可或缺的,它的功能是将电网的电能向电动车车载蓄电池内转化,为电动车提供动力。在我国发展电动汽车,充电设施建设和完善是必需的。现在,充电站和充电桩是主要的充电设施,它们的服务范围有所不同:充电站大多用于快速充电,辅助用于慢速充电的充电桩;充电桩是只能用于慢速充电。

据了解快速充电一般用时 10~30 min,只能满足电池充电 50%~80%,保证汽车能继续行驶;慢充能让电池充电完全,但时间相对较长,至少需要 3 h。目前,国内的充电设施主要是充电站和充电桩。充电站内,一般配有若干个快速充电插头及少数的慢速充电桩。一些城市计划在住宅小区、停车场和超市等公共场合建设充电桩。

两种充电设施各有优劣,需根据实际选择适合本地的设施种类。以快充模式为主的充电站具有充电时间短、充电效率高的优点。在高速沿线的服务区、大型充电站等地方选用的电源多是能产生 600 V/300 A 直流电的充电桩。通常还要考虑包括使用环境等方面的因素,充电桩只有在产生较高电压和较大电流,并且功率也较大(约 100 kW)时,才能保证电动汽车的充电效率,这对充电的技术方法和安全性提出了较高要求。因此充电站比充电桩耗费的建设和管理成本高很多,规模应该和加油站相当。

现在车用电池技术还有待发展,快速充电模式会对电池造成较大的损伤。专家认为,快充模式等同于在相对短的时间内强行向电池"灌入"电能,经历几次快充后的电池,其寿命会大大降低。另外值得注意的是,大规模电动汽车的充电需求单单依靠充电站是满足不了的,而且充电站会占用土地面积,会产生大量的管理成本。

充电桩占地面积很少,如图 7-1 所示,路边只需要 1 m² 的空地就能建设一个充电桩,成本很低,很适合在城市中的超市、停车场、住宅小区等车辆密集停放的区域建设。更重要的是,充电桩主要是慢充模式,因其需要很小的电流,这样就保障了其安全性能,而且对电池使用寿命的延长很有益处。但这种模式的缺点同样明显,在车辆有紧急运行需求时,不能及时实现充电。例如提供 220 V/16 A 的交流电源的家用充电桩,所用的充电机是体积小且操作简单的车载充电机。这种充电桩主要为私家车提供充电服务,其功率为 3~5 kW,充电时间则需 5~10 h。综合两种充电模式的优劣,目前我国更适合建设充电桩,尽管充电速度较慢,但充电桩具有成本低、建设方便的巨大优势。在电动汽车发展的初级阶段更符合市场需求。

图 7-1　电动汽车充电桩

其实,建设充电桩还是充电站是不矛盾的,在城市的中心,以快充为主的充电站也是对充电模式的丰富,能够满足对充电速度有要求的消费者。未来,充电桩和充电站将共同发展,充电桩的数量会多一些。据了解,日本东京目前有 87 个充电站,超市、住宅附近的充电桩则随处可见。电动汽车充电桩采用的是交、直流供电方式,以电能作为动力,解决了因汽车尾气而造成的环境污染,适合低碳城市的发展。近年,作为充电站建设配套设施的电动汽车充电桩也因此得到了迅猛的发展。

随着电动汽车产业的发展,电动汽车具有环保、易维修、节能等优点,被认为是未来理想的交通运输工具。电动汽车使用的能源为电能,因此蓄电池的充电方式和可充电次数直接决定电动汽车的使用成本。电动汽车主要充电装置根据安放的位置可分为车载充电装置和非车载充电装置。非车载充电装置也可称为地面充电装置,主要包括专用充电机、通用充电机、公共场所用充电站等。非车载充电机通常比较复杂,因为它需要满足不同功率、不同车型的要求。车载充电装置相比非车载装置在体积和重量上就小很多,因而可以安装在电动汽车上,采用地面的市内电网直接对电池组进行充电。车载充电装置完全按照自身车载蓄电池的种类和性能进行设计,有效地降低了充电系统复杂度。动力蓄电池是电动汽车的重要组成部分,其充电装置的性能对保证电池的寿命至关重要,因此对电动汽车车载充电机的研究具有重要的意义。

电动汽车充电基础设施的建设是一项巨大的工程,必须有政府、社会组织、电动汽车厂商、电力部门和电池厂商等各方面的通力合作。

电动汽车充电基础设施与燃油车的加油站作用类似,但也有其独有的特点。首先,电动汽车的充电设备可以是公共的也可以是家用的,用户可以在公共充电站充电,也可以在自家车库为电动汽车充电,只要将电动汽车车载充电器的插头接到电源插座上即可;其次,电动汽车用户可以选择利用夜间低谷充电,这样电价可以优惠;最后,电动汽车充电系统会给电力系统带来一些不利的影响,如谐波污染、低功率因数和高电流需求等。

一、充电机的构成及作用

根据不同的分类标准,电动汽车充电机可以分为多种类型,例如按照安装的位置可以分为车载充电机和地面充电机;按照输入电源可以分为单相充电机和三相充电机;按充电机的使用功能可以分为普通充电机和多功能充电机;按照所采用的功率变换元件及控制原理的不同,可以分为磁放大型充电机、相控型充电机及高频开关模型充电机。电动汽车高频开关电源充电机是最常见的类型,因此以这类充电机为例对充电机的电路原理以及系统组成进行介绍。如图 7-2 所示,电动汽车高频开关电源充电机由整流电路、调整控制及保护电路、功率因数校正网络、辅助电路、充电机控制管理单元(CPU)、人机接口、远程通信单元、电能计量单元等部分组成。

1.整流电路

整流电路由滤波器、DC/DC 变换器等元器件组成,其用途是将配电网中交流电源的交流电转换为满足电能质量要求的直流电。

2.调整控制及保护电路

调整控制电路主要用于调节输出电压,通过对电压测量值与基准值进行比较,根据比较结果控制高频开关功率管的开关时间比例,从而调节输出电压。调整控制单元是由输出采样、信号放大、控制调节、基准比较等单元构成的 PWM 脉宽调制电路,电动汽车高频开关电源充电机调整控制电路原理结构如图 7-3 所示。信号输入及保护故障原理结构如图 7-4 所示。

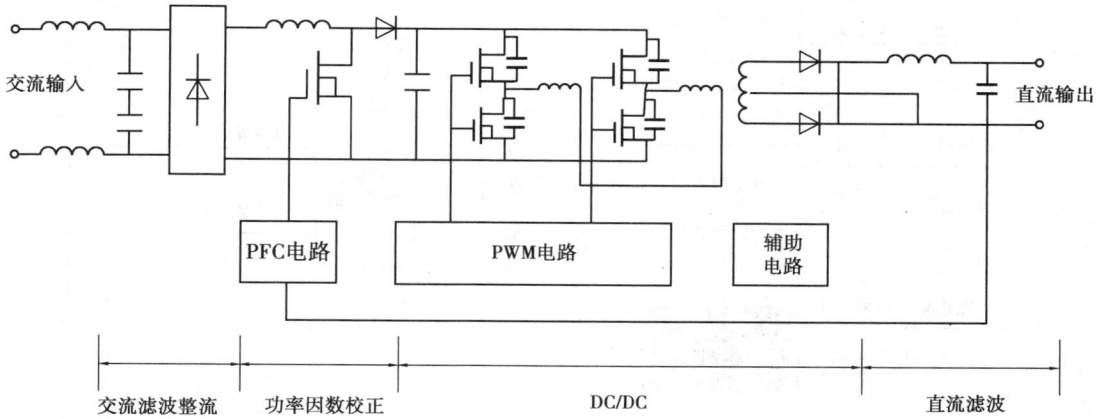

（a）

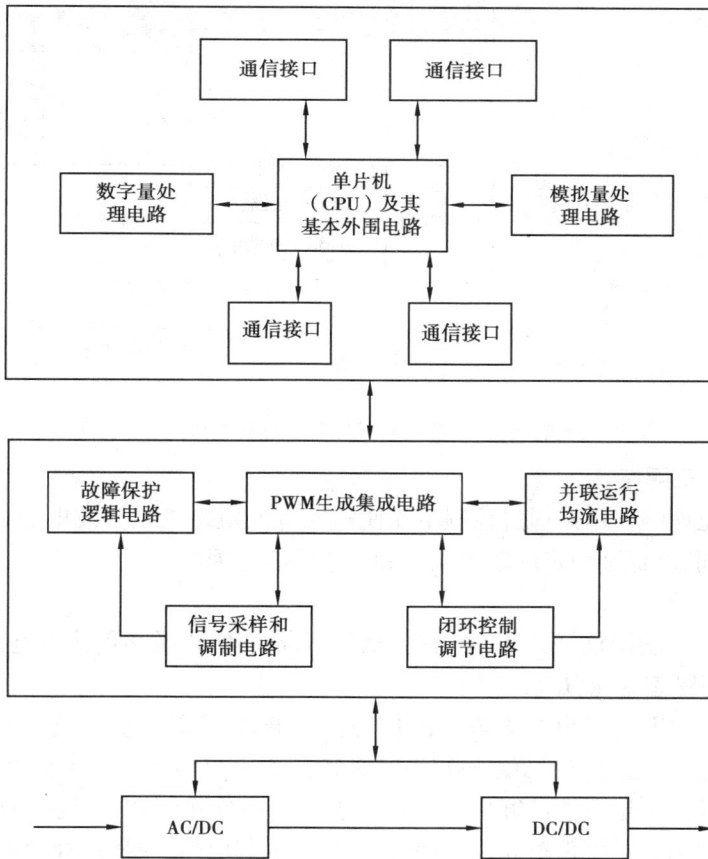

（b）

图 7-2 电动汽车高频开关电源充电机的电路原理及系统组成
（a）原理接线图；（b）充电系统框图

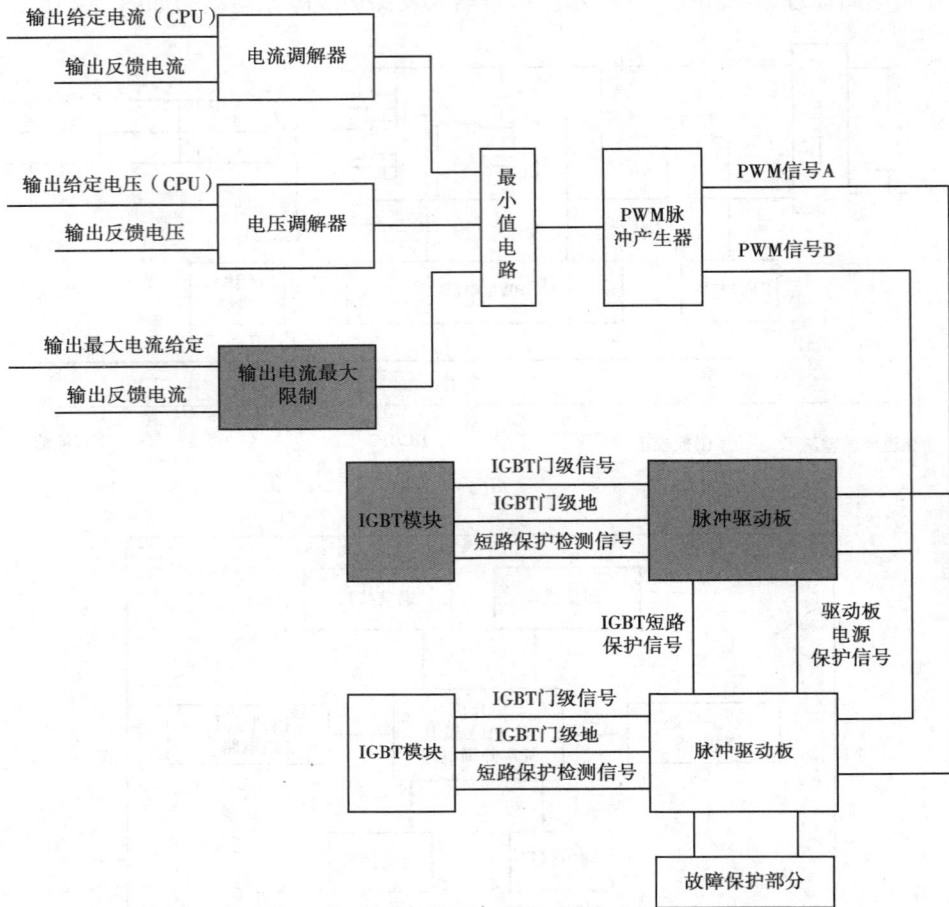

图 7-3　调整控制电路原理结构图

3.功率因数校正网络

功率因数校正网络作用是通过控制单元使输入电流跟踪正弦基波电流,从而使其相位与输入电压相位相同,以保证稳定的输出电压和理想的功率因数。

4.辅助电路

辅助电路包括手动调整、稳压电源、保护信号、事故报警以及通信接口电路等。

5.充电机控制管理单元(CPU)

控制管理单元(CPU)是整个充电机的核心控制器,负责管理整个充电机的操作流程,处理接收到的控制指令,通过控制驱动脉冲系统来控制充电机启停。并可以将充电机的运行数据进行显示或传输给上层监控计算机。充电机控制管理单元(CPU)结构原理如图 7-5 所示。控制管理单元主要由控制管理单元及外围电路、数字处理电路、模拟量处理电路、RS-485 通信接口、CAN 通信接口、按键输入电路和显示电路等组成。

6.人机接口单元

充电机人机接口单元主要用于远程监控和电池充电控制,充电机通过监控和记录接口单元与充电站的通信来修改对应充电机的运行参数,进而控制充电机的启停。电动汽车充电过

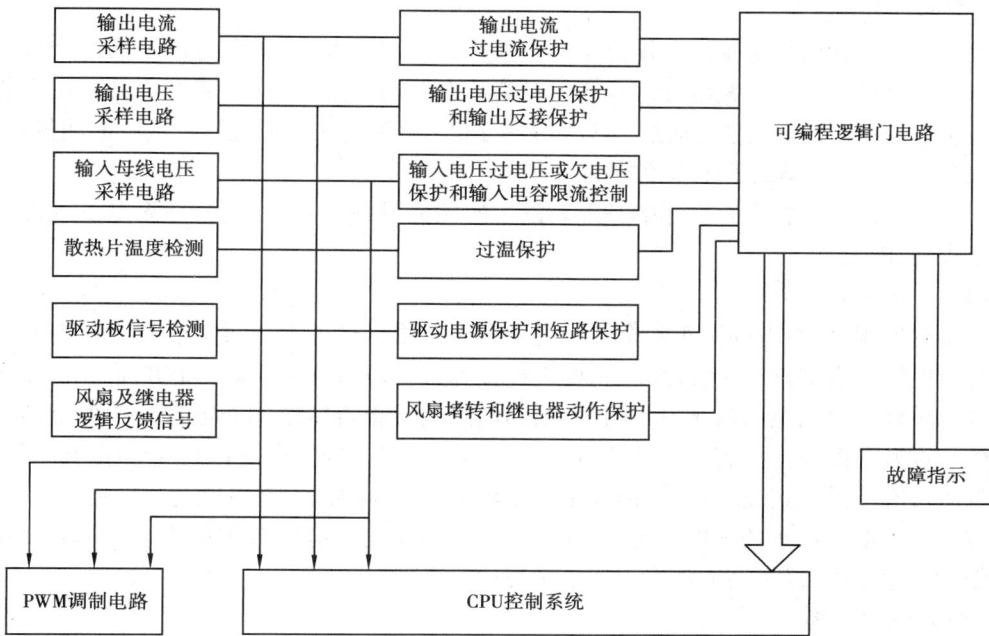

图 7-4　信号输入及故障保护原理结构

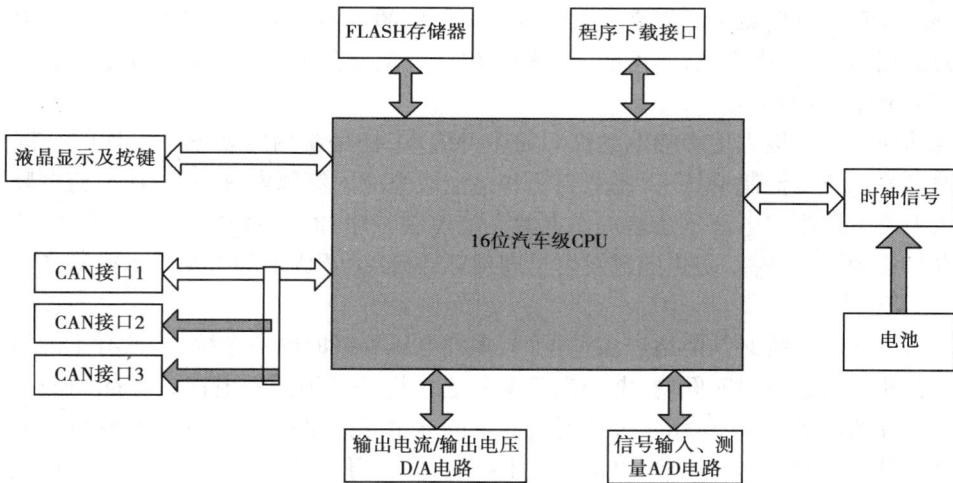

图 7-5　充电机控制管理单元结构原理图

程可以由通信接口控制充电机完成,也可以由充电控制逻辑单元控制。此外,充电机的运行故障也是通过人机接口单元与充电站的监控网络通信,由监控后台计算机显示故障信息,并提供简单明了的故障排除指示。

7.远程通信接口单元

　　充电机远程通信接口单元作用是与电网调度通信网络接口,充电机通信协议与电网通信协议统一,实现充电机的远程监控及无人值守站的数据统一上传。

8.电能计费单元

电能计费单元就是电动汽车用户缴纳充电所需费用的方式,通常可以采用现金或者充值卡等方式。电能计量单元是统计用户充电所消耗电能的单元,通常交流充电桩采用安装在电动汽车接口与电源之间的智能电能测量表测量;非车载充电机则应选择直流电能测量表,测量电动汽车与直流输出端之间传输的电能。

充电系统的性能将会直接影响到电动汽车的性能发挥和推广应用,对充电系统提出的性能要求主要如下:

(1)安全性高

据研究发现,影响电动汽车安全性的主要因素首推电池的充电过程。技术状态的不一致性是各类电池共有的基本特征之一,主要表现在容量误差和内阻误差两个方面,由数十个到数百个电池单体组成的电动汽车电池组,容量和内阻差异将直接影响充电过程中各电池单体的端电压和温升的差异。由若干只单体电池组成的电池组,在充电后期由于容量差异,虽然旦池组端电压没有超过额定充电电压,但是个别单体电池的端电压却有可能超过额定电压,引起安全事故。用于电动汽车的充电装置,首先必须具备防止发生电池系统单体电压和温度超过允许范围的技术措施,以提高电动汽车充电过程的安全性。

(2)充电效率高

电动汽车的能耗指标至关重要,衡量商业化运行的纯电动汽车能耗指标是指从电网求取的电能利用率的多少。因此,提高充电装置的电能转换效率,采用高效充电装置对降低电动汽车的运行能耗具有重要意义。提高充电装置能耗效率的主要技术措施是选择高效变流电路拓扑,提高充电装置的功率因数,尽可能降低输出电流的交流分量并采用高效充电控制算法。

(3)对电池寿命影响小

电池的使用寿命极大地影响电动汽车的运行成本,仍是制约电动汽车发展的关键因素之一。电池寿命除与电池制造技术、制造工艺和电池成组应用等因素有关外,还与充电装置的性能有很大关系。选用对电池不会造成伤害的充电控制策略和性能稳定的充电装置,是保障电池使用寿命达到设计指标,防止电池发生早期损坏,降低运营成本的重要技术措施之一。

(4)适应性强

电动汽车充电系统必须能适应多种类型、多种电压等级的电池系统,能具有不同的充电控制算法。在相当长的一段时间内,电动汽车用电池仍将是多种类型电池共存的局面。在多种电池类型共存的市场背景下,用于公共场所充电的充电系统必须具有适应多种类型电池系统的能力,即充电装置具有多种类型电池的充电控制算法,可与各类电动汽车上的不同电池系统实现充电特性匹配。另外,由于没有统一的标准,现在研发的电动汽车存在多种电压等级,例如我国电动汽车实用的额定直流电压主要有 288 V,312 V,336 V,384 V 和 392 V 等。因此,用于公共场所的充电装置,必须能够适应进入市场的各种电压等级的电动汽车。

(5)操作简单

对于车载充电机,必须简单易用,能够保证所有用户都能独立完成充电操作。而对于公共充电系统,如果操作复杂,必须选择高素质的技术人员,必然会增加管理成本。因此,充电系统必须具有智能化的易操作特性,降低对操作人员的要求。

目前,世界各国都已认识到充电站建设对于电动汽车产业化及规模推广应用的重要生,把电动汽车与充电站建设作为系统工程,包括美国、德国、法国、英国、日本等在内的国家陆续发布了大规模充电网络建设规划。日本神奈川县成立了电动汽车普及推进协会,计划在 2014 年前建成由 1 000 个 100 V/200 V 插座构成的 EV 充电网络。在以色列,BETTER PLACE 公司计划在全国范围内建立一个拥有50 万个充电站的巨型充电网络。英国 ELEKROMOTIVE 公司是一家专注于电动汽车充电站研究、设计与制造的公司,该公司在伦敦建设的充电站已投入使用,正计划向国际市场推广。为了配合英国政府的电动汽车普及计划,英国政府出资 2 500 万英镑购买了 500 个 ELEKTROBAY 充电站,这些充电站将设置在停车场和路边,方便电动汽车使用。法国有超过 200 座公共充电站,法国政府近日宣布,将在原有充电设施的基础上大幅增加充电站的数量,力争到 2015 年将充电点增加到 100 万个,2020 年达 400 万个,以方便人们驾驶电动汽车,新增充电站将主要设在工作场所、超市和住宅区等停车场和道路两侧等区域。美国西北太平洋国家实验室发布了名为"SMART CHARGE CONTROLLER(简称 SCC)"的电动汽车充电控制装置,用户可自己管理电动汽车的充电时间,自动避开高峰时段充电。欧洲和美国的一些纯电动汽车充电设施如图 7-6 至图 7-10 所示。

图 7-6　英国的充电设施

图 7-7　意大利的充电设施　　图 7-8　瑞士的充电设施　　图 7-9　法国的充电设施

我国电动汽车充电基础设施是伴随着电动汽车的示范应用需求发展的,在先期 7 个城市示范、国家电网系统示范、奥运示范、"十城千辆"工程示范中,共已投入各种类型电动汽车充电站 98 座、示范充电桩 325 个、电动公交车大型换电站两座、超级电容公交车线路充电塔 62 座,技术同步得到了发展,为电动汽车的产业化开发和示范应用打下了良好的基础。

随着 2009 年"十城千辆"工程的实施,电动汽车能源供给基础设施的潜在机会开始受到重视,国家电网公司、南方电网公司、普天公司集团(与中海油合资成立普天海油新能源动力有限公司)、中国石化(与首科集团合资成立北京中石化首科新能源科技有限公司)等大型国企,围绕国家电动汽车发展战略强势介入充电基础设施建设,各示范城市和社会各界积极参与。上海市结合 2010 上海世博会 1 000 辆节能与新能源汽车示范运行,加快相关充电站、快

图 7-10　美国的充电设施

换站建设进程。已建成世博园区快换充电站 1 座,如图 7-11 所示,供 120 辆纯电动客车使用,另外,同时建成充电桩 147 个,为电动汽车的产业化开发和示范应用打下了良好的基础。2009 年,南方电网在深圳建设的首批电动汽车充电站(桩)建成投运,共启用两个充电站、134 个充电桩,两个充电站内设置 9 台充电柜,可同时容纳 18 辆电动汽车驶入。

　　武汉市整合电力企业、充电设备研发企业等各方资源,形成了基础设施建设相关技术储备,已建成 30 余座电动汽车充电站,初步形成了电动汽车充电网络。同时,国家电网公司结合电动汽车示范工作,积极推动基础设施建设,制订了较为详细的基础设施发展规划与布局,加快推动电动汽车产业化发展。比亚迪公司的电动汽车充电站如图 7-12 所示。

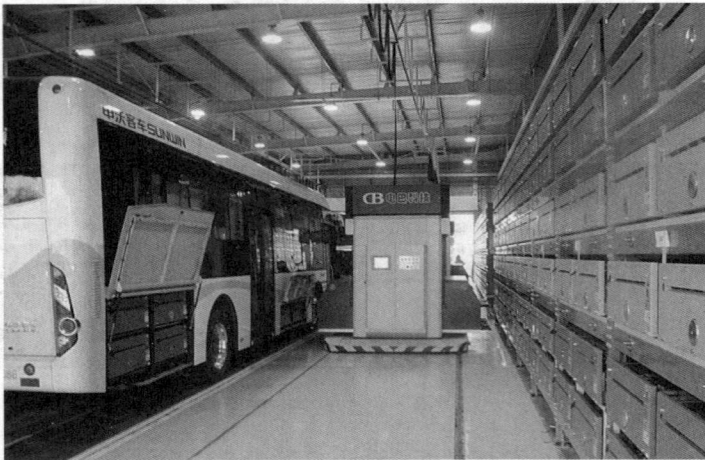

图 7-11　上海世博园区电池快速更换站

　　目前国家电网公司的充电站投资计划:国家电网将分 3 个阶段大力建设充电站和充电桩。第一阶段(2010 年)充电站主设备总投资规模将达到 3 亿元,在 27 个网省公司建设 75 座充电站和 6 209 个充电桩,初步建成电动汽车充电设施网络架构;第二阶段(2011—2015 年)投资 140 亿元,电动汽车充电站大力推广建设充电桩,初步形成电动汽车充电网络;与新能源汽车的爆发相比,充电基础设施建设远远落后。截至 2015 年底,在 20 个以上示范城市和周边区域建成由 40 万个充电桩、3 600 个充换电站构成的网络化供电体系,公共充电桩 4.9 万个,车桩比大约为 9∶1,按照新能源汽车与充电桩 1∶1 的标准配置来看,充电基础设施建设缺口巨

图 7-12　比亚迪公司的电动汽车充电站

大。与新能源汽车的补贴和政策推广有序推进不同，充电设备之前用地、电力设施、补贴、运营模式等规划均未明确，因此建设节奏有所落后。随着新能源汽车销量的持续上扬，充电桩建设缺口将进一步加大，对新能源汽车的推广形成制约，因此充电桩加速建设已经迫在眉睫。第三阶段(2016—2020 年)投资 180 亿元，电动汽车充电站达到 10 000 座，同步全面开展充电桩配套建设，建成完整的电动汽车充电网络。到 2020 年充电站主设备总投资将达到 320 亿元。2010 年充电站主设备中充电机、电能监控系统、有源滤波装置的投资规模分别将达到 1.5 亿元、2 000 万元、6 300 万元，第二阶段的年均投资规模将迅速增长至 14.4 亿元、1.6 亿元、6.72亿元。2010 年充电桩投资规模 1.6 亿元，2011—2015 年充电桩投资规模 45 亿元，年均投资 9亿元，是第一阶段年均投资规模的 5 倍。到 2020 年，充电桩总投资将达到 125 亿元。

二、电动汽车充电机分类

电动汽车充电机从供电电源提取能量，以合适的方式传递给动力电池，从而建立了供电电源与动力电池之间的功率转换接口。根据不同的分类方式，可以将充电机分成多种类型，见表7-1。

表 7-1　电动汽车充电机类型

分类标准	充电机类型		分类标准	充电机类型	
安装位置	车载充电机	地面充电机	连接方式	传导式充电机	感应式充电机
输入电源	单相充电机	三相充电机	功能	普通充电机	多功能充电机

1.车载充电机和地面充电机

车载充电机是指安装在电动汽车上可采用地面交流电网电源对电池组进行充电的装置。由于只需将车载充电机的插头插接到停车场或其附近的交流电源插座上即可进行充电，因此也被称为交流充电机，非常适合用户在家里为电动汽车充电。采用车载充电机充电速度较慢，只需几千瓦的功率，充电时间通常为 5~8 h。对于用户来说，只需安装一个专用的充电电源插座，而且利用夜间充电，电费较为便宜。

地面充电机一般安装于固定的地点,已事先做好输入电源的连接工作,而直流输出端与需要充电的电动汽车相连接,因此也被称为直流充电机。地面充电机可以提供多达上百千瓦的功率处理能力,可以对电动汽车进行快速充电。

2.传导式充电机和感应式充电机

传导式充电机的输出端直接连接到电动汽车上,两者之间存在实际的物理连接。这种充电方式结构简单,能量传递效率高且造价低,目前大多数充电机采用的都是这种传导式。

感应式充电机利用了电磁感应耦合方式向电动汽车传输电能,两者之间没有实际的物理连接,充电机分为地面部分和车载部分。它利用高频变压器将公用电网与电动汽车相隔离,高频变压器的一方绕组装在离车的充电机上,充电机将 50 Hz 的市电变换为高频电,通过装在电动汽车上的另一方绕组将电能传送到电动汽车一方,在整流电路的作用下,将高频电流变换为能够为动力电池充电的直流电。由于感应式充电机与电动汽车之间没有任何金属的接触,即没有接触式充电所必需的插头插座,使得电动汽车的充电更为安全可靠。但是由于变压器的损耗,它的充电效率略逊于传导式充电方式。

如果将感应式充电机的变压器一次绕组埋设在一段路面之下,而二次绕组装在电动汽车车体之下,当电动汽车从这段路面驶过时,在电磁感应的作用下,可以为电动汽车进行快速充电,这种充电方式就是所谓的移动式感应充电。

3.普通充电机和多功能充电机

普通充电机只提供对电池的充电功能,而多功能充电机除了提供对电池的充电功能以外,还能够提供诸如对电池进行容量测试、对电网进行谐波抑制、无功功率补偿和负载平衡等功能。由于当前实际运用的充电机基本上以交流电源作为输入电源,因此充电机的功率转换单元本质上是一个 AC/DC 变换器。

三、充电机的功能模块

如前所述,充电机的拓扑结构有多种,下面介绍最为常用的地面充电机的功能模块。地面充电机以三相交流电为输入电源,采用高频隔离型桥式 DC/DC 变换器,根据预先设定的充电过程参数对电动汽车动力电池组进行充电。

电动汽车地面充电机功能模块组成如图 7-13 所示。

输入整流装置对三相交流电进行整流,经过滤波后,形成稳定的直流母线电压,以提供给后级 DC/DC 变换器。DC/DC 变换器在控制系统的控制下,采用脉宽调制(PWM)技术,提供恒定电流输出或恒定电压输出,满足电池组的充电要求。驱动脉冲生成、调节及保护系统为充电机的底层控制系统,直接控制 DC/DC 变换器完成功率变换,并且提供完善的保护功能。单片机控制系统为充电机的顶层控制系统,接收人工输入或其他设备的控制指令控制充电机的启动与停机,并可将充电机运行数据进行显示或传输给上层监控计算机。

四、家用充电设施

由于只需将车载充电机的插头插到停车场或其附近的电源插座上即可进行充电,因此对于需要为电动汽车充电的用户而言,在家里充电是最可取的方式。而且由于充电速度较慢,只需几千瓦的功率即可。由于在家充电通常是在晚上用电低谷期,因而有利于电能的

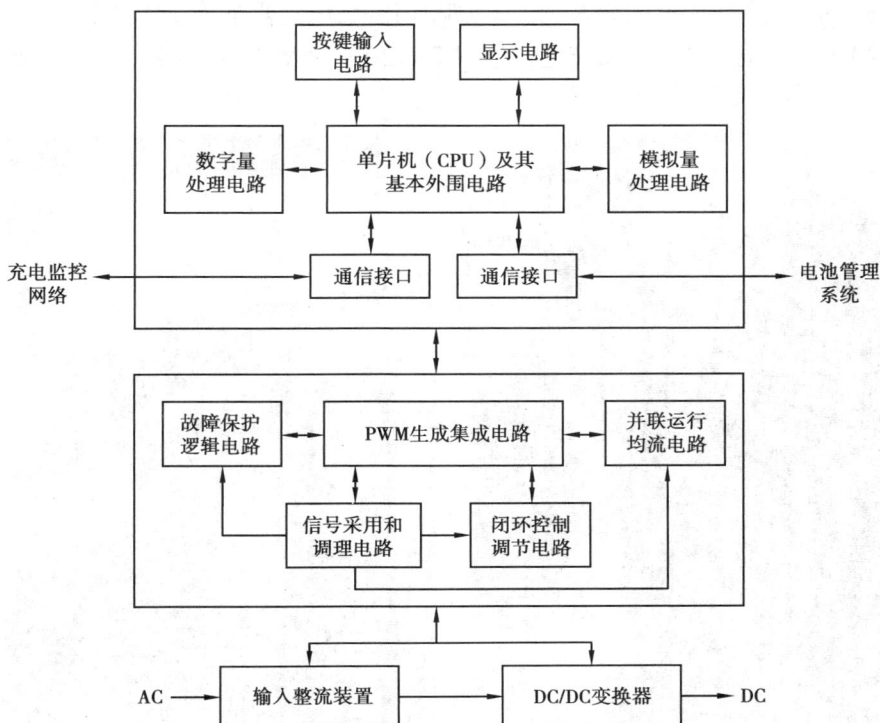

图 7-13　电动汽车地面充电机功能模块组成框图

有效利用。

家用充电设施的基本要求是有一个配有电源的车库或停车场地。有两种不同的方式：

①对于拥有私人车库的家庭来说,只需安装一个专用的充电电源插座。

②对于带有停车场的公寓或多层住宅来说,可安装带保护回路的室外电源插座,保证能够独立运行。而且应保证不经允许,居民不得靠近电源插座。家用充电设施的计费方案相当简单,电动汽车可以视为一种用电设备,因此,现有的计价表和收费方法可以直接采用。很明显,家用充电方式的初始成本比较低。

五、公共充电设施

公共充电设施基本上就是一些公共充电站,公共充电站应分布广泛,以保证电动汽车用户能够随时为电动汽车充电。能够支撑电动汽车商业化的公共充电站不是简单的多台充电机的集合,是一项规模庞大的系统工程,必须要考虑用电安全性、天气情况、电动汽车的种类、对电网的影响等各种因素。建设充电站需要巨大的资金投入,对充电站的基本要求是高效、节能、低造价、安全、可靠、维修性良好。公共充电站又可以分为标准充电站、快速充电站和电池更换站等。

(1)标准充电站

标准充电站(又称充电桩)是为带车载充电机的电动汽车设计的,采用正常电流充电,一般分布在居民区或工作场所附近的停车场,规模一般较大,以便能同时为很多电动汽车采用正常充电电流充电,充满电一般需要 5~8 h。实际应用时,电动汽车驾驶员只需将车停放在充电站的指定位置,接上电线即可开始充电。如图 7-14 所示为德国 RWE 公司和中国国家电网的充电桩。

图 7-14　充电桩

（2）快速充电站

快速充电站又称应急充电站,可以在短时间内为电动汽车充电,充电时间与燃油车加油时间接近。快速充电站可以提高电动汽车的使用方便性,但是也会给电力系统带来负面影响,如谐波污染,用电高峰的高电流需求等,另外对电池使用寿命也会产生很大的影响,如图 7-15 所示。

图 7-15　日产公司演示的快速充电站

在上述两种充电模式中,标准充电模式适用于办公楼或商场的停车场充电,而快速充电则因充电电流大而通常在公共充电站进行。我国标准规定推荐的 3 种充电设施参数见表 7-2。

表 7-2   3 种充电设施供电设备额定值

充电模式		额定电压	额定电流	适用场所	备　注
1		单相 220 V AC	16 A	家用	使用 GB 2009.1—2008 中额定电流为 16 A 的标准插座连接交流电网
2	2-1	单相 220 V AC	32 A	商场、停车场等	通过特定的供电设备为电动汽车提供交流电源
	2-2	三相 380 V AC	32 A		
	2-3	三相 380 V AC	63 A		
3		600 V DC	300 A	高速公路服务区、充电站等	通过非车载充电机对电动汽车进行直流充电

（3）动力电池更换站

除了及时给电池充电外，还可以采用更换电池组的方式，在电池电量耗尽时，用充满电的电池组进行更换，能够更换电池组的电池更换站就可以实现这一功能。电池归服务站或电池厂商所有，电动汽车用户只需租用电池，采用这种方式不仅极大地提高了电动汽车的利用效率，而且还降低了用户购买电动汽车的成本，同时，换下来的电池还可以统一由电池厂家进行维护，延长电池使用寿命，是一种非常有发展前景的充电站。这种电池更换站除了要配备大量充电机外，还需要电池更换设备，能够自动完成电池组的更换，同时还需要大量电池及电池存放区。

BETTER PLACE 公司的电池更换站如图 7-16 所示，其工作流程如下：

①驾驶员刷卡激活系统后将车开入更换站。

②更换设备很快从汽车底盘上把用光电的电池取下并更换上充满电的电池。

③整个更换过程只需要 1 min 30 s。

图 7-16   BETTER PLACE 公司的电池更换站

六、电动汽车的充电接口

充电接口是指用于连接活动电缆和电动汽车的充电部件，它由充电插头和充电插座两部分组成。充电插头指在电动汽车传导式充电过程中，与充电插座的结构和电气进行耦合的充电部件，它与活动电缆装配连接或一体化集成组成充电电缆。充电插座是安装在电动汽车或供电设备上用于耦合充电插的部件。在电动汽车的产业化过程中，充电接口的标准化至关重要。德国

比亚迪充电接口

MENNEKES 公司的充电接口和智能充电插图如图 7-17 所示。

我国制订的交流充电接口如图 7-18 所示,交流充电接口端子功能定义见表 7-3,直流充电接口端子功能定义见表 7-4,交流充电接口如图 7-19 所示,直流充电接口如图 7-20 所示。

图 7-17 德国 MENNEKES 公司的充电接口和智能充电插图

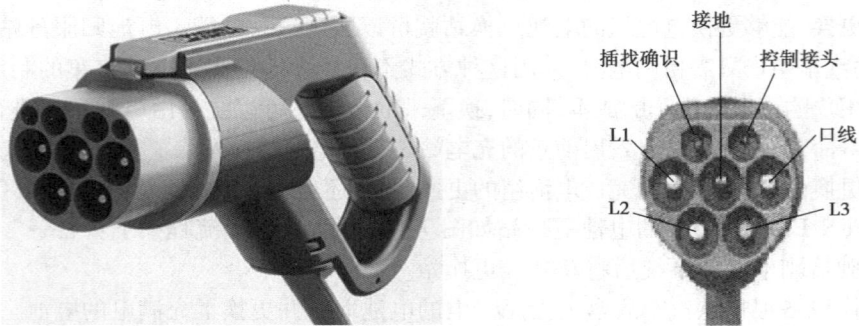

图 7-18 我国制订的交流充电接口

表 7-3 交流充电接口端子功能定义

触点编号/功能	功能定义	触点编号/功能	功能定义
1.交流电源(L1)	交流电源	5.保护接地(PE)	连接供电设备地线和车辆底盘地线
2.交流电源(L2)	交流电源		
3.交流电源(L3)	交流电源	6.控制确认 1(CP)	
4.中线(N)	—	7.控制确认 2(CC)	

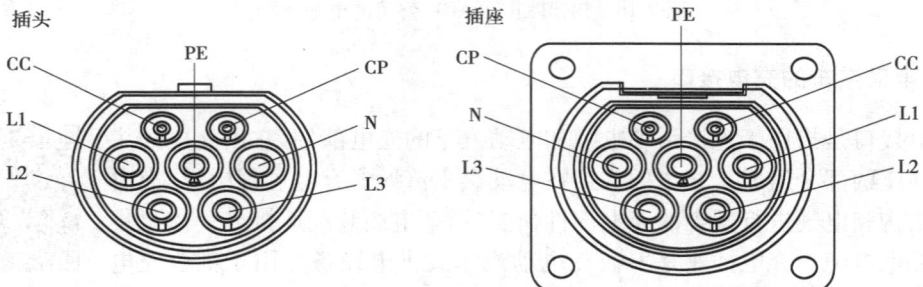

图 7-19 交流充电接口

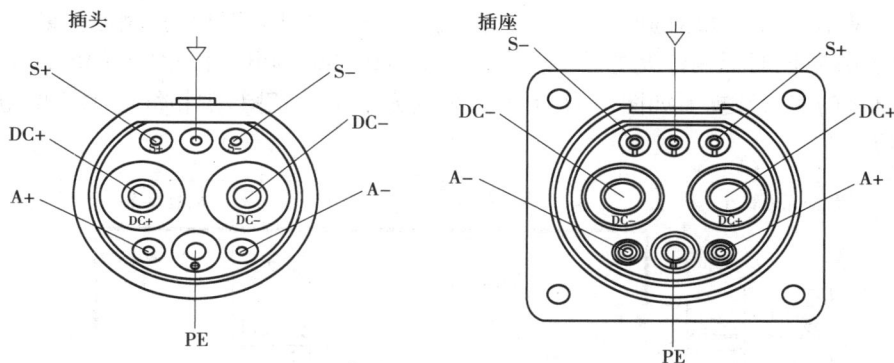

图 7-20　直流充电接口

表 7-4　直流充电接口端子功能定义

触点编号/功能	功能定义
1.直流电源正（DC+）	连接直流电源正与电源正极
2.直流电源负（DC−）	连接直流电源负与电源负极
3.保护接地（⏚、⊥或 PE）	连接供电设备地线和车辆底盘地线,在充电接口连接和断开时,该端子相对于其他端子首先完成连接并最后完成断开
4.充电通信 CAN-H（S+）	连接非车载充电机与电动汽车的通信线
5.充电通信 CAN-L（S−）	连接非车载充电机与电动汽车的通信线
6.充电通信 CAN 屏蔽（▽）	连接 CAN 通信屏蔽线
7.低压辅助电源正（A+）	非车载充电机为电动汽车提供低压辅助电源正
8.低压辅助电源正（A−）	非车载充电机为电动汽车提供低压辅助电源负

七、电动汽车充电机的工作原理和技术特点

1.电动汽车充电机的工作原理

电动汽车充电过程需要地面充电装置和车载充电控制器配合。充电地面装置提供单相 220 V、三相 380 V 的市电,采用控制引导电路向车载充电控制器提供充电的电压、电流容量。利用这些实时数据可以获得地面充电装置提供的额定功率,从而为车载充电机选择何种充电方式提供依据。

电池系统包括电池组和电池管理系统（BMS）。电池管理系统可以对电池组进行状态检测、保护以及根据当前电池组的状态选定合理的充电方式。BMS 和充电控制器采用 CAN 总线进行通信,向控制器汇报电池组的状态,如充电量、当前需要的电压电流值、当前的电池组温度等,保证控制器可以实时地掌握电池组的状态和需求。

地面的市电输出连接到可调开关电源,同时电池充电回路上还设计了一组功率管。MCU 通过可调开关电源和功率管组实现对充电回路的双闭环控制,可调开关电源实现外环电压控制,功率管实现内环电流控制。根据 BMS 提供的数据,MCU 控制开关电源使输出电压值稍微大于 BMS 要求的值,然后再调节功率管使电流、电压满足 BMS 的需求。这样能够使开关电源

119

输出的电压基本加到电池组的两端,而功率管上只有很少的压降,这种控制方案最大程度上减少了功率的损耗,同时提高了充电效率。隔离型电流传感器和电压传感器为 MCU 提供充电线路电压和电流的实时数据。如图 7-21 所示为车载充电机示意图,黑粗线表示充电电路,箭头表示信号流。

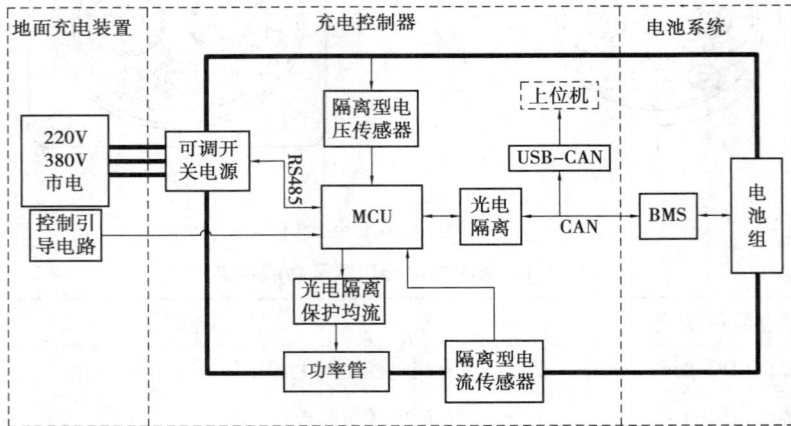

图 7-21　车载充电机示意图

2.电动汽车充电机的技术特点

电动汽车的动力电池组是用同类型和同型号的蓄电池用串联、并联或串并联方式组合而成,根据蓄电池的工作机理的不同,动力电池组的充电和放电的工作机理也有所不同。对蓄电池的充电是动力电池组的主要管理方面,正确充电是保证动力电池组正常工作和延长使用寿命的基本保养方法,动力电池组的充电方法有以下几种:

(1)恒流充电

恒流充电时,自始至终都是以恒定不变的电流进行充电,恒定电流通过调整充电机的电流来控制,在一般的硅整流器充电器中即可实现,充电操作简单、方便,但要求采用以较小的电流、以较长的时间进行充电,恒流充电一般需要 15 h 以上。恒流充电方式适合由多个蓄电池串联的动力电池组的充电,其中低容量的蓄电池易于恢复。恒流充电的不足是,由于蓄电池的电阻在充电过程中会改变,因此恒定的电流值在充电的开始阶段远小于需求值,而在充电后期又大于需求值,整个充电时间长,析出气体多,充电效率不高,能耗高,现在已经较少采用单纯的恒流充电。

(2)恒压充电

恒压充电时对每个单体蓄电池均以某一恒电压进行充电。由于蓄电池自身的特性,在充电初期蓄电池电阻比较小,因此充电初期流过蓄电池的电流就很大,随着充电进程蓄电池的电阻慢慢增大,电流相应减小,因此在充电终期仅有很小的充电电流。在整个充电过程中始终采用同一电压值进行充电,操作比较简单,由于随充电过程电流自动减小,析出的气体少,能耗低,充电效率可达 80%,如果充电电压选择恰当,充电约为 8 h。

这种充电方法的缺点是假如蓄电池深度放电,那么在充电初期充电电流会很大,这种过电流不仅危及充电机,损害蓄电池,而且有可能对操作人员的安全产生影响。如果采用的充电电压过低,充电后期电流过小,则会延长充电时间。

（3）快速充电

对蓄电池进行快速充电既不能用恒流大电流充电,也不能用较高的恒压充电,否则蓄电池的温度会很快上升,损伤电极和浪费电能。快速充电是使用电流用脉冲的方式输送给蓄电池,并随着充电时间的延续,蓄电池有一个瞬间的大电流放电(称为负脉冲),使电极去极化。

（4）智能充电

智能充电应用 dU/dt 的技术,跟踪检测蓄电池端电压在单位时间内的变化量,特别是在蓄电池充电的后期,不同类型的蓄电池在充电后期呈现不同的变化规律,并动态跟踪蓄电池可接受的充电电流,保持充电电流始终处于蓄电池可接受的充电电流曲线附近,使蓄电池几乎在无气体析出的条件先进行充电。只要 dU/dt 的值,蓄电池的充电深度就基本确定,并可以判断终止的条件。

（5）均衡充电

在全浮式或半浮式充电运行的动力电池组中,虽然动力电池组中的蓄电池都是在相同的条件下运行,但由于某种原因可能出现各个蓄电池之间的不均衡,其主要出现在:

①浮充发电机或充电机停止运转,由动力电池组负责全部电能的供应时。

②动力电池组以较大的电流放电;动力电池组放电后未能及时充电时。

③动力电池组中有个别蓄电池的电压、电解液密度偏低,形成动力电池组中蓄电池有差别时。

均衡充电实际上就是以小电流进行 $1\sim3$ h 的充电过程,均衡充电不能频繁进行。

由于蓄电池的物理特性的复杂性,因此在充电时往往表现出非线性、不稳定性。采用上述的充电方式可以在一定程度上满足充电的需求,但没有达到最优的标准,即满足快速、安全、高效和节能。因此采用一种三段式的智能充电方式,充电初期采用恒流充电,然后转为恒压充电,在后期采用浮充充电,如图 7-22 所示。

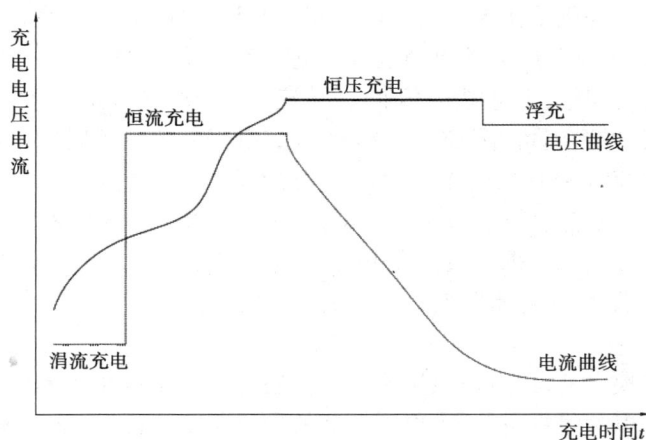

图 7-22　三段式充电示意图

在蓄电池开始充电之前,必须检测蓄电池是否过放电,如果没有就直接进入正常充电阶段,如果是就必须采用涓流充电方式进行充电,当蓄电池的电压值慢慢恢复正常值之后才可进行正常充电。智能充电模式,第一阶段恒流充电,采用一个恒定电流充电,随着充电的进行,蓄电池的电压也逐步上升,当达到某个电压阀值时恒流充电结束。第二阶段恒压充电,在蓄电池的两端加载一个恒定的电压,随着充电的继续进行,蓄电池的内部结构发生变化,电阻慢慢增大,从而流经蓄电池的电流值也随之减小。当电流值减小到某个下限时,则恒压充电阶段结束。充电系统进入浮充阶段,这个阶段电流值继续减小,当达到一个很小的特定值时,就认定蓄电池已经充电,充电结束。

电动汽车的发展包括电动汽车以及能源供给系统的研究和开发,其中能源供给系统是指充电基础设施,供电、充电和电池系统及能源供给模式。电动汽车充电技术作为一个新的科技领域,世界各国都置身于充电技术的研究,并拟制作充电技术标准,为未来企业发展占据先机。充电系统为电动汽车运行提供能量补给,是电动汽车的重要基础支撑系统,也是电动汽车商业化、产业化过程中的重要环节。在充电系统中,充电站的建设需要根据电动汽车的充电需求,结合电动汽车充电模式进行相应的规划和设计。

3.电动汽车常用充电模式

根据电动汽车动力电池组的技术和使用特性,电动汽车的充电模式存在一定的差别。对于充电方案的选择,现今普遍存在常规充电、快速充电和电池组快速更换系统 3 种模式。

(1)常规充电

蓄电池在放电终止后,应立即充电(在特殊情况下也不应超过 24 h),充电电流相当低,大小约为 15 A,这种充电称为常规充电(普通充电)。常规蓄电池的充电方法都采用小电流的恒压或恒流充电,一般充电时间为 5~8 h,甚至长达 10 小时或 20 多个小时。

因为所用功率和电流的额定值并不关键,所以常规充电的充电器和安装成本比较低,可充分利用电力低谷时段进行充电,降低充电成本,还可提高充电效率和延长电池的使用寿命。常规充电模式的主要缺点为充电时间过长,有紧急运行需求时难以满足。

(2)快速充电

常规蓄电池的充电方法一般时间较长,给实际使用带来许多不便。快速充电电池的出现,为纯电动汽车的商业化提供了技术支持。快速充电又称为应急充电,是以较大电流短时间在电动汽车停车的 20 min~2 h 内为其提供短时充电服务,一般充电电流为 150~400 A。

快速充电所用的时间短,充电电池寿命长(可充电 2 000 次以上),没有记忆性,可以大容量充电及放电,在几分钟内就可充 70%~80% 的电。由于充电在短时间内(为 10~15 min)就能使电池储电量达到 80%~90%,与加油时间相仿,因此,建设相应充电站时可不配备大面积停车场。但是,相对常规充电模式,快速充电也存在一定的缺点:充电器充电效率较低,且相应的工作和安装成本较高。由于采用快速充电,充电电流大,这就对充电技术方法以及充电的安全性提出了更高的要求,同时计量收费设计也需特别考虑。

(3)机械充电

机械充电也就是换电池,即电池组快速更换。通过直接更换电动汽车的电池组来达到为其充电的目的。由于电池组重量较大,更换电池的专业化要求较强,需配备专业人员借助专业机械来快速完成电池的更换、充电和维护。

电动汽车用户可租用充满电的蓄电池,更换电量已经耗尽的蓄电池,有利于提高车辆使用效率,也提高了用户使用的方便性和快捷性;对更换下来的蓄电池可以利用低谷时段进行充电,降低了充电成本,提高了车辆运行经济性;解决了充电时间乃至蓄存电荷量、电池质量、续驶里程长及价格等难题;可以及时发现电池组中单体电池的问题,进行维修工作,对于电池的维护工作将具有积极意义,电池组放电深度的降低也有利于提高电池的寿命。

4.电动汽车充电的特点

（1）动力电池特性

不同种类动力电池具有不同的充电特性，最佳充电率在 0.2～2.0 C 之间变化。电池系统额定电压相同的情况下，最高充电电压由于电池种类、结构形式上的区别也体现出一定的差别。对于不同种类的电池，充电方法及充电控制策略也不同，应根据其电池特性不同采用不同的充电方法。

（2）充电时间

不同运行模式的电动汽车对充电时间提出了不同的要求，而充电时间的不同需要不同的充电方式来满足。在电动汽车对充电时间要求不高的情况下，可在停运时间利用电力低谷进行常规充电，延长车辆的续驶里程；在充电时间较为紧迫的情况下，需要采用快速充电或电池组快速更换及时实现电能补充。

（3）充电场所及其他环境条件

动力电池充放电工作效率受充电场所及其他环境条件的影响，尤其是受环境温度的影响。在常温下，电池充电接受能力较强，随着环境温度的降低，其充电接受能力逐渐降低。随环境温度降低，充电站功率需求将增加，因此，建设充电站时应尽可能保证其环境不受人为温度条件的影响。

5.电动汽车对充电技术的要求

随着电动汽车的逐步推广和产业化以及电动汽车技术的日益发展，电动汽车对充电站的技术要求体现了一致的趋势，要求充电站尽可能向以下目标靠近：

（1）充电快速化

相比发展前景良好的镍氢和锂离子动力蓄电池而言，传统铅酸类蓄电池具有技术成熟、成本低、电池容量大、跟随负荷输出特性好和无记忆效应等优点，但同样存在着比能量低、一次充电续驶里程短的问题。因此，在目前动力电池不能直接提供更多续驶里程的情况下，如果能够实现电池充电快速化，从某种意义上也就解决了电动汽车续驶里程短这个致命弱点。

（2）充电通用化

在多种类型蓄电池、多种电压等级共存的市场背景下，用于公共场所的充电装置必须具有适应多种类型蓄电池系统和适应各种电压等级的能力，即充电系统需要具有充电广泛性，具备多种类型蓄电池的充电控制算法，可与各类电动汽车上的不同蓄电池系统实现充电特性匹配，能够针对不同类型的电池进行充电。因此，在电动汽车商业化的早期，就应该制定相关政策及措施，规范公共场所使用的充电装置与电动汽车的充电接口、充电规范和接口协议等。

（3）充电智能化

制约电动汽车发展及普及的最关键问题之一，就是储能电池的性能和应用水平。优化电池智能化充电方法的目标是要实现无损电池的充电，监控电池的放电状态，避免过放电现象，从而达到延长电池的使用寿命和节能的目的。充电智能化的应用技术发展主要体现在以下几个方面：

①优化的、智能充电技术和充电机、充电站。

②电池电量的计算、指导和智能化管理。

③电池故障的自动诊断和维护技术等。

（4）电能转换高效化

电动汽车的能耗指标与其运行能源费紧密相关。降低电动汽车的运行能耗,提高其经济性,是推动电动汽车产业化的关键因素之一。对于充电站,从电能转换效率和建造成本上考虑,应优先选择具有电能转换效率高,建造成本低等诸多优点的充电装置。

（5）充电集成化

本着子系统小型化和多功能化的要求,以及电池可靠性和稳定性要求的提高,充电系统将和电动汽车能量管理系统集成一个整体,集成传输晶体管、电流检测和反向放电保护等功能,无须外部组件即可实现体积更小、集成化更高的充电解决方案,从而为电动汽车其余部件节约出布置空间,大大降低系统成本,并可优化充电效果,延长电池寿命。

◆ 项目实施

【实施条件】

实施地点和要求:电动汽车实训室的电动汽车充电机性能良好,工作正常。

实施时间:按照教学计划的安排,了解电动汽车充电机的结构和特点。

教学要求:根据电动汽车充电机的数量将学生分成若干小组,每小组5人使用一套电动汽车充电机,指导教师先讲解并现场演示,学生再动手操作。

【实施步骤】

电动汽车充电机性能的认识

电动汽车车载充电机采用CAN总线与电池管理系统(BMS)进行通信,接收由BMS发送的电池充电状态和充电需求等,同时把实时的充电回路状态信息发送给BMS。充电机从地面电源获取能量,采用合适的方式传递给蓄电池,而建立了供电电源与蓄电池之间的功率转换接口。充电系统通常由功率转换单元和执行充电过程控制的控制器组成。对充电系统的基本性能要求包括:对操作人员具有安全性,同时易于使用;充电快速,且能够保证蓄电池的使用寿命;高效率,能够提高能量的利用率,降低经济成本。

充电系统的主要设计指标包括:

①输入电源:输入电压频率为50 Hz,单相220 V或三相380 V。

②输出直流电压:0~100 V可调,电压指示。

③输出直流电流:0~100 A可调,电流指示。

④自动检测整个电池组的充电电压。

⑤自动检测整个电池组的充电电流。

⑥自动控制充电过程。

⑦电池充满电后,自动结束充电。

⑧系统具有定时、计时功能和充电过程信息记录功能。

⑨具有良好的自保护和自诊断功能。

小　结

　　该项目通过了解充电机的构成及作用、电动汽车充电机分类、充电机的功能模块、家用充电设施、公共充电设施、电动汽车的充电接口、电动汽车充电机的工作原理和技术特点,通过对电动汽车充电机的工作原理和技术的学习,使读者初步了解电动汽车充电机的工作原理和技术的学习内容,同时,加深对电动汽车充电机的工作原理和技术知识的理解。提高读者对电动汽车充电站的直流系统的学习兴趣,使读者初步了解电动汽车充电机的构成与功能。

　　本项目通过了解电动汽车充电机的组成、分类和工作原理,提高读者对电动汽车充电机技术的学习兴趣,使读者初步了解电动汽车充电机的结构和特点。熟悉电动汽车充电机技术,通过现场了解电动汽车充电机的工作情况,通过对不同电动汽车充电机技术的介绍,使学生知道本学习情景的重要性,激发学习兴趣,使读者初步了解电动汽车充电机的工作情况。

思考题

1.简述电动汽车充电机的构成及作用。
2.论述电动汽车充电机的功能模块。
3.论述电动汽车充电机的工作原理和技术特点。
4.简述电动汽车的充电接口技术。

项目 **8**

电动汽车充电站的监控系统

◆ 项目要求

仪表盘

该项目通过了解电动汽车充电站的充电监控系统配置原则、电动汽车充电站的监控网络、电动汽车电能供给方式、电动汽车充电站建设模式、电动汽车充电站监控系统功能、电动汽车充电站监控系统的实现与应用、电动汽车充电站监控系统的运行与操作，通过对电动汽车充电站的充电监控系统的学习，提高读者对电动汽车充电站的充电监控系统的学习兴趣。通过对电动汽车充电站的充电监控系统的总体认知，使读者初步了解电动汽车充电站的充电监控系统的学习内容，同时，加深对电动汽车充电站的充电监控系统工作原理和技术的知识理解。

知识要求

1.了解电动汽车充电站的充电监控系统的构成和应用。

2.了解电动汽车充电站的充电监控系统的工作原理和技术、工作特点。

能力要求

1.在现场对电动汽车充电站的充电监控系统构成的认识和操作。

2.在现场观察电动汽车充电站的充电监控系统的工作情况和特点。

◆ 相关知识

一、电动汽车充电站的充电监控系统配置原则

目前,我国电动汽车充电设施并没有开展商业运营,只是为一些特定的对象服务。比如,公交线路的电动汽车充电站,它属于公交公司内部的充电站,只服务于电动公交,并不向社会

126

开放。现阶段,我国尚不具备成熟的电动汽车运营系统,一切都处于探索阶段,还没有形成完善的机制。现在的管理系统只能管理充电站或电动汽车,不能对它们进行统一的管理。因此,电动汽车产业近期的主要任务就是研究、开发出一套完整的监控系统,以实现电动汽车产业和电动汽车充电设施的发展。在电动汽车领域,基于物联网的管理方法正在试用阶段,而北京、天津和杭州等城市虽然已经设立了运营管理系统,但还没有实现实用化。因此,我国还应加大对电动汽车产业的管理力度,制订一套完整的管理方案,建立健全电动汽车产业的管理监控系统。

电动汽车充电设施的监控系统需要监控很多充电设备,而它的主要任务就是管理和维护这些设备。充电设备的管理通常负责很多充电设施的管理,比如充电设备、配电设备、电池更换设备等,同时,还要存储电动汽车的充电记录,及时获取充电信息,更新电池的充电状态。因此,提供电动汽车的充电历史信息,可以实时监控其充电过程,保证电动汽车和充电站的安全。此外,充电站为电动汽车充电提供了 3 种充电模式,即按时间充电、按电量充电和按电池信息充电。管理充电设备可以提高电池充电时的安全性,有效避免充电过程中遇到的各种安全隐患,使得充电站能够及时地为电动汽车提供电能,保证电动汽车的正常使用,推动电动汽车产业的发展,从而实现我国可持续发展的战略目标。

未来电动汽车会越来越普及,为了更好地管理电动汽车行业,要加大电动汽车充电站的建设力度,以确保能源及时供给。同时,要建立健全电动汽车管理系统,统一管理电动汽车的生产经营和电动汽车充电设施的安全保护,使我国电动汽车产业发展得越来越好。

1.保证电池充电的安全性

目前,我国的电动汽车产业一般选用锂离子蓄电池作为供给能源。虽然锂离子蓄电池的电能比较强,使用时间较长,但是,在充电时对其有较高的要求。在充电过程中,如果控制不好就会对锂离子蓄电池造成永久的损伤,甚至会发生电池爆炸事故。因此,电动汽车充电站的监控系统必须具备实时监控锂离子蓄电池和充电设备的功能,确保在电池充电过程中不会发生意外爆炸的情况,也不会损坏电动汽车的电池。根据这种情况,我国电动汽车充电站可以选用智能充电机,这样可以有效保证锂离子蓄电池充电的安全性,也可以延长锂离子蓄电池的使用寿命。

2.提高充电站的运营管理水平

电动汽车充电站是保证电动汽车正常行驶的关键,是电动汽车所需能源的供给处。由于充电站的设备较多,人工无法有效地完成这些设备的管理工作,因此,为了使电动汽车能够正常使用,充电站必须采用先进的科学技术实现对充电站设备的管理,实现电动汽车充电站管理、运营自动化,减轻管理人员的工作负担,提高充电站的运营管理水平。

二、电动汽车充电站的监控网络

电动汽车充电设施监控系统是由电动汽车充电监控中心、充电站、换电站和分布式充电设施 4 部分组成。充电站、换电站与管理中心之间采用光纤通信,分布式充电设施与管理中心之间采用 GPRS/CDMA/ADSL 方式通信。

1.充电监控

充电站是电动汽车的能源供给处,在电动汽车的充电过程中,一般都配备监控设备。充电监控主要负责收集、处理和保存电动汽车锂离子蓄电池的实时参数和充电站充电设备的实时运行数据,科学地调控充电设备。通过与电动汽车电池管理系统通信,可以了解到蓄电池的状态和参数,同时,还能获取充电站电能计量表的实时信息,监控电池充电的全过程。简单来说,充电监控是指监控电池在充电过程中的情况和充电设备的运行信息,保证电动汽车充电设施的可靠性、安全性和高效性。

2.配电监控

配送站的重要工作是更换电池,而它是由移动设备组成的。配电监控具有采集数据、控制操作和事件异常报警等功能。此外,配电监控可以实时监控有源滤波和无功补偿装置,设置充电设施的运行参数,采集相关数据,可以掌握我国电网的电能质量。

3.换电监控

顾名思义,换电站是为电动汽车换电的地方。换电监控是对电动汽车充电站的充电架、电池更换设备、电池箱等进行的实时监控。根据电池箱的实时充电信息和各种参数指标,选择合理的电池配置方案,为电动汽车更换合适的电池。在更换设备或更换电池箱时,要实时监控其情况,保证电动汽车蓄电池更换的安全性。

4.安全防护监控

通过安全防护监控子系统视频监控充电站,同时,还要监控消防、门禁和充电站的周边环境。这样做,可以及时发现充电设施或者其他设备存在的异常情况,实时控制电动汽车充电站的安全防护系统,将异常情况迅速地反馈到监控室,实现电动汽车充电站的安全防护监控,以保证工作人员和充电设备的安全。

随着我国电动汽车产业的发展,传统的运营和管理方法已经不能满足电动汽车产业发展的需求,因此必须要不断完善和提高运营管理水平。电动汽车充电站是电动汽车正常使用的关键,但是,在充电过程中,很容易损坏电动汽车的电池,甚至引发电池爆炸事故。因此,我国采用了实时监控系统,并应用先进的科学技术实现充电设施的自动化监控,在减轻管理人员工作负担的同时提高工作效率,保证充电过程的安全性,使电动汽车能更好地为人们服务,减少石油资源的消耗,进而实现我国的可持续发展。

电动汽车充电站是电动汽车大规模商业化后不可缺少的电动汽车能源服务基础设施,实现电动汽车充电站运行管理自动化,首先介绍电动汽车电能供给方式和电动汽车充电站建设典型模式,实现充电站需求的充电站监控系统。

三、电动汽车电能供给方式

目前,电动汽车电能供给方式主要有交流充电、直流充电和电池组快速更换 3 种典型方式。

(1)交流充电方式

外部提供 220 V 或 380 V 交流电源给电动汽车车载充电机,由车载充电机给动力蓄电池充电。一般小型纯电动汽车、可外接充电式混合动力电动汽车(Plug in Hybrid Electric Vehicle,PHEV)多采用此种方式。车载充电机一般功率较小,充电时间长。

(2)直流充电方式

地面充电机直接输出直流电能给车载动力蓄电池充电,电动汽车只需提供充电及相关通信接口。地面充电机一般功率大,输出电流、电压变化范围宽。有些地面充电机还具备快速充电功能。

（3）电池组快速更换方式

电动汽车与充电机无直接联系,而是通过专用电池更换设备将车上少电的电池取下,换上充满电的电池,这个过程所需时间短。电池由地面充电机充满电,并放置在更换专用电池架上备取。

四、电动汽车充电站建设模式

结合电动汽车的发展趋势以及电动汽车电能供给的典型方式,未来电动汽车充电站建设主要有 3 种典型模式:

（1）模式 1

在住宅小区或商业大厦的专用停车场安装一定数量的智能充电桩和少量的智能地面充电机。智能充电桩为电动汽车提供 220 V 或 380 V 交流电源接口,智能地面充电机为电动汽车提供应急充电服务。该模式适用于小型纯电动汽车、PHEV 等。

（2）模式 2

在专用停车场安装一定数量的智能地面充电机,直接连接电动汽车上的专用充电接口为车载电池充电。该模式适用于具有专用停车场的车辆,如纯电动公交车、纯电动环卫车等。

（3）模式 3

模式 3 即电池更换站模式。站内安装有直接为电池包充电的充电机和直接为电动汽车充电的应急充电机,配备电池快速更换设备和电池架,配有专用配电系统（含电能谐波集中治理装置）,能为纯电动汽车提供电池更换服务。该模式适用于一次充电续驶里程不能满足日常行驶需要而频繁充电的车辆,如大型纯电动公交车、纯电动环卫车等。

五、电动汽车充电站监控系统功能

充电站监控系统的充电监控功能可以监测电池和充电机当前状态。采用智能充电机的充电保护措施可以有效保证动力蓄电池充电过程的安全。

1.系统监控对象

根据上述电动汽车充电站建设的 3 种模式,可确定电动汽车充电站监控系统的监控对象。

（1）模式 1 的充电站

模式 1 充电站的结构如图 8-1 所示,该系统主要监控对象是大量具备交流输出接口的充电桩和少量智能地面充电机,并与电动汽车进行部分信息交互,并将相关数据上送给上级集中监控系统。

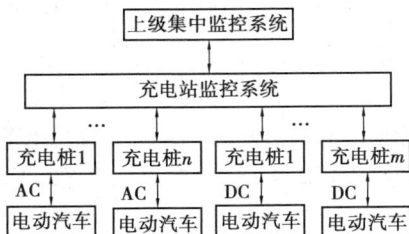

图 8-1　模式 1 充电站结构图

（2）模式 2 的充电站

模式 2 充电站的结构如图 8-2 所示,该系统主要监控对象是大量的智能地面充电机和站内配电装置,需要采集电动汽车和电池包的充电过程数据,与上级集中监控系统进行信息交互。

（3）模式 3 的充电站

模式 3 充电站的结构如图 8-3 所示,其主要监控对象是充电机及其连接的电池包、应急充电机及其连接的电动汽车、站内配电设备、烟感装置、电池维护设备和快速更换设备等,并与上级集中监控系统进行信息交互。

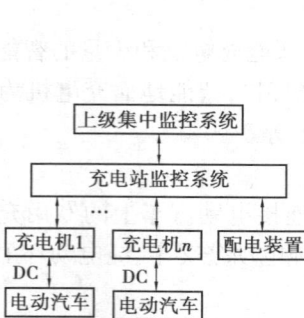

图 8-2　模式 2 充电站结构图

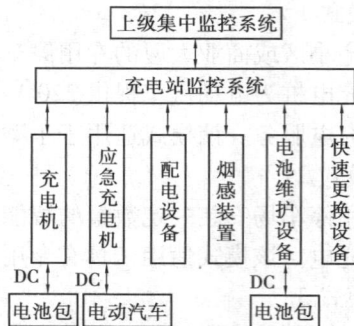

图 8-3　模式 3 充电站结构图

2.系统应用功能需求

充电监控功能是充电站监控系统的核心功能,主要实现对充电桩和充电机的监视与控制。

（1）对充电桩的监控

监视充电桩的交流输出接口的状态,如电流、电压、开关状态、保护状态等;采集与充电桩相连接的电动汽车的基本信息;控制充电桩交流输出接口的开断。

（2）对充电机的监控

充电机作为被监控对象,上传给监控系统的数据主要包含两类:充电机状态信息,即输入输出电压、电流、电量、功率因数、充电时间、当前充电模式、充电机故障状态等;电池状态信息,即电池包基本信息、电池单体电压、电池单体温度、电池故障状态、电池管理系统设置信息等。

此外,在电池包状态信息部分,系统还需根据采集到的电池单体电压、温度等计算出电池包内单体最高电压、最低电压、最高温度、最低温度等统计信息,供限值统计、告警系统使用。对充电机的控制功能主要包括:对充电机充电开始、停止、紧急停止的控制;充电机充电模式的调整,即根据充电机连接电池的类型及其充电特性,操作人员可通过图形画面调整各阶段充电参数,并向下发送给充电机;向充电机及其连接的电池管理系统下发对时命令。

3.配电监控功能

实现对电动汽车充电站配电设备的监控,方便统一管理和数据共享。可实现对整个充电站的总功率、总电流、总电量、功率因数、主变状态、开关状态、无功补偿及谐波治理设备的监视和控制。

4.烟感监视功能

在模式 3 的充电站中,为了保障电池充电安全,除了通过电池管理系统监视电池电压、温度外,在电池充电架中安装了数量众多的烟雾传感器,用于探测锂离子动力电池因过充电导致电池自燃而释放出的烟雾。这些传感器接入充电站监控系统后,和充电监控功能(特别是在电池管理系统失效时)一起保障电池充电的安全。

5.电池维护监控功能

在大型充电站中,需要通过专门的电池维护设备对电池进行定期维护。在维护过程中,系统将采集到的维护数据存入充电站监控系统数据库,形成电池的完整数据档案,便于对电池进行整体评估。

6.快速更换设备监控功能

在具备电池快速更换设备的充电站中,可通过充电站监控系统对电池快速更换设备下发具体电池更换命令,让快速更换设备在指定轨道位置更换电池架上指定位置的电池包。充电站监控系统可采集快速更换设备当前轨道位置、设备状态等信息。

7.数据交换与转发功能

充电站要与上级集中监控系统进行数据交互,上传本地全部数据包等实时信息以及电池系统充电历史数据信息,以便对电池数据进行集中分析和评估。

六、电动汽车充电站监控系统的实现与应用

参考当前充电监控系统与电力监控系统的技术实现路线及发展趋势,采用平台化、模块化、组件化设计思想,开发了 EVCS2000 充电站监控系统。该系统由基础平台、支撑平台、应用系统组成,系统结构如图 8-4 所示。

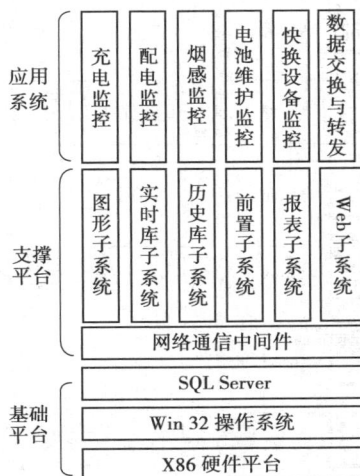

图 8-4　电动汽车充电站监控系统结构

EVCS2000 系统基础平台由 X86 硬件平台和 Win32 操作系统以及 Microsoft SQL Server 数据库系统构成。

EVCS2000 系统支撑平台由网络通信中间件、图形子系统、实时库子系统、历史数据子系统、前置子系统、报表子系统、Web 发布子系统等构成。网络通信中间件、实时库子系统、历史库子系统、前置子系统提供了丰富的二次开发接口。

EVCS2000 的应用系统包括充电监控子系统、配电监控子系统、烟感监视子系统、电池维护监控子系统、快速更换设备监控子系统、数据交换与转发子系统等,其应用系统网络结构如

图 8-5 所示。

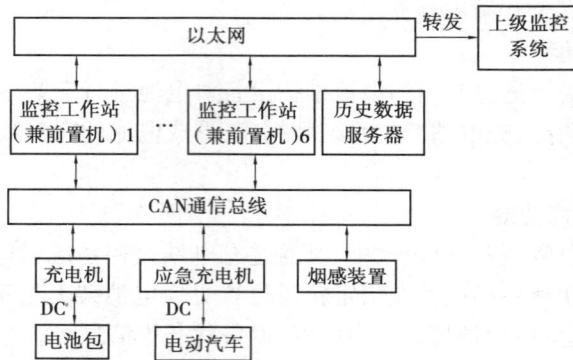

图 8-5 EVCS2000 应用系统网络

　工作人员可以通过各充电分区的主监视画面监视各充电机当前的工作状态、电池的充电状态以及对应烟雾传感器状态,如图 8-6 所示。工作人员还可以通过充电机或电池包的充电状态信息监控画面,监视充电机当前的输出电压、电流、电量、充电故障状态、充电模式信息、该充电机所连接的电池包的各电池单体的电压、温度信息以及电池管理系统故障状态信息等,如图 8-7 所示。用户可以通过画面的按钮对充电机进行控制操作。

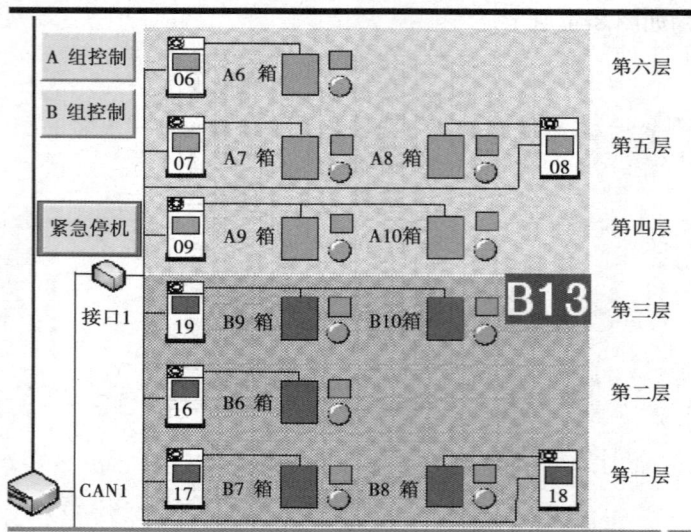

图 8-6 充电分区主监画面

　随着具备电池更换功能的电动汽车充电站逐渐增多,特定区域内电动汽车充电站间的数据交换随之增多,规范电动汽车充电站监控系统之间数据交换标准也需进行研究。研究和制订电动汽车充电站监控系统功能规范,研究和制订充电站监控系统与充电机、充电桩、电池维护设备等的通信协议。

　研究电动汽车充电站与波动性电源一体化集成控制技术,实现电动汽车充电站充电设备启停、充电功率调节与充电站可用输入功率的自动化和智能化协调控制。

　随着电动汽车商业化示范运行的增多,需要在现有的电动汽车充电站监控系统之上进一步开发支撑充电站商业化运营的充电站综合运营管理系统。

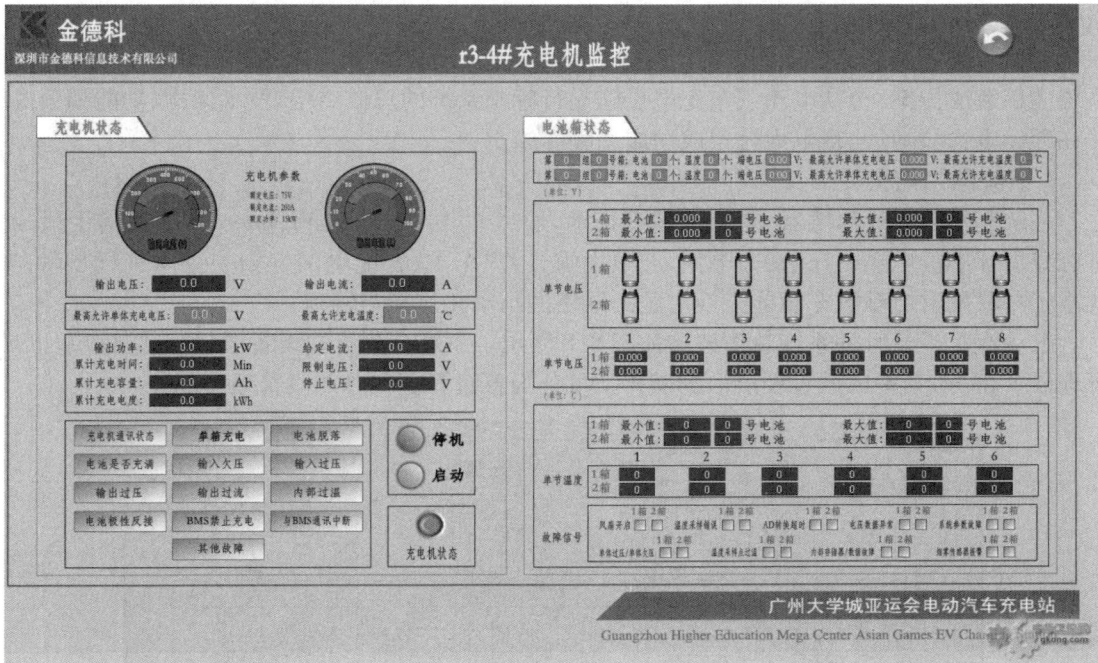

图 8-7   电池充电监控画面

七、电动汽车充电站监控系统的运行与操作

随着新能源政策的出台和国家电网公司统一坚强智能电网的建设,电动汽车充电设施的建设和相关技术研究已成为推动电动汽车发展工作的重要内容。随着电动汽车充电设施的建设以及电动汽车产业的发展,急需解决电动汽车及充电设施的信息化运作问题,迫切需要开展电动汽车充电设施运行管理系统的研究和应用。设计了基于物联网的电动汽车充电设施运行管理系统解决方案,不仅满足了国家电网公司总部集中管理的要求,并且能够实现与现有营销系统的快速对接。

我国现有的电动汽车充电设施大部分服务于特定对象,并未进行商业运营。如电动公交线路的充电站、奥运电动公交车充电站,属于各企业电动汽车示范运行的配套工程,没有对社会开放充电服务。关于电动汽车的运营管理,国内还没有成熟的系统。现有的系统大多为对充电站/桩、电动汽车进行管理的孤立系统,如充电站系统、电池管理系统、车辆监控系统等。而基于物联网对电动汽车进行资产、设备、充电、放电、换电、监控、调度等全寿命过程管理的研究处于起步阶段,如杭州、山东薛家岛、天津、北京都建设了运营管理系统,但均处于示范阶段,未实现实用化。相关的标准与规范,也刚刚展开研究与制订工作。

此外,在电动汽车物联网技术方面,目前仅用于电动汽车身份识别与换电导引,在青岛薛家岛充换电站进行了示范应用。而电动汽车运营管理对物联网技术的要求则远远不止如此,在电动汽车充换电设施的资产管理、感知采集、安全保护等方面的应用,还需进行更深入的挖掘。

电动汽车及充换电设施等相关技术的研究及单一功能的管理系统已无法满足用户的服务

需求,制约了电网生产水平、应用水平和工作效率的进一步提高,难以适应国家电网公司建设坚强智能电网的要求。

运营管理系统研究与应用针对上述问题,提出基于物联网的电动汽车充电设施运行管理系统应用解决方案,包括电动汽车充电设施运行管理系统的总体结构、技术架构、功能划分等,并在天津电力公司、北京电力公司成功应用和实施。

1.系统总体架构

系统利用 RFID、传感器、图像识别等技术,通过 GPRS/3G,Wi-Fi,Internet 等通信手段,将具有身份标志的电动汽车、动力电池、充电设施、用户车主、智能电网等相关主体进行互联,实现基于物联网的电动汽车智能充换电服务网络的自动化运行与管理。

电动汽车运营管理系统总体架构如图 8-8 所示。系统分为终端设备层、站级管理层、区域管理层 3 部分,其中区域管理层根据需要又可分为省级管理和总部级管理两部分。

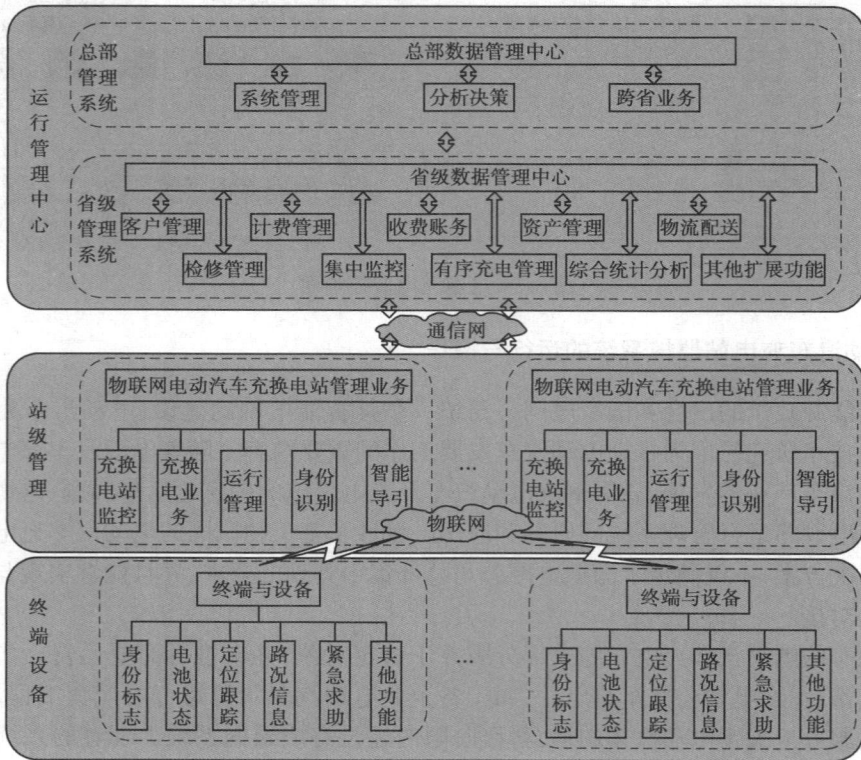

图 8-8　电动汽车运营管理系统总体架构

2.系统技术架构

系统采用基于 Java EE 的多层技术构架,系统层次结构总体上划分为界面展示层、界面逻辑层、应用逻辑层和企业资源层,通过各层次系统组件间服务的承载关系,实现系统相应功能。电动汽车运营管理系统技术架构如图 8-9 所示。

3.应用部署架构

系统采用省(市)级部署模式,在每个省公司部署一套运营管理系统,总部完成分析决策与跨省的资产和资金清分管理。各站内的采集与监控系统、视频、安防系统,作为运营管理系统的数据来源。电动汽车运营管理系统部署架构如图 8-10 所示。

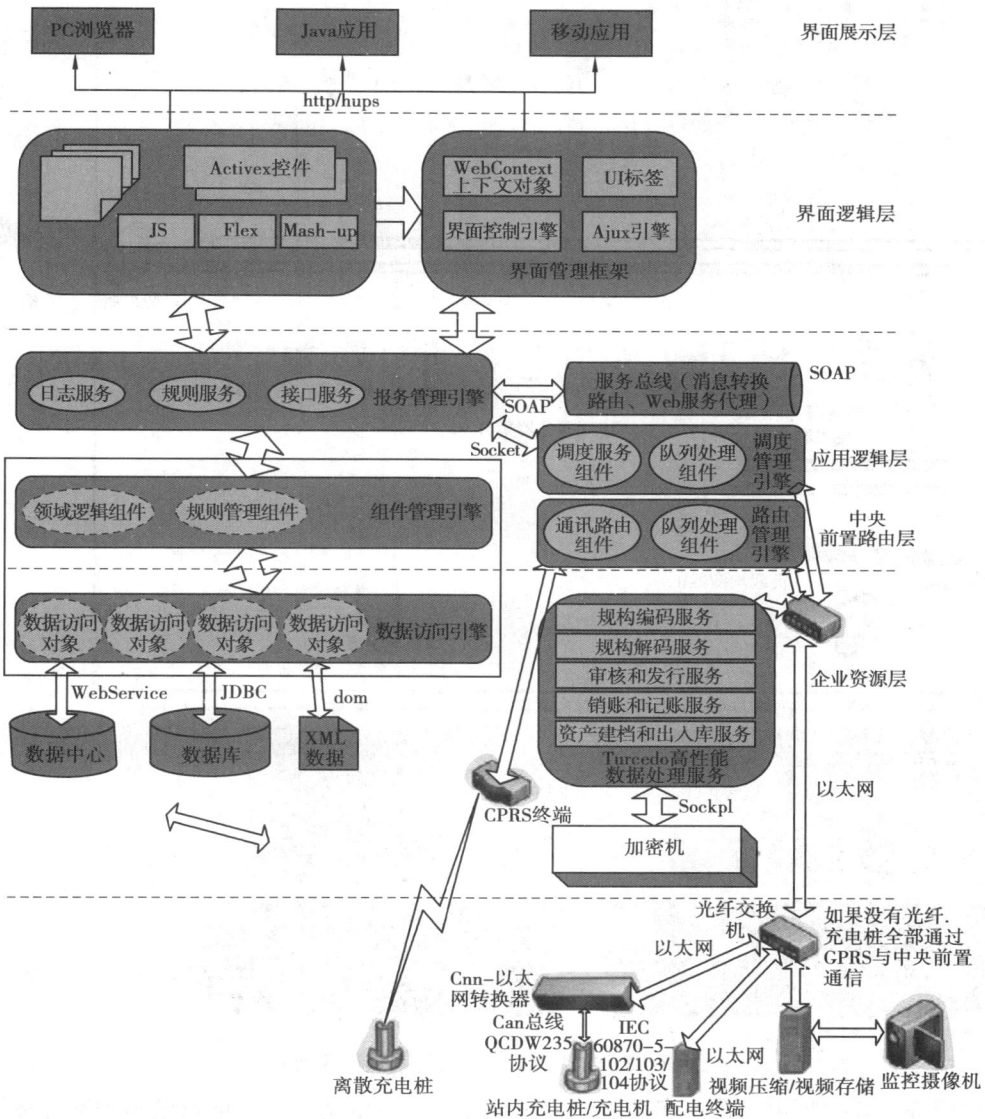

图 8-9 电动汽车运营管理系统技术架构

4.应用功能

根据电动汽车智能运营管理的需求,并考虑相应的扩展功能,将管理系统从功能上分为 14 个模块,每个模块又由若干个子功能模块组成,其中关键模块如下所述:

(1)收费管理模块

①充电标准管理功能按照电价调整文件对电价、电价政策版本、电价政策分类等进行管理,审核后发布最新电价的全过程管理,以确保电价政策执行的正确性、完整性。②充电计费管理功能利用信息采集技术,获取充电电量数据信息,完成充电技术路线下的计量计费。③换

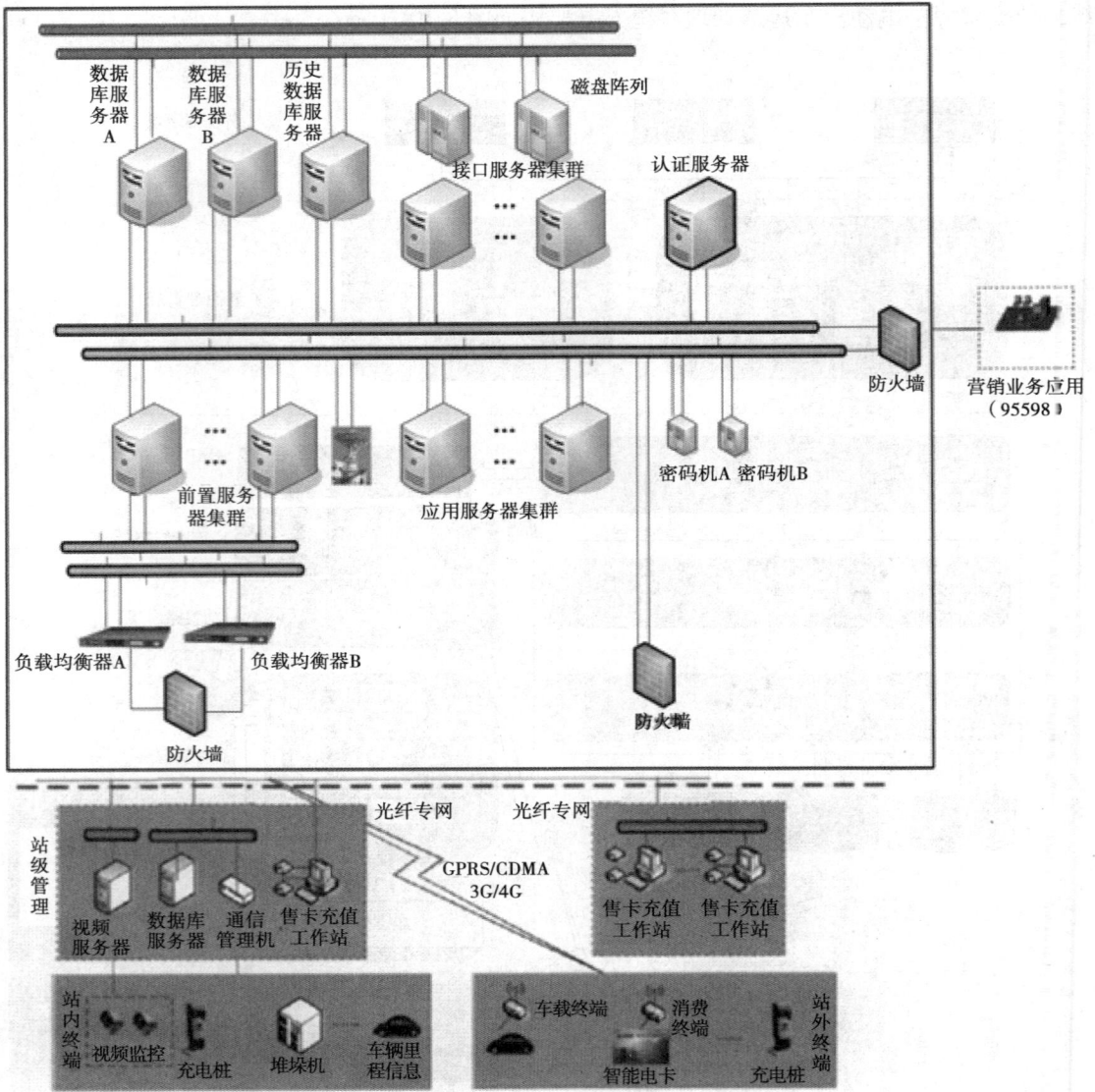

图 8-10　电动汽车运营管理系统部署架构

电计费管理功能根据电动汽车车载终端或其他方式获得电动汽车当前行驶里程和计费策略信息,完成换电技术路线下的计量计费。

（2）检修管理模块

对电池、充换电设备、其他设施进行巡视、检测和异动管理,及时消除设备存在的各种缺陷和故障。①设备检测是为保证充电桩、里程计量终端等设备正常准确地工作,需要定期或临时对这些设备进行检测,检测的内容包括电源特性检测、计量检测、计费功能检测和调整、通信功能检测等。②设备巡视管理是为确保设备的安全、可靠、经济运行,需要定期或临时对这些设备进行巡视。巡视可以掌握设备运行状况,及时发现设备缺陷和威胁安全运行的问题,为设备检修提供依据和确定检修内容,以有效地预防事故发生和防止事故扩大。③缺陷管理的目的是提高设备的健康水平和设备安全性,为修复改造提供依据。④故障管理涵盖了发现、处理、跟踪故障处理情况和提交故障处理报告的全过程,将由设施故障引起的事故和问题对业务的负面影响减到最小,预防相关的事故再度发生。⑤设备检修是为了保障相关设备的正常使用,解决设备存在的缺陷、故障,设备检修制订检修计划,并按照流程进行分类计划汇总、审核、发布。⑥设备异动管理实现对设备异动活动的申请、审批、异动执行、异动核实、异动信息发布等进行管理,并同步更新由异动活动所引起的设备台账、相关地理位置信息更新,以保证设备图形和台账的及时更新和一致。

(3)安全管理模块

①警报指示制订是对电动汽车中涉及的安全警报指标值进行设定,包括车辆及行驶区域指标值、电池指标值等参数信息,以便系统对接收到的信息进行判断。②实时报警提示是指自动接收车载终端及 GPS 等定位监控的报警信号,并对超出阈值部分进行声、光等提示。③报警接单处理是指监控中心人员在接到报警的信息后,及时赶往现场分析故障原因,快速排除故障,并对处理结果进行反馈。

电动汽车充电设施运行管理系统的上线运行,将所有充电设施纳入到运行管理系统的范围内,使充电设施的运行和管理网络化、有序化、实时化、统一化,提高了充电设施运营管理的工作效率。系统实现了电动汽车智能、方便、安全、准确的充电数据管理,实时解决电动汽车的资产管理与收费问题,为用户、充电运营商提供快捷的交易平台,更好地推动电动汽车应用与发展。以信息平台为支撑,信息化、自动化、互动化为特征,实现"电力流、信息流、业务流"的高度一体化融合。

物联网的电动汽车充电设施运行管理系统为电动汽车充换电服务网络的稳定、可靠运行提供了技术支持,为省(市)公司和国家电网公司提供了电动汽车产业发展的决策依据,成为电动汽车产业链和用户侧消费市场发展的关键环节,对于电动汽车、动力电池、充换电站、充换电设施的管理、监控、运营维护起到了重要作用。

对物联网技术在电动汽车运营管理系统中的应用,下一步应集中在资产信息的采集、充换电设备的安全防护、出入库管理与配送车辆管理等,实现运营服务互动化、仓储管理简易化、物流调度智能化、充电计费多样化的目标,保证电动汽车、电池及充换电设施稳定、经济、高效运行。

◆ 项目实施

【实施条件】

实施地点和要求:电动汽车实训室的电动汽车充电站的监控系统性能良好,工作正常。

实施时间:按照教学计划的安排,了解电动汽车充电站的监控系统的结构和特点。

教学要求:根据电动汽车的数量将学生分成若干小组,每小组 5 人使用一套电动汽车充电站的监控系统,指导教师先讲解并现场演示,学生再动手操作。

【实施步骤】

电动汽车电池充电监控系统的认识

充电监控的功能包括充电系统数据采集与处理、报警处理、充放电事件记录、事件顺序记录和事故追忆、控制和操作、管理功能、在线统计计算、画面显示功能、制表打印功能、人机接口功能、远动功能、通信接口、系统的自诊断和自恢复、维护功能、权限管理等,如图 8-11 所示。

1.数据采集与处理

充电机信息:输入输出电压、电流、电量、功率因数、温度、充电时间、当前充电模式、舱门开闭状态、充电枪连接状态、充电机故障状态等。

电池信息:电池包基本信息、电池单体电压、成组电压、电池单体温度、电池故障状态、电池管理系统设置信息等。系统根据采集到数据计算出电池包内单体最高电压、最低电压、最高温度、最低温度、电池容量等统计信息,并提供越限报警和异常报警。

2.管理功能

能量协调与管理:结合电能质量与当前设备的实际运行工况,对站内各充电机的运行定值参数和运行状态进行调节,实现系统能量的协调和管理。

用户交易信息管理:对用户账号中的消费信息以及车辆充电过程信息进行管理,如当前的剩余金额,充电历史记录。卡片对应车辆信息管理以及相关电池组及单体电池若干信息的管理,充电过程的历史电流电压波形。

设备管理:监控系统能自动统计主设备运行小时数、动作次数、事故和故障次数以及相应的时间等,以便考核并合理安排运行和检修计划,设备检修要挂检修牌。

3.控制和操作

实现对智能充电机的操作和控制,包括开始、停止、紧急停止的控制;在充电机向电动汽车充电时,根据用户选择的充电方式,自动调整充电机输出,即根据充电机连接电池的类型及其充电特性,调整各阶段充电参数,并下发给充电机;在电动汽车电池向电网充电时,根据调度指令,自动调整输出功率。

4.安防监控

安防监控包括视频监控与烟雾监控系统。

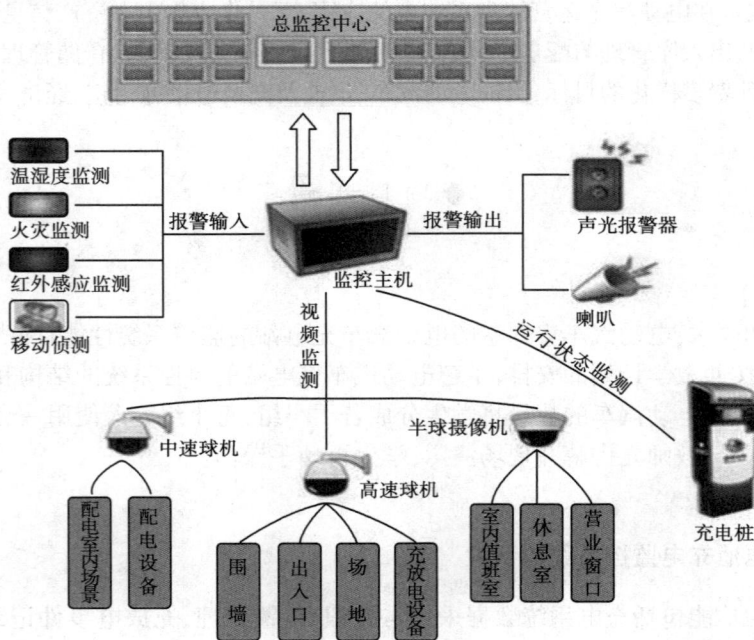

图 8-11　电动汽车电池充电监控系统

小　结

　　该项目通过了解电动汽车充电站的充电监控系统配置原则、电动汽车充电站的监控网络、电动汽车电能供给方式、电动汽车充电站建设模式、电动汽车充电站监控系统功能、电动汽车充电站监控系统的实现与应用、电动汽车充电站监控系统的运行与操作,通过对电动汽车充电站的充电监控系统的学习,使读者初步了解电动汽车充电站的充电监控系统的学习内容,同时,加深对电动汽车充电站的充电监控系统知识的理解。提高读者对电动汽车充电站的充电监控系统的学习兴趣,使读者初步了解电动汽车充电站的充电监控系统的构成与功能。

　　本项目通过了解电动汽车充电站的充电监控系统的组成、分类和工作原理,提高读者对电动汽车充电站的充电监控系统的学习兴趣,使读者初步了解电动汽车充电站的充电监控系统的结构和特点。熟悉电动汽车充电站的充电监控系统技术,通过现场了解电动汽车充电站的充电监控系统的工作情况,通过对不同电动汽车充电站的充电监控系统的介绍,使学生知道本学习情景的重要性,激发学习兴趣,使读者初步了解电动汽车充电站的充电监控系统的工作情况。

思　考　题

1.简述电动汽车充电站的充电监控系统。
2.论述电动汽车充电站监控系统的功能。
3.论述电动汽车充电站监控系统的运行与操作。
4.简述电动汽车充电站建设的模式。

项目 **9**
电动汽车的充电产业

◆ 项目要求

该项目通过了解电动汽车充电产业、电动汽车充电产业商业模式构成要素分析、电动汽车充电产业商业模式构成的主体、基于"互联网+"的电动汽车智能充电服务系统,通过对电动汽车充电产业商业模式的学习,提高读者对电动汽车充电产业商业模式的学习兴趣。通过对电动汽车充电产业商业模式的总体认知,使读者初步了解电动汽车充电产业商业模式的学习内容,同时,加深对电动汽车充电产业商业模式知识的理解。

知识要求

1.了解电动汽车充电产业商业模式的构成和应用。
2.了解电动汽车充电产业商业模式管理和技术、工作特点。

能力要求

1.在现场对电动汽车充电产业商业模式的认识和操作。
2.在现场观察电动汽车充电产业商业模式的工作情况和特点。

◆ 相关知识

随着互联网的飞速发展,产业结构组织、信息交流方式和创新商业模式的演变过程明显加快了。互联网在信息沟通、数据交换、数据处理方面的优势是其他事物不可比拟的。借助互联网的优势创新商业模式也引起了各行各业的关注。《关于加快新能源汽车推广应用指导意见》中明确指出要积极利用信息技术,提升信息技术在新能源汽车商业运营模式创新中的应用。因此,站在互联网的平台上,研究充电产业商业模式具有重要意义。

基于互联网的充电产业商业模式框架和系统结构,在对充电产业商业运营模式研究的基础上,给出了充电产业商业运营模式的基本框架及其载体——智能充电服务系统。

一、电动汽车充电产业剖析

在电动汽车充电产业中,电动汽车的动力来源是电能,获取电能的媒介是电池,用户可以选择获取电能的方式,而电力资源来自电网,这样就构成了充电产业的整个运营流程,如图9-1所示。

1.充电产业的层次性

由图 9-1 可以清晰地看出充电产业中的层次结构非常突出,上游的电力能量源,中游的充换电机构,下游的用户需求。3 个层次所涉及的主体不同,各主体追求的目标也不相同。上游电网企业控制着电力资源,且带有垄断性质,在充电产业中电网企业承担着送电支持、电力负荷预测与配置、电网布局等责任,追求的目标必然是电力企业自身利益的最大化。充换电机构处于用户与电力资源的中间环节,成为两者链接的纽带,承担着充电业务支持以及充电基础设施的投入、规划、运营等责任,追求的目标也必然是自身利益的最大化。下游的用户作为最后服务的购买者,他们会选取性价比较高、服务较好、方便快捷的服务提供商,这也成为整个充电产业所追求的目标。

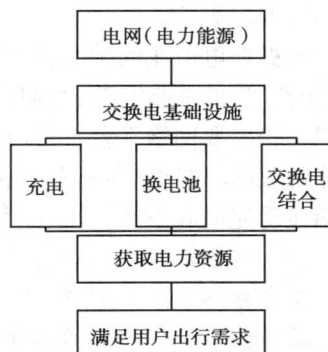

图 9-1　充电产业结构图

2.充电产业的融合性

充电产业几个模块绝不是孤立存在的,而是带有明显的融合性特征的几个模块的集合。电能负荷的调配需要充电基础设施的信息,而充电基础设施的信息来自于用户的分布、汽车的行驶范围等。充电产业是一个整体性很强的产业,单独建设任何一个模块都是不现实的。成功的商业模式是在对整个产业各项资源整合的基础上建立起来的。这就要求我们在选择商业模式时要从整体性、融合性的角度去思考,通过对各个层次模块的资源加以整合协调,发挥整个系统的作用才能体现出商业模式的优势。

二、充电产业商业模式构成要素分析

通过比较研究国内外学者对于商业模式的研究发现,商业模式的构成要素可以概括为:价值的主张、构成、创造、网络和价值的管理、配置到最后的价值实现。运用扎根研究方法得出了商业模式的构成要素为价值成果、资源和能力、决策,并梳理了它们之间的关系。认为商业模式的构成要素有 4 个,即价值主张、盈利模式、关键资源、关键流程。结合互联网和充电服务的特殊性,将从价值主张、资源配置、流程安排、盈利模式等几个方面来阐述充电产业的商业模式构成要素。

（1）价值主张

价值主张是商业模式的灵魂,价值主张涉及商业模式中的各个参与主体。Roger 认为价值主张应尽可能地简练易懂,太复杂的价值主张会让消费者的购买行为产生犹豫。价值主张是商业模式中各参与方共同理解并认同的价值观念。互联网的发展,使人们已经看到其在提高信息沟通效率、改善用户体验方面的优势。互联网思维下的充电产业价值主张应以系统性

的理念整合各相关利益主体,搭建高效便捷的信息沟通平台,带来全新的充电服务体验。

（2）资源配置

资源配置是保证价值主张得以实现应配置的资源。通过整合充电产业链上的各种资源,更好地利用资源以实现更高的产出比。以各实体捆绑的利益为基础,促进各参与实体的深度合作,建立起共赢的资源整合体系。互联网理念下的资源配置显然更要突出互联网资源,这种互联网资源的利用应以充电产业实体资源(电力资源、充电基础设施、人力资源等)为载体,以信息互联为手段来进行,充分利用互联网的优势,优化整个产业资源配置。

（3）流程安排

根据充电产业的顺序,可以将流程划分为前期、中期、后期。前期应主要包含充电站的寻找、预约、目的地指引等;中期包括充电站接受预约、充电等;后期包括充电缴费、转账等服务。按照是否需要网络平台,可以将流程分为线上流程和线下流程。线上流程是需要在网络平台操作的流程,包括前期充电站寻找、预约、目的地指引以及后期的缴费、转账等;线下流程三要包括接受充电服务等。

（4）盈利模式

盈利最终来源于用户,基于互联网的充电产业商业模式会更好地满足用户参与、互动的价值要求,提升用户体验。互联网信息沟通的便捷、成本低廉、方式新颖、服务的依赖性会提高车主的使用体验,吸引更多的用户。互联网带来薄利的同时会带来更多用户,也会使用户的黏性、忠诚度非常高。

三、充电产业商业模式构成的主体

整个充电产业链上的利益相关方都应被看作商业模式的主体,如图 9-2 所示。互联网时代的充电产业商业运营模式应以数字、智能服务为导向,以各环节价值链为纽带,以便捷、高效率地满足用户需求为目的,通过建设智能充电服务平台,整合充电产业各个关键环节,网络化、模块化、系统化满足用户的价值主张。通过智能充电服务平台,串联起各关键实体,形成互联化、信息化的商业模式优势。

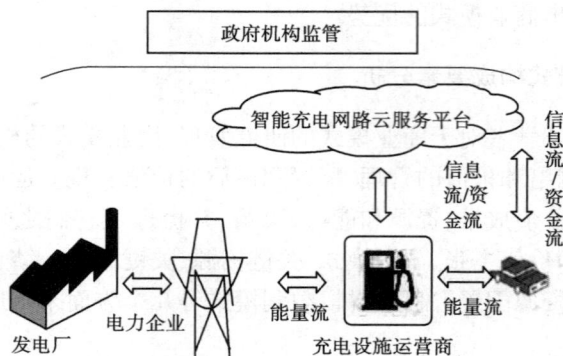

图 9-2　充电产业商业模式主体结构

①用户:充电服务的消费者,整个商业模式都围绕着提升用户体验而展开。
②政府机构:对整个产业链进行监管,制订游戏规则,维护市场秩序。
③电力公司:电力资源的提供商,电能的输送、电力技术支持等。

④充电基础设施运营商:充电基础设施的投资者、运营者、服务提供者。

⑤网络服务支持商:信息数据服务提供者,交易结算、信息整合等。

四、基于"互联网+"的电动汽车智能充电服务系统

"互联网+"就是将传统企业与互联网相结合,是以信息化的网络为平台,深度融合实体产业,借助互联网信息传播的优势,创新产业的发展生态。"互联网+"的实质是工业化和信息化的深度融合,无论是工业 4.0、智慧地球,还是中国制造 2025 战略,都将信息化与工业化结合得更加紧密。因此,研究充电产业信息化具有重大意义,提出了智能充电服务系统。

智能充电服务系统是基于"互联网+"的充电产业商业模式的应用,结合充电产业发展情况,认为智能充电服务系统应由充电支持系统、监控系统、网络链接系统、客户终端系统、云服务平台等子系统组成,如图 9-3 所示。

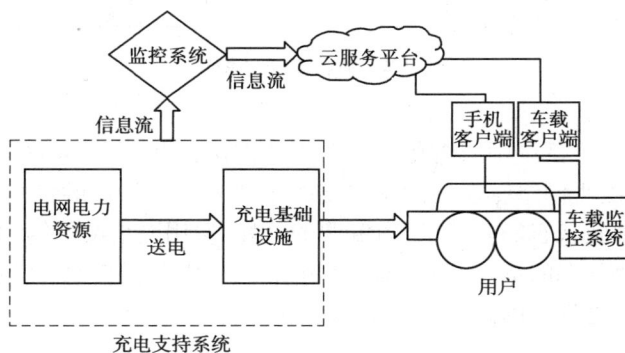

图 9-3 智能服务系统结构图

1.充电支持系统

充电支持系统应是智能充电服务系统的主要实体环节,应由电网电力线路、充电基础设施、电动汽车等组成。充电支持系统与监控系统链接提供充电费用结算服务;与网络链接系统链接组成充电基础设施网络;通过云服务平台共享充电基础设施地理位置信息;再与客户终端系统链接,用户可以就近选择合适的充电设施充电。

基于以上因素,可以由电力公司和充电服务商两者合力建设充电支持系统,在电力资源的获取、充电技术掌握、充电设施的布局等方面展开合作。

2.监控系统

监控系统是对整个充电过程实施一系列的能量、安全的监视控制,应包括车载监控系统和充电站监控系统。车载监控系统主要功能是对电池状态安全性的监控、剩余电量的监控、智能推荐附近充电设施等,当然,随着系统结构的成熟,可以嵌套有其他功能的监控系统。充电站监控系统包括充电机的控制系统、配电安全监控系统、计费系统以及网络链接等。其主要功能是计量充电费用、监控充电站用电安全、通信链接等,与云服务平台链接就可以实时对各处的充电设施监控管理,以及网络支付费用等,如图 9-4 所示。

监控系统可以由电动汽车生产商来建设维护,利用其掌握的电动汽车生产的技术标准,实现监控系统(不管车载监控还是充电站监控系统)与汽车的有机结合。

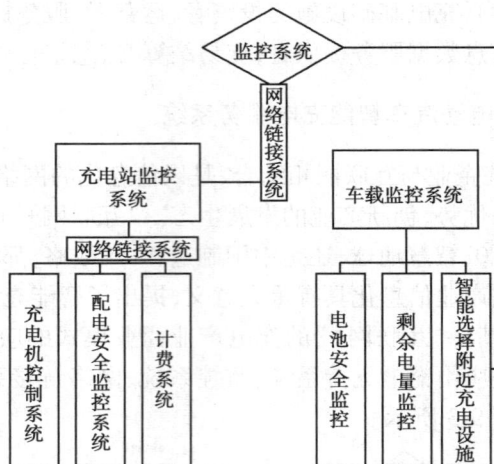

图 9-4　监控系统结构图

3.网络链接系统

网络链接系统在整个系统中起着传递信息流的作用,整个链接系统可以分为宏观网络链接和微观网络链接。宏观网络链接指的是需要链接到云服务平台的链接,包括充电基础设施地理位置共享、基础设施状态的监控、电力资源的分配、费用网络结算等;微观网络链接是指局部的网络链接,如电池状态的信息、剩余电量情况等汽车内部的信息,不必通过互联网向云端传输,这些信息可以通过汽车内部网络向车载终端反馈。

4.客户终端系统

用户友好型的显示界面,智能数字化地显示监控主体的状态应是客户终端系统的主要功能体现。终端系统能够实时监控汽车电力能源状态,通过网络与云平台链接,车载 APP 边能实时查询附近的充电站等。

当前 APP 市场正处在火热状态,各种 APP 充斥着人们的眼球。APP 的建设可以由充电站运营商提供,也可以由专门的第三方提供。APP 发展的重点应关注功能及构成要素,智能寻找充电站的基本的服务,除此之外还可考虑构建“充电生态圈”,增加汽车新闻、里程计算、用户评价、车友分享、在线支付等功能。

5.云服务平台

云服务平台起着中控的作用,通过网络链接起各种宏观信息交换,为用户提供实时信息查询、充电费用收缴、充电设施电力电网监控等服务。云服务平台是整个系统的大脑、数据服务中心,在整个系统中起着举足轻重的作用。

在推进的初期阶段,政府机构应制订发展政策,统一技术标准,并提供适当的资金支持,引导各利益主体参与运营,以促进各子系统实现有序整合、协同推进。待发展到成熟期后,政府应退出市场,仅对产业链进行宏观监管,充电服务产业的运营维护等由各相关主体协同完成。

如果说充电基础设施的建设是电动汽车推进的动力,那么智能充电服务系统将是电动汽车推进过程中的一剂强心针。把智能导航、电池智能监控、费用智能结算等统一到智能充电服务系统中来,以实现资源配置的优化,使得各主体之间的逻辑关系更加密切,进而获得极大的链接红利。互联网与充电产业相结合而成的智能充电服务系统将是智能充电实现的有效形式。

届时,电动汽车将成为一个个的终端,通过网络链接着充电站、监控系统、云服务系统。当车载电池监控系统发现电量不足时,自动提醒驾驶员,并通过云服务系统查找附近充电设施推荐给驾驶员。驾驶员可以选择附近其中的一个充电设施,根据导航系统的推荐行驶路线,到达充电地点充完电后,通过车载系统结算费用,完成后继续行驶。人们可以充分享受互联网带来的便捷,领略信息时代的魅力。

随着互联网的应用,未来的充电产业将向网络化、信息化、智能化发展,网络将充电设施、电动汽车等实体链接在一起形成统一的互联网服务平台。实体融进网络,网络与实体的深度融合将成为未来充电产业发展的方向。站在时代转换的关口,我们要抓住这一契机,推动充电产业的转型发展,抢占互联互通先机,占领汽车产业未来发展的制高点。

◆ 项目实施

【实施条件】

实施地点和要求:电动汽车实训室的电动汽车充电站的监控系统性能良好,工作正常。

实施时间:按照教学计划的安排,了解电动汽车充电站的监控系统的结构和特点。

教学要求:根据电动汽车的数量将学生分成若干小组,每小组 5 人使用一套电动汽车充电站的计量系统,指导教师先讲解并现场演示,学生再动手操作。

【实施步骤】

电动汽车充电站计量系统一体化模式的认识

智能充电站计量点一般设置在变压器低压侧出线,通过带通信接口全电子式多功能电能表可以实现关口计量,基于光纤或无线等传输方式可实现与上级监管部门的通信。

1.计量系统单独组网结构

电动汽车充电站计量主要包括关口计量、直流表和交流表(含三相表和单相表)组成。计量系统单独组网,全站设置一体化通信网络实现对智能变电站和电动汽车充电站进行统一的管理。

2.电动汽车充电站计量

电动汽车充电站一体化设计统一的电能采集系统,通过一体化通信网络实现对智能变电站和电动汽车充电站的关口电量信息、充电电量信息等的采集和存储,通过统一的网络实现与上级监管部门的通信。

3.安防系统单独组网

安防系统单独组网,全站设置统一的安防系统,由 66 kV 智能变电站的智能辅助控制系统合并实现,在保证其原有功能的基础上,增加更为丰富的联动功能,实现全站的视频监控、火警消防、采暖通风、环境监测等的功能。

实时各种模拟量、开关量及视频信号的存储、分析、计算和统计等功能,并将信息统一上传至调度或运行维护单位。

小 结

　　该项目通过了解电动汽车充电产业、电动汽车充电产业商业模式构成要素分析、电动汽车充电产业商业模式构成的主体、基于"互联网+"的电动汽车智能充电服务系统,通过对电动汽车充电产业商业模式的学习,使读者初步了解电动汽车充电产业商业模式的学习内容,同时,加深对电动汽车充电产业商业模式知识的理解。提高读者对电动汽车充电产业商业模式的学习兴趣,使读者初步了解电动汽车充电产业商业模式的构成与作用。

　　本项目通过了解电动汽车充电产业商业模式,提高读者对电动汽车充电产业商业模式的学习兴趣,使读者初步了解电动汽车充电产业商业模式的结构和特点。熟悉电动汽车充电产业商业模式技术和管理,通过现场了解电动汽车充电产业商业模式的工作情况,通过对不同电动汽车充电产业商业模式的介绍,使学生知道本学习情景的重要性,激发学习兴趣,使读者初步了解电动汽车充电产业商业模式的运行情况。

思考题

1.简述电动汽车充电产业的商业模式。
2.论述电动汽车充电产业的发展。
3.论述基于"互联网+"的电动汽车智能充电服务系统。
4.简述电动汽车充电产业商业模式的构成要素。

电动汽车充电站的安全运行管理

◆项目要求

该项目通过了解电动汽车充换电服务网络运行管理系统、系统技术架构、系统网络架构、关键技术分析、系统运行情况、维护管理模块、电动汽车充换电服务网络安全管理模块,通过对电动汽车充换电服务网络运行管理系统的学习,提高读者对电动汽车充换电服务网络运行管理系统的学习兴趣。通过对电动汽车充换电服务网络运行管理系统的总体认知,使读者初步了解电动汽车充换电服务网络运行管理系统的学习内容,同时,加深对电动汽车充换电服务网络运行管理系统知识的理解。

知识要求

1.了解电动汽车充换电服务网络运行管理系统的构成和应用。

2.了解电动汽车充换电服务网络运行管理系统性能和工作特点。

能力要求

1.在现场对电动汽车充换电服务网络运行管理系统的认识和操作。

2.在现场观察电动汽车充换电服务网络运行管理系统的工作情况和性能。

◆相关知识

积极发展电动汽车,对促进整个社会的低碳环保和节能减排具有十分重大的战略意义。电动汽车充换电服务网络是电动汽车大规模商业化应用的前提和基础,是实现电动汽车可持续发展的重要保障。

电动汽车充换电服务网络在实际运行过程中存在很多问题,具体表现在以下方面:①现有充电设备均是非线性负荷,工作时会产生很高的谐波电流,注入电网会造成电能质量的降低。②自由方式下大量电动汽车充电设施同时工作将会对配电网造成冲击,特别是在电网负荷高峰时段,将会对电网的稳定性造成影响。为满足充电负荷需求,需增加额外的投资。③动力电池作为电能的载体,具有移动储能功能,在满足并网标准下可以通过逆变上网。若通过合理的统一调控策略,进行有序充放电可以起到削峰填谷的作用,而无序充放电操作则会有相反的作用。

基于上述问题,要实现电动汽车充换电服务网络运行管理系统,整合了电动汽车产业链上能源供给、信息传播、增值服务等环节的业务,从而可促进电动汽车能源供给网络的更快、更好发展。

电动汽车充换电服务网络是电动汽车大规模普及和发展的前提与基础。首先介绍电动汽车充换电服务网络存在的问题、业务需求和系统定位,并以 IEC 61970 电气模型、基于物联网技术的智能交互节点、广域分布式并行数据采集、基于类 Bigtable 的数据存储等关键技术为基础,分析运行管理系统的总体架构和设计,实现电动汽车充换电服务网络运行管理系统。

一、电动汽车充换电服务网络运行管理系统概述

电动汽车充换电服务网络运行管理系统以充电站、换电站、充电桩、动力电池、电动汽车为基本研究对象,将对象进行统一建模,通过分布式并行采集实现网络内各层次节点运行数据的采集和监视;通过部署在企业私有云的 Bigtable 数据存储实现对运行数据的存储;通过指标分析模型完成数据的挖掘分析,对充电设施的运营进行合理评估,引导能源供给网络的建设。

本系统定位于电动汽车能源供给网络的自动化、智能化运行管理,是能源供给网络各节点的基础运行数据中心;系统面向电网,可根据电网实时运行状况制订调控策略,对能源供给网络进行统一调度,根据充电设施运行数据分析,为充换电站配网布局规划、方案决策提供数据支持;系统面向能源供给网络运营,通过数据挖掘、定向分析,建立充电站运营评估指标模型;系统面向动力电池组,实现完整运行周期的数据存储,基于历史数据提供动力电池组性能的精细化评估;系统面向电动汽车及电动汽车用户,通过物联网技术与企业私有云的结合,为用户提供充电策略推送、充电路径导航、动力电池分析等个性化服务。

二、系统架构与设计

在电动汽车充换电服务网络运行管理系统架构与设计时,遵循总体规划、分步实施、基于平台、组件开发等原则,保证系统的标准性、可靠性、先进性、开放性等原则,使整个系统的运行更加安全、稳定、可靠。系统业务架构系统从业务功能角度分为设备管理、监控管理、运行管理、综合分析 4 大部分,具体分类如图 10-1 所示。

三、系统技术架构

系统采用 B/S,C/S 混合架构,对于图形、GIS 采用 C/S 展示,其他功能使用 B/S 结构展示。采用组件模式进行分层开发,快速搭建相关业务模块,具体技术架构如图 10-2 所示。从技术角度分数据存储层、应用服务层、功能应用层、统一展现层 4 层进行设计。

(1)数据存储层

数据存储层提供基础数据的存储。关系数据库存储各种模型数据、业务数据;实时数据库

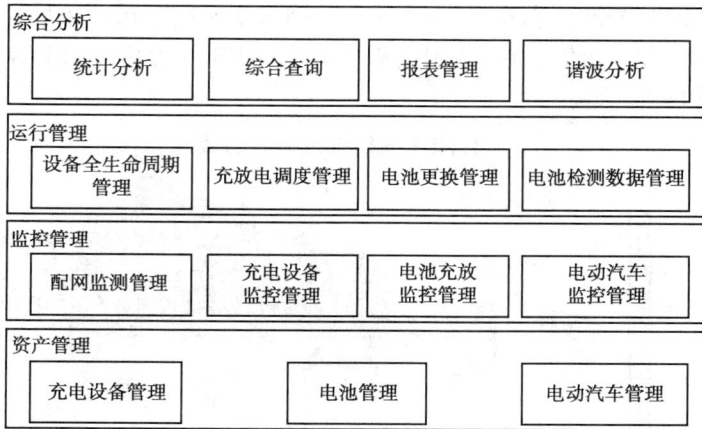

图 10-1　充换电管理系统业务架构图

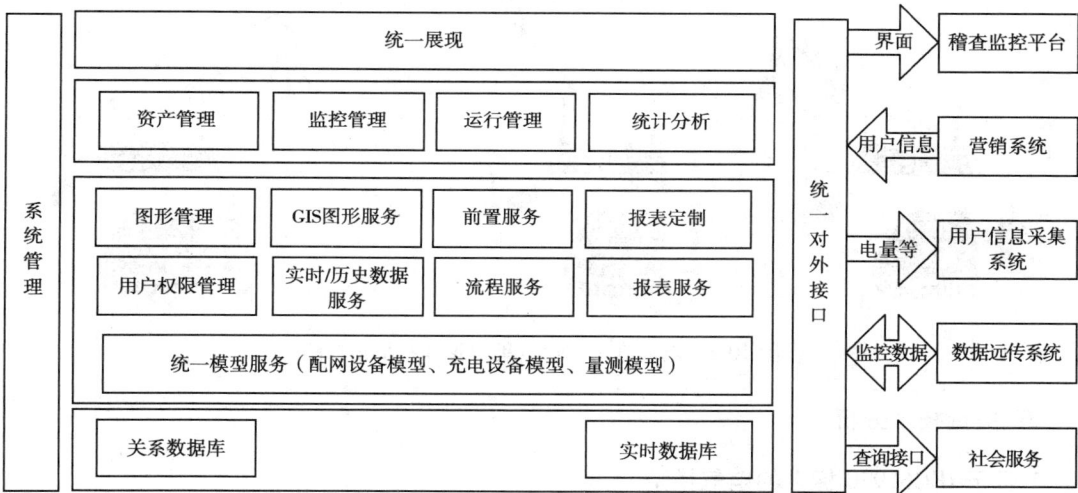

图 10-2　充换电管理系统技术架构图

存储量测数据。应用服务层通过统一的数据访问接口访问数据。

（2）应用服务层

应用服务层主要提供各种服务,包括业务流程的快速配置,图形的快速绘制、实时/历史数据的访问、报表的定制管理,支持上层业务功能的实现。

（3）功能应用层

功能应用层可通过应用服务层的各种定制功能快速生成功能模块,实现系统的相关业务功能。

（4）统一展现层

其用户可定制各类所需的数据,并提供统一的应用入口。

四、系统网络架构

电动汽车充换电站经电力系统通信数据网接入中心监控站,通过相关的通信网接入不同条件的站点、分散充电设施、运营电动车辆3G/4G网络在不同公司汇集后经过 INTERNET 网络,接入中心监控站,并与短信平台、数据库服务器和 WEB 后台管理服务器协同对电动汽车充换电进行集中管理。

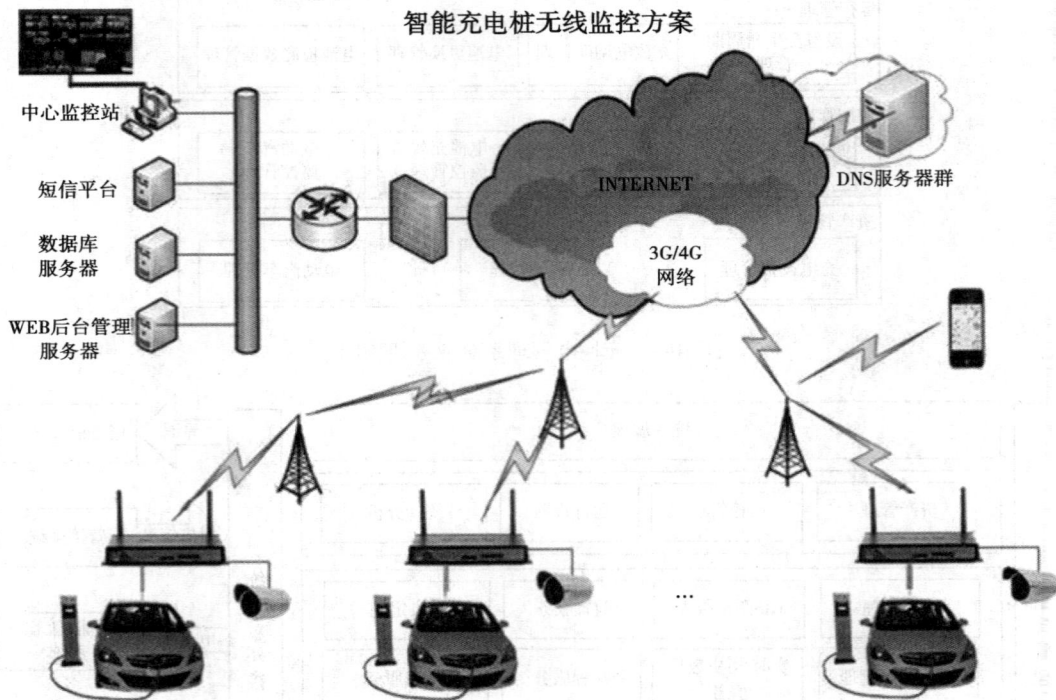

图 10-3　电动汽车充换电集中管理系统拓扑图

五、关键技术分析

1.基于 IEC61970 标准的电气模型

IEC61970 是国际电工委员会制订的《能量管理系统应用程序接口(EMS-API)》系列国际标准。IEC 61970 系列标准定义了能量管理系统(EMS)的应用程序接口(API),目的在于便于集成来自不同厂家的 EMS 内部的各种应用,便于将 EMS 与调度中心内部其他系统互联,以及便于实现不同调度中心 EMS 之间的模型交换。IEC 61970 主要由接口参考模型、公共信息模型(CIM)和组件接口规范(CIS)3 部分组成。接口参考模型说明了系统集成的方式,公共信息模型定义了信息交换的语义,组件接口规范明确了信息交换的语法。

基于 IEC 61970 对电动汽车充换电设备进行建模,可避免系统建成后与原有电力系统自动化信息平台的模型异构、交互困难,从而保证本系统的标准化、先进性、开放性和可扩展性。

对 IEC 61970 标准中未进行定义的电动汽车充换电设备模型,应按照标准规范的约束建立合适的模型描述。在建模过程中可适当精简对象的模型,只考虑其有用的数据属性和数据,如量测类包具有多种不同的数值属性,其中有些数值属性是无用的,也可以说是对某些对象进行量测操作时所不需要的,如果完全按照 IEC 61970 标准建模显得过于复杂和冗余,这时可进行适当的精简。

2.基于 IEC 61968 标准的资产模型

IEC 61968 系列标准提出了电力设备的概念(Asset)。电力设备资产不仅指与输配电相关的电网中的资产,而是覆盖了整个电力企业的资产,包括建筑物、交通工具、办公设备等。对电动汽车充换电服务网络的运营管理来说,最核心的是充换电服务网络中的基础设施:配电系统设备、充电机设备、动力电池资产。

基于 IEC 61968 标准对电动汽车充换电资产建模,是对充换电网络资产进行全生命周期管理的基础,是充换电设备从计划预算、采购配送、运行监控、性能分析、优化运行指导、实时监测维护检修、梯次利用及资产报废处理等形成统一框架体系和评价分析指标的基础。

3.基于物联网技术的智能交互节点

系统通过物联网技术在电动汽车充电设施中的应用,全面展示物联网在充电设施调度、监控、计量计费、资产管理等方面的技术优势,为电动汽车充电设施的信息化建设提供了一种新的思路,以实现在更高的起点上设计,建设更高规格、更高技术水平的电动汽车充电设施,最终实现充电站的合理布局和充电设施资源的有序调度,满足电动汽车的有序充电和智能交通的构建。通过在车辆、电池、充电站内安装以 GPRS/3G,Wi-Fi,Internet 等技术为通信手段的具备 RFID、传感器、图像识别功能的物联网交互节点,实现具有身份标志的电动汽车、动力电池、充电设施、用户车主、电网等的互连,实现数据信息共享,完成电动汽车充换电自动化运营,并为各种高级管理与应用打下技术基础。

4.广域分布式并行数据采集

电动汽车充换电服务网络本质上具备地理广域分布的特征,网络的各种充换电设备将分散在一个大尺寸的地理区域内,同时动力电池将随车辆的运营在网络内各节点间进行流转。充换电服务网络节点的监控不同于传统的电力 SCADA 监控,传统 SCADA 监控系统的监控对象在地理位置上是"固定"的,同时其资产归属、设备检测、运营维护也是固定的。而电动汽车充换电服务网络将会是一个被监控节点不断流转、监控数量众多的网络,一个网络内将会有流动的数万个甚至数十万个监控数据点。

为实现这个流动的网络的各层节点的全景监控,需要设计面向大尺寸地理域的分布式数据采集系统。系统将采用面向云计算的技术架构设计,以基于物联网技术的智能交互节点为数据采集交互前端,以 Linux 主机集群为载体,通过创新性的 Erlang 并发编程框架,构建超大规模广域分布式的数据采集系统,可支持对 1 000 000 节点以上的监测任务的分布式调度采集。

5.基于类 Bigtable 的数据存储

电动汽车充换电服务网络监控数据均为时序的性能数据(Time Series Performance Data),在 50 万个采集节点的规模下,平均每分钟一个采集点,每日可产生的数据将为 40 G 左右,同时因为监控对象的物理位置的流动性,同一个设备的监控数据在不同的时间可能通过不同的采集节点输入数据存储系统中,基于此,系统将设计类似 Bigtable 的海量数据存储机制。

Bigtable 是一个分布式结构的数据存储系统,它被设计用来处理海量数据。通常是分布在数千台普通服务器上的 PB 级的数据,同时根据需要的不同,使用的 Bigtable 集群的配置也有较大的差异,有的集群只有几台服务器,而有的则需要上千台服务器,存储几百 TB 的数据。系统将采用基于 RRDTool 和 Erlang 技术的分布式数据库,可存储长达两年的性能采集数据,支持数+T 级别的存储规模,可通过 Map Reduce 技术对海量数据进行分析和挖掘。

六、系统运行情况

在国家电网公司智能电网重点科研项目《电动汽车充放电站集中管理系统》研究基础上，建立充换电站以及电动汽车资产管理和运行、监控、分析一体化监测平台，以实时运行、运营数据为基础，通过统计分析功能为用户提供满足各层次业务需求的电动汽车能源供给网络运营信息。系统已接入不同地区的充换电站，可实现全方位监控管理，运行效果良好。

系统运营管理主界面如图 10-4 所示。

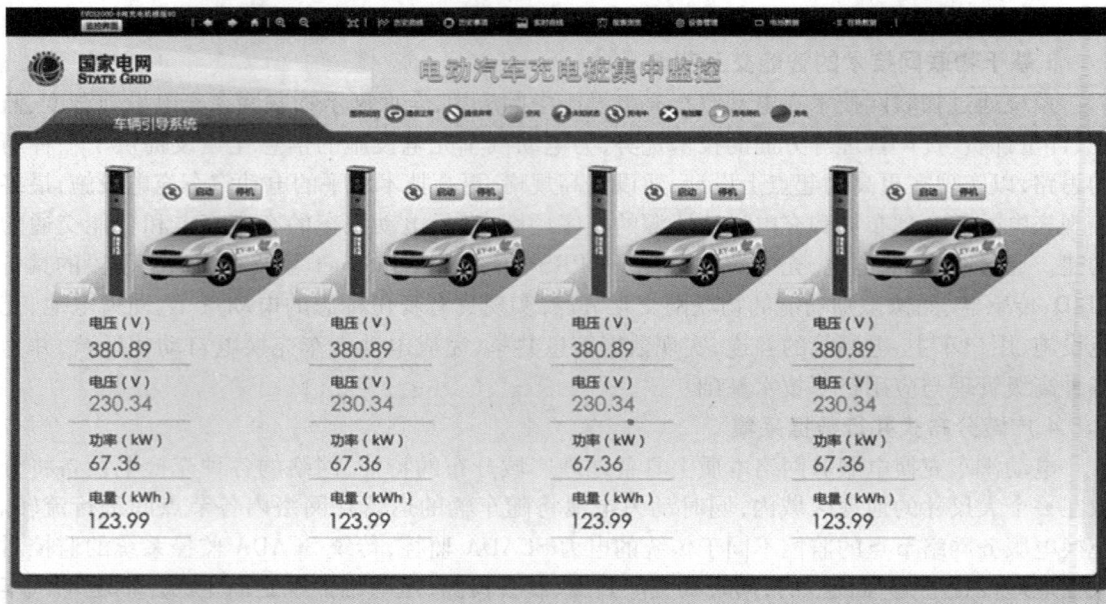

图 10-4　电动汽车充换电服务网络运营管理系统界面

七、维护管理模块

对电池、充换电设备、其他设施进行巡视、检测和异动管理，及时消除设备存在的各种缺陷和故障。

①设备检测是为保证充电桩、里程计量终端等设备正常准确地工作，需要定期或临时对这些设备进行检测，检测的内容包括电源特性检测、计量检测、计费功能检测和调整、通信功能检测等。

②设备巡视管理是为确保设备的安全、可靠、经济运行，需要定期或临时对这些设备进行巡视。巡视可以掌握设备运行状况，及时发现设备缺陷和威胁安全运行的问题，为设备检修提供依据和确定检修内容，以有效地预防事故发生和防止事故扩大。

③缺陷管理的目的是提高设备的健康水平和设备安全性，为修复改造提供依据。

④故障管理涵盖了发现、处理、跟踪故障处理情况和提交故障处理报告的全过程，将由设施故障引起的事故和问题对业务的负面影响减到最小，预防相关的事故再度发生。

⑤设备检修是为了保障相关设备的正常使用，解决设备存在的缺陷、故障，设备检修制订检修计划，并按照流程进行分类计划汇总、审核、发布。

⑥设备异动管理实现对设备异动活动的申请、审批、异动执行、异动核实、异动信息发布等进行管理,并同步更新由异动活动所引起的设备台账、相关地理位置信息更新,以保证设备图形和台账的及时更新和一致。

八、电动汽车充换电服务网络安全管理模块

电动汽车充换电服务网络运营管理系统,通过数据的统一抽取整合和历史数据的积累分析,并根据电网调度指令对能源供给网络的运营进行统一调控,从而全面评估电动汽车能源供给网络的运行、能效工况,提升了电动汽车能源供给网络资产、运营、评估信息的管理水平,从而有效提高电动汽车能源供给网络智能化水平。

◆ 项目实施

【实施条件】

实施地点和要求:电动汽车实训室的电动汽车充换电服务网络运行管理系统性能良好,工作正常。

实施时间:按照教学计划的安排,了解电动汽车充换电服务网络运行管理系统的结构和特点。

教学要求:根据电动汽车的数量将学生分成若干小组,每小组 5 人使用一套电动汽车充换电服务网络运行管理系统,指导教师先讲解并现场演示,学生再动手操作。

【实施步骤】

公共交通电动汽车充换电服务网络管理系统的认识

1.基本功能

管理平台根据对公交车运行中剩余电量的监测数据、车辆当前位置数据和道路交通数据进行统计,通过大数据分析的结果,设置电量剩余告警值。在公交车运行时,根据道路状况、车辆位置和在线检测到车辆剩余电量达到告警值时及时通知司机,准备返厂充电或换电池。与此同时,通知相关的充电站作好对该车的充电或换电准备,有效地提高车辆的充/换电效率。

2.增值功能

可以利用车载终端随时交接车辆在路上的运行状态,通过与智能公交系统联网,可以预告车辆到站时间。

利用此系统,还可以根据车辆运行的基本情况和数据分析,合理安排出行车辆,使得充电时间尽可能排在晚上或非高峰运营时段。

小　结

该项目通过了解电动汽车充换电服务网络运行管理系统架构与设计、系统技术架构、系统网络架构、关键技术分析、系统运行情况、维护管理模块、电动汽车充换电服务网络安全管理模

块,通过对电动汽车充换电服务网络运行管理系统的学习,使读者初步了解电动汽车充换电服务网络运行管理系统的学习内容,同时,加深对电动汽车充换电服务网络运行管理系统知识的理解。提高读者对电动汽车充换电服务网络运行管理系统的学习兴趣,使读者初步了解电动汽车充换电服务网络运行管理系统的构成与作用。

　　本项目通过了解电动汽车充换电服务网络运行管理系统,提高读者对电动汽车充换电服务网络运行管理系统的学习兴趣,使读者初步了解电电动汽车充换电服务网络运行管理系统的结构和特点。熟悉电动汽车充换电服务网络运行管理系统,通过现场了解电动汽车充换电服务网络运行管理系统的工作情况,通过对不同电动汽车充换电服务网络运行管理系统的介绍,使学生知道本学习情景的重要性,激发学习兴趣,使读者初步了解电动汽车充换电服务网络运行管理系统的运行情况。

思考题

1.简述电动汽车充换电服务网络运行管理系统。
2.论述电动汽车充换电服务网络运行管理系统的关键技术分析。
3.论述电动汽车充换电服务网络运行管理系统的网络架构。
4.简述电动汽车充换电服务网络运行管理系统的维护管理模块。

参考文献

[1] 康龙云.新能源汽车电力电子技术[M].北京:机械工业出版社,2010.

[2] 孙静.复合能源电动汽车的应用研究[D].西安:西安交通大学,2009.

[3] 刘振亚.智能电网知识读本[M].北京:中国电力出版社,2010.

[4] 肖钢.能源新贵——汽车电力电池[M].北京:中国电力出版社,2011.

[5] 滕乐天,姜久春.电动汽车充电机(站)设计[M].北京:中国电力出版社,2009.

[6] 陈清泉.现代电动车、电机驱动及电力电子技术[M].北京:机械工业出版社,2005.

[7] 陈全世.先进电动汽车技术[M].北京:机械工业出版社,2005.

[8] 祝占元.电动汽车[M].北京:人民交通出版社,2003.

[9] 李兴虎.电动汽车概论[M].北京:北京理工大学出版社,2005.

[10] 舒华,姚国平.汽车新技术[M].北京:国防工业出版社,2005.

[11] 邹政耀,王若平,王良模.新能源汽车技术[M].北京:国防工业出版社,2012.

[12] 刘振兴,李新华.电机与拖动[M].武汉:华中科技大学出版社,2008.

[13] 张家生.电机原理与拖动基础[M].北京:北京邮电大学出版社,2006.

[14] 刘锦波,张承慧.电机与拖动[M].北京:清华大学出版社,2005.

[15] 王贵明.兼有电动、发电回馈和电磁制动功能的轮毂电机[J].电机技术,2010(10).

[16] 程明.微特电机及系统[M].北京:中国电力出版社,2010.

[17] 吴基安.新能源汽车知识读本[M].北京:人民邮电出版社,2009.

[18] 崔胜民.新能源汽车技术[M].北京:北京大学出版社,2009.

[19] 林程,韩冰.北京市纯电动汽车技术培训教程[M].北京:北京大学出版社,2012.

[20] 麻友良,严运兵.电动汽车概论[M].北京:机械工业出版社,2012.

[21] 陈全世.先进电动汽车技术[M].北京:化学工业出版社,2008.

[22] 石川宪二.新能源汽车技术及未来[M].康龙云,译.北京:科学出版社,2012.

[23] 张舟云,贡俊.新能源汽车电机技术与应用[M].上海:上海科学技术出版社,2013.

[24] 吴舒辞,朱俊杰.电工与电子技术(上册)[M].北京:北京大学出版社,2006.

[25] 吴有林,张远强.电工理论与控制技术基础[M].北京:清华大学出版社,2012.

[26] 郭连考.电工技术实习[M].北京:北京理工大学出版社,2012.

[27] 邵桂欣.新型增磁电机控制系统特性分析[J].微特电机,2008(4).

［28］张承宁,邵桂欣.电动汽车续流增磁电机驱动控制系统动态建模［J］.系统仿真学报,
2008(4).

［29］李军求,新型续流增磁直流电动机驱动控制系统［J］.机械工程学报,2008(11).

［30］任寿萱.新能源电动汽车用电机简述［J］.汽车电器,2014(12).

［31］满敏,陈凌珊,何志生.电动汽车动力测试平台与整车模拟试验［J］.上海工程技术大
学学报,2014(3).

［32］刘春秀,李益丰,辛本雨.电动汽车驱动电机系统环境适应性设计及试验探讨［J］.
第十七届中国电动车辆学术年会,2013.

［33］张承宁,邵桂欣.电动汽车续流增磁电机驱动控制系统动态建模［J］.系统仿真学
报,2008(2).

［34］黄圻,钱国刚.电动汽车用电机及控制器试验分析［J］.沈阳师范大学学报:自然科
学版,2010(4).

［35］谭元文,刘溧.电动汽车再生制动系统的结构与控制策略研究［J］.北京汽车,
2007(2).

［36］邢斌.电动试验车动力系统的试验研究［D］.西安:长安大学,2010(5).

［37］俞聪.基于 LabVIEW 的电动汽车用电机测试系统设计［D］.杭州:浙江大学,
2014(3).

［38］邵桂欣,张承宁.新型增磁电机控制系统特性分析［J］.微特电机,2008(4).

［39］张娟文.电动汽车再生制动力的研究与应用［D］.哈尔滨:哈尔滨工业大学,
2011(6).

［40］祝占元,谷鹏,魏冬至.电动汽车［M］.郑州:黄河水利出版社,2007.

［41］李兴虎.电动汽车概论［M］.北京:北京工业大学出版社,2005.

［42］胡骅,宋慧.电动汽车［M］.北京:人民交通出版社,2003.

［43］张金柱.混合动力电动汽车结构、原理与维修［M］.北京:北京化工出版社,2008.

［44］陈全世,燃料电池电动汽车［M］.北京:清华大学出版社,2005.

［45］徐国凯,赵秀春,苏航.电动汽车驱动与控制［M］.北京:电子工业出版社,2010.

［46］康龙云.新能源汽车与电力电子技术［M］.北京:机械工业出版社,2010.

［47］王贵明,王金懿.电动汽车及其性能优化［M］.北京:机械工业出版社,2010.

［48］吴基安,吴洋.新能源汽车知识读本［M］.北京:人民邮电出版社,2009.

［49］崔胜民.新能源汽车技术［M］.北京:北京大学出版社,2009.

［50］陈全世,朱家琏,田光宇.先进电动汽车技术［M］.北京:化学工业出版社,2013.

［51］赵航,史广奎.混合电力电动汽车技术［M］.北京:机械工业出版社,2012.

［52］王志福,张承宁.电动汽车电驱动理论与设计［M］.北京:机械工业出版社,2012.

［53］程飞,过学迅.电动汽车用电机及其控制技术研究［J］.防爆电机,2006(5).

［54］张金柱,孙远涛,范德会.新能源汽车技术［M］.北京:机械工业出版社,2014.

［55］叶敏,郭金刚.电动汽车再生制动及其控制技术［M］.北京:人民交通出版社,2013.

［56］徐艳民,陈黎明,孙大许.电动汽车动力电池及电源管理［M］.北京:机械工业出版
社,2016.

［57］白磊成.电动汽车直流充电桩的设计与研究［J］.科技视界,2016(12).

［58］徐坤,周子昂,吴定允.电动汽车交流充电桩控制系统设计［J］.河南科技大学学报:
自然科学版,2016(6).

［59］刘颖琦,王静宇,Ari Kokko.电动汽车示范运营的政策与商业模式创新:全球经验及
中国实践［J］.中国软科学,2014(6).

［60］刘鑫爽.电动汽车充电桩的设计及其控制方法研究［D］.柳州:广西科技大学,
2013(5).

［61］孙峰.智能变电站与电动汽车充电站一体化设计［J］.电气应用(增刊),2013(5).

［62］李建祥,陈嵩,周志坚.跨区域电动汽车充换电服务网络运行管理系统设计［A］.第
二十届华东六省一市电机工程(电力)学会输配电技术讨论会论文集［C］.2012.

［63］韩蜀,王栋,李钢.基于移动互联网的电动汽车运营管理系统研究［J］.信息通信技
术,2015(4).

［64］崔玉家,刘械,刘小波.电动公共汽车充电站充电管理系统设计［J］.电器与能效管理
技术,2015(2).

［65］任佳婧.电动汽车充电模式对电网负荷特性的影响分析［J］.江苏经贸职业技术学院
学报,2015(5).

［66］彭龙锋.电动汽车充电设施监控系统实例研究［J］.科技与创新,2015(3).

［67］闫宏莉,贺家胜.电动汽车充电设施运行管理系统研究与应用［J］.电力信息与通信
技术,2012(10).

［68］严辉,李庚银,赵磊.电动汽车充电站监控系统的设计与实现［J］.电网技术,
2009(6).

［69］邱吉多.北京市电动汽车充换电营销服务体系研究［D］.北京:华北电力大学,
2012(6).

［70］宋亚辉.城市电动汽车充电设施布局规划研究［D］.北京:北京交通大学,2011(6).

［71］王倩.电动汽车充电站对电网的影响与运营经济性研究［D］.济南:山东大学,
2012(10).

［72］严辉.电动汽车充电站监控系统研究［D］.保定:华北电力大学,2009(5).

［73］高建平.电动汽车充电站网络规划优化研究［D］.济南:山东大学,2012(5).

［74］于强强.基于行为的电动汽车充换电需求与服务容量研究［D］.济南:山东大学,2014
(5).

［75］李正恩.基于交通行为的城市电动汽车充电网络规划与运营研究［D］.济南:山东大
学,2014(4).

［76］何承坤,宋娟,周唯.非车载充电机与BMS通信协议标准解析与对比［J］.电子科学
技术,2015(9).

［77］EV200纯电动汽车的数据采集终端和手机APP介绍［J］.汽车维修与保养,
2016(5).

［78］谢晓钟,陈秀春.充电机与电池管理系统的CAN总线通信设计［J］.福建农机,
2016(1).

［79］薛冰,蔡磊,王鹏.电动汽车智能充电桩管理方案［J］.低碳世界,2016(9).

［80］刘娟娟,王鹏,苗广雁.基于"互联网+"的电动汽车充电产业商业模式研究［J］.企业

经济,2016(4).

[81] 傅益君,周宏.智能电网用户端管理系统的应用[J].现代建筑电气,2015(6).

[82] 张志勇,刘鑫,胡林.车联网环境中电动汽车高压安全监控系统研究[J].中国安全科学学报,2015(10).

[83] 李颖杰.电动汽车充电运营管理系统研究[J].电力信息与通信技术,2016(4).

[84] 赵鑫.混合动力电动汽车结构与控制策略[J].科技创新与应用,2016(4).

[85] 赵明宇,徐石明,高辉.电动汽车充换电网络服务能力评估分析[J].电器与能效管理技术,2016(7).

[86] 周丽琛.用于电动汽车电池管理系统的远程监控系统研究[D].哈尔滨:哈尔滨工业大学,2013(7).

[87] 朱光欢.电动汽车车载充电机及其相关技术研究[D].广州:华南理工大学,2011(6).

[88] 赵瑞.电动汽车交流充电桩的设计与研究[D].苏州:苏州大学,2013(4).

[89] 孟飞.邢台电网电动汽车充电站设计研究[D].保定:华北电力大学,2014(2).

[90] 郑梦,肖峰,朱文熙.电动汽车充电站规模优化模型研究[J].西华大学学报:自然科学版,2015(9).

[91] 王健.高速公路电动汽车充换电站的建设实践[J].电子制作,2014(8).

[92] 周斌,闻铭.浅谈电动汽车充换电设施建设模式的选择[J].科技创新导报,2014(6).

[93] 胡超,范晔,赵立达.上海市电动汽车公共快充网络布局规划策略研究[J].华东电力,2014(12).

[94] 谢华,潘浩.标准化在电动汽车充换电服务中的应用[J].中国电力企业管理,2014(6).

[95] 丁代明,刘义.关于新能源汽车(电动汽车)充电、换电运行模式可行性研究初探[J].武汉商务,2014(1).

[96] 姜永豪.汽车充电站关键技术研究[J].长沙民政职业技术学院学报,2014(9).

[97] 孙峰,禹加,张幼明.智能变电站与电动汽车充电站一体化设计[J].电气应用,2013(2).

[98] 郎斌,刘晓.小区地下停车场建立电动汽车充换电设施的可行性[J].山东工业技术,2015(5).

[99] 王孝琳.关于智能配电网关键技术初探[J].通讯世界,2015(11).

[100] 张真,梁凤强,徐林.基于V2G技术的电动汽车充放电站系统描述[J].科技与企业,2015(9).

[101] 倪峰,赵明宇,陈良亮.电动汽车有序充电研究[J].电力需求侧管理,2015(6).

[102] 叶健诚,董晨,张萱.电动汽车非车载充电机标准解析与对比[J].标准科学,2015(2).

[103] 罗杰,石增玲,刘济宁.电动汽车有序充电可行性分析[J].科技视界,2014(2)

[104] 王锡凡,邵成成,王秀丽.电动汽车充电负荷与调度控制策略综述[J].中国电机工程学报,2013(2).

［105］徐福金.电动汽车技术新进展探析［J］.硅谷,2015(2).

［106］刘颖琦.电动汽车示范运营的政策与商业模式创新——全球经验及中国实践［J］.硅谷,2015(2).

［107］徐艳民,陈黎明,孙大许.电动汽车动力电池及电源管理［M］.北京:机械工业出版社,2016.

［108］严朝勇,许均锐,张飞.电动汽车充电站运行与管理的研究和思考［J］.石家庄:统计与管理,2016(5).